U0451534

教育部人文社会科学研究项目
中国地质调查局资助课题
山西大学资源型经济转型发展协同创新中心项目——煤炭资源产业收益分配研究

矿产资源有偿取得法律问题研究
——以山西煤炭资源有偿使用为例

王继军 赵大为 王 彬 著

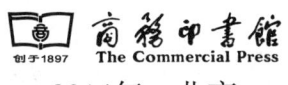

商务印书馆
2014年·北京

图书在版编目(CIP)数据

矿产资源有偿取得法律问题研究：以山西煤炭资源有偿使用为例/王继军,赵大为,王彬著.—北京:商务印书馆,2014
ISBN 978-7-100-10703-7

Ⅰ.①矿⋯ Ⅱ.①王⋯②赵⋯③王⋯ Ⅲ.①矿产资源—研究—中国 Ⅳ.①D922.624

中国版本图书馆 CIP 数据核字(2014)第 207049 号

**所有权利保留。
未经许可,不得以任何方式使用。**

矿产资源有偿取得法律问题研究
——以山西煤炭资源有偿使用为例
王继军 赵大为 王彬 著

商 务 印 书 馆 出 版
(北京王府井大街36号 邮政编码100710)
商 务 印 书 馆 发 行
北 京 瑞 古 冠 中 印 刷 厂 印 刷
ISBN 978-7-100-10703-7

2014年10月第1版　　开本 880×1230 1/32
2014年10月北京第1次印刷　印张 11⅜
定价：36.00 元

目 录

序言 …………………………………………………………………… 1

第一章　我国矿产资源取得方式的变迁 ………………………… 1

　第一节　矿产资源无偿取得时期 ……………………………… 2
　　一、我国古代的矿产资源取得制度 …………………………… 3
　　二、中华民国时期的矿产资源取得制度 ……………………… 42
　　三、《矿产资源法》颁布之前的矿产资源取得制度 ………… 50
　　四、小结 ………………………………………………………… 57

　第二节　矿产资源有偿取得时期 ……………………………… 61
　　一、矿产资源无偿取得的矿业制度与改革开放 ……………… 61
　　二、矿产资源有偿取得时期主要法律制度解析 ……………… 67
　　三、矿产资源有偿取得时期的国家收益权问题 ……………… 108
　　四、小结 ………………………………………………………… 110

第二章　我国矿产资源有偿取得（使用）的实践
　　　　——以山西煤炭资源为例 …………………………… 115

第一节　山西省煤炭资源有偿使用与整合、煤矿企业
　　　　兼并重组的必要性 ………………………………… 116
　一、山西省煤炭资源有偿使用的必要性 ……………… 116
　二、山西省煤炭资源整合与煤矿企业兼并重组的必要性 ……… 117

第二节　山西省煤炭资源有偿使用与整合、煤矿企业
　　　　兼并重组概况 ……………………………………… 119
　一、煤炭资源整合和有偿使用改革 …………………… 120
　二、煤炭资源整合与煤矿企业兼并重组 ……………… 125
　三、煤炭资源整合与煤矿企业兼并重组的区别和联系 ……… 128
　四、煤炭资源整合与煤矿企业兼并重组的成效 ……… 130

第三节　山西省推行煤炭资源有偿使用与整合、煤矿企业
　　　　兼并重组存在的问题 ……………………………… 131
　一、煤炭资源有偿使用中的问题 ……………………… 131
　二、社会反响问题 ……………………………………… 133
　三、煤炭资源整合与煤矿企业兼并重组中存在的问题 ……… 137

第三章　矿产资源有偿取得法律制度中存在的问题 …………… 153
第一节　收益与分配层面的问题 ………………………… 153
　一、以资源税费替代矿产资源有偿取得收益的问题 … 153
　二、矿产资源有偿取得收益的缺失与国民分配不公的问题 … 156

第二节　法律制度层面的问题 …………………………… 158
　一、与《宪法》相悖的问题 …………………………… 158
　二、相关法律概念不清的问题 ………………………… 162
　三、与市场经济体制脱节的问题 ……………………… 167

第四章　对我国矿产资源有偿取得法律制度存在问题的分析 …………173

第一节　对国家、政府身份认识和矿产资源特征认识存在偏差 …173
一、没有区分国家的矿产资源所有者身份和政府的
矿产资源管理者身份 …………………………………173
二、对矿产资源在自然资源中的特殊性认识不足 …………175
三、忽视了国家作为矿产资源所有者的国民收入
初次分配权 ……………………………………………176

第二节　现行矿产资源有偿取得制度脱离了我国的现实国情 …178
一、缺乏对中国特色社会主义理论的正确理解，盲目照搬
外国的做法 ……………………………………………178
二、对矿产资源的价值和价格认识不足 ……………………180

第三节　矿产资源有偿取得制度构建的失当 …………………183
一、忽视了矿产资源收益权是所有权的权能之一 …………183
二、没有体现国家在国民经济中的矿产资源民事主体身份 …185
三、将采矿权这种行政许可权叠加成民事物权 ……………188
四、矿产资源有偿取得后的物权属性不清 …………………190

第五章　国外矿产资源有偿取得制度及其对我国的启示 …………193

第一节　世界矿业立法的三次革命 ……………………………194
一、第一次矿业立法革命 ……………………………………195
二、第二次矿业立法革命 ……………………………………202
三、第三次矿业立法革命 ……………………………………245
四、三次矿业立法革命对矿产资源有偿取得制度的启示 ……260

第二节 美国的矿产资源有偿取得制度 ………………… 264
  一、美国矿产资源有偿取得制度的沿革 ………………… 265
  二、美国矿产资源有偿取得及主要税费法律制度 ……… 269

第三节 澳大利亚的矿产资源有偿取得制度 …………… 274
  一、澳大利亚的矿业权管理制度 ………………………… 274
  二、澳大利亚的矿产资源有偿取得制度 ………………… 283
  三、澳大利亚矿业税费制度 ……………………………… 287
  四、澳大利亚矿业权二级市场的特点 …………………… 290

第四节 国外矿产资源有偿取得制度对我国的启示 …… 292
  一、我国应当借鉴的制度 ………………………………… 293
  二、借鉴时需要注意的问题 ……………………………… 305

第六章 改革我国矿产资源有偿取得法律制度的理论设想 ……… 311

第一节 改革现行矿产资源法律制度，实现资源管理向
　　　　资产管理的转变 ………………………………… 311
  一、资源变资产是市场经济的客观要求 ………………… 311
  二、资源变资产与马克思的劳动价值论 ………………… 313
  三、完善并有效执行矿产资源有偿取得法律制度 ……… 315

第二节 改革矿产资源一级市场法律制度，实现
　　　　国家所有权收益 ………………………………… 318
  一、国家可以有偿出让矿（藏）产资源所有权 ………… 318
  二、国家通过一级市场出让矿产资源是实现
　　　收益权的主要方式 …………………………………… 322
  三、国家要区分公益性和商业性矿产资源 ……………… 325

第三节 改革矿产资源二级市场法律制度，实现资源优化配置 ⋯ 326
　一、我国矿产资源二级市场形同虚设 ⋯⋯⋯⋯⋯⋯⋯⋯⋯⋯ 326
　二、通过资产变资本构建矿产资源二级市场 ⋯⋯⋯⋯⋯⋯⋯ 328

第四节 政府对矿产资源市场的责任及监管 ⋯⋯⋯⋯⋯⋯⋯⋯ 329
　一、政府对矿产资源一级市场的责任和监管 ⋯⋯⋯⋯⋯⋯⋯ 330
　二、政府对矿产资源二级市场的责任和监管 ⋯⋯⋯⋯⋯⋯⋯ 331
　三、政府对矿产资源采矿权流转的监管 ⋯⋯⋯⋯⋯⋯⋯⋯⋯ 333

第七章 围绕矿产资源有偿取得制度的《矿产资源法》修改建议 ⋯ 335

第一节 《矿产资源法》修改的核心问题 ⋯⋯⋯⋯⋯⋯⋯⋯⋯ 335
　一、矿业发展的市场化改革问题 ⋯⋯⋯⋯⋯⋯⋯⋯⋯⋯⋯⋯ 336
　二、矿产资源的物权属性问题 ⋯⋯⋯⋯⋯⋯⋯⋯⋯⋯⋯⋯⋯ 338
　三、矿产资源收益收取制度问题 ⋯⋯⋯⋯⋯⋯⋯⋯⋯⋯⋯⋯ 342
　四、矿业市场主体地位平等问题 ⋯⋯⋯⋯⋯⋯⋯⋯⋯⋯⋯⋯ 343
　五、矿业行政主管部门职能由"组织管理"向"监督管理"
　　　的转变问题 ⋯⋯⋯⋯⋯⋯⋯⋯⋯⋯⋯⋯⋯⋯⋯⋯⋯⋯⋯ 345

第二节 围绕矿产资源有偿取得制度修改《矿产资源法》的
　　　　具体建议 ⋯⋯⋯⋯⋯⋯⋯⋯⋯⋯⋯⋯⋯⋯⋯⋯⋯⋯⋯ 346
　一、关于《矿产资源法》名称和宗旨的修改建议 ⋯⋯⋯⋯⋯ 346
　二、关于矿藏资源物权属性的修改建议 ⋯⋯⋯⋯⋯⋯⋯⋯⋯ 347
　三、关于国家矿藏资源所有者收益权的修改建议 ⋯⋯⋯⋯⋯ 350
　四、关于矿业发展市场化改革的修改建议 ⋯⋯⋯⋯⋯⋯⋯⋯ 352
　五、关于矿业市场主体地位的修改建议 ⋯⋯⋯⋯⋯⋯⋯⋯⋯ 356
　六、关于矿业行政主管部门职能转变的修改建议 ⋯⋯⋯⋯⋯ 357

参考文献 ⋯⋯⋯⋯⋯⋯⋯⋯⋯⋯⋯⋯⋯⋯⋯⋯⋯⋯⋯⋯⋯⋯⋯ 359

序 言

1993年我国《宪法》确立了"国家实行社会主义市场经济"的国家大法，各项事业都在沿着社会主义市场化改革的方向前进。但是对于矿产资源管理、矿业市场发展和矿业法律改革而言，这一改革进程显得特别沉重。我国《宪法》明确规定"矿藏、水流、森林、山岭、草原、荒地、滩涂等自然资源，都属于国家所有，即全民所有；由法律规定属于集体所有的森林和山岭、草原、荒地、滩涂除外"。我国《矿产资源法》也明确规定"矿产资源属于国家所有，由国务院行使国家对矿产资源的所有权。地表或者地下的矿产资源的国家所有权，不因其所依附的土地的所有权或者使用权的不同而改变"。这就对矿产资源领域的管理提出了明确的要求，核心就是：如何在政府（全民代表）的宏观调控下实施矿产资源（全民所有）的市场配置。

长期以来，人们把市场经济看作资本主义特有的经济形式，强调市场经济只能与私有财产制度相联系，认为市场经济与社会主义是根本对立的，从而否定了市场经济在社会主义制度下存在与发展的可能性。本书作者王继军教授及其研究团队直面这一重大理论问题，对其进行了深入的研究，特别是对矿产资源有偿取得制度（以山西煤炭资源有偿使用为例）进行了大胆的探索，提出了以中国国情为基础的推进矿产资源管理领域深化改革的重大命题。本专著正是这一研究成果的结晶。

纵观全球，凡是矿业大国都有一整套的管理理念和制度设计。中国有自己的国情。党的十八大指出"坚持走中国特色新型工业化、信息化、城镇化、农业现代化道路，推动信息化和工业化深度融合、工业化和城镇化良性互动、城镇化和农业现代化相互协调，促进工业化、信息化、城镇化、农业现代化同步发展"。这一发展大势，决定了中国经济在今后的10—20年间将继续快速发展，对矿产资源的需求将是长期的、刚性的，矿产资源短缺的基本状况并没有改变。为此，如何确保矿产资源的有效供给和合理利用，如何攻克"计划经济向市场经济体制过渡"的难关，对我国社会主义现代化建设至关重要。

《中共中央关于全面深化改革若干重大问题的决定》指出："全面深化改革要进一步解放思想，解放和发展生产力，发挥市场在资源配置中的决定性作用"。矿产资源有偿取得制度是落实《宪法》规定的矿产资源归国家所有基本原则的基础性制度，我国矿业市场化改革的关键步骤就是矿产资源有偿取得制度的建立和实施。但目前这一制度在我国执行得并不到位，其突出表现为国家的矿产资源所有者身份没有充分体现、矿产资源所有者收益损失巨大、矿政管理制度不健全、矿产资源税费制度不合理等问题。

中国的实践催生符合中国特点的理论研究。王继军教授的专著《矿产资源有偿取得法律问题研究》对我国矿产资源有偿取得制度的过去

和未来、理论和现实、问题和对策进行了深入分析,具有重要的理论和实践价值。通览全书,以下特点值得关注:

第一,抓住矿产资源领域的核心问题——所有权人权益。习近平同志在对《中共中央关于全面深化改革若干重大问题的决定》所做的进一步说明中指出:自然资源领域存在问题的原因是"全民所有自然资源资产的所有权人不到位,所有权人权益不落实"。解决问题"总的思路是按照所有者和管理者分开和一件事由一个部门管理的原则,落实全民所有自然资源资产所有权,建立统一行使全民所有自然资源资产所有权人职责的体制"。王继军教授在其专著中的观点与习近平同志的这一论断高度一致,且该观点早在2012年王继军教授公开发表的论文中已有所体现,这充分体现了该专著的创新性和前瞻性。

第二,立足省情开展典型案例分析——山西省煤炭资源有偿使用。该专著虽然研究的是理论问题,但是具有科学解析、详实分析的实践基础。作者以山西煤炭资源有偿使用为切入点,以实际案例为对象,研究矿产资源有偿取得制度,见微知著,有理有据。山西是我国的矿产资源大省,该省2006年煤炭资源有偿使用和2009年煤矿企业兼并重组改革是我国矿业发展史上的大事,也是资源管理领域以及全社会关注的焦点,值得认真研究和总结。王继军教授不但深入参与了这两次矿业改革,还将此上升到理论高度,系统分析改革的条件、途径、得失和预后,总结改革对我国矿产资源有偿取得制度的影响。法制改革是指一个国家或社会在其社会的本质属性与基本的社会制度结构保持相对稳定、其现行法律制度的基本属性也没有根本性变化的前提下,整体意义上的法律制度在法律的时代精神、法律的运作体制与框架、具体的法律制度等方面的自我创造、自我更新、自我完善和自我发展，做到这一点更是难能可贵。

第三，从法学视角研究问题——通过矿产资源有偿取得的突破推进法制改革。以往对于矿产资源有偿取得问题更多的是从经济学和行政管理角度进行研究的，从法学视角研究该问题并不多见。王教授能以其扎实的经济法学和民商法学知识研究该问题，借鉴国际国内的理论与实践，从权利、义务、责任的角度将矿业市场主体、市场行为系统地联系起来，这无疑是解决矿业市场化改革难题的又一有益探索。

第四，以法制精神指向终极目标——《矿产资源法》修改。该专著的研究思路来源于实践，又回归到实践，即将理论研究的成果最终落脚到《矿产资源法》的修改建议上，这样的研究思路是值得提倡的，有利于理论成果向实践运用的及时转化。该专著的具体建议始终围绕矿产资源国家所有和矿产资源市场化改革两大主题展开，经过了深思熟虑，所提建议具有鲜明的时代性和创新性，映射出王继军教授实事求是、崇尚真理的科学态度。

文如其人，王继军教授思维敏锐、探骊得珠，善于从宏观上把握原则问题，研究内容不陷宽泛空洞；善于从实证案例的微观分析展开，用详实的数据说话；善于以独特的法学视角研究《矿产资源法》，并提出可期待、可操作的修改建议。王继军教授带领其研究团队，从法学角度潜心研究矿产资源问题多年，令人钦佩和赞赏，谨在此向业内外专家推荐本书。

矿业问题纷繁复杂，法制探索任重道远。相信本专著的出版一定

序 言

会产生积极的社会影响。期望王继军教授在该成果的基础上继续展开深入研究，为我国的矿业市场化建设、矿业改革大计再尽力量。期待更丰富多彩、更符合时代特色的研究成果问世。是为序。

国务院参事，国土资源部原总工程师：张洪涛

2014 年 8 月 27 日

第一章

我国矿产资源取得方式的变迁

矿产资源是自然资源的重要组成部分，是人类经济社会发展不可或缺的基础性原材料，矿产资源的重要性是随着工业革命之后世界进入工业化时代而逐渐显现的，但是矿产资源最初并不是用于工业，而是以器皿的形式存在的，这要追溯到我国先秦时代。

中国是世界上最早开发利用矿产资源的国家之一。[1]早在我国先秦时期就有关于矿产资源利用的历史，这些历史资料散见于经典著作《史记》《周礼》《管子》《韩非子》等之中。随着矿产资源的用途被逐步开发，人们也越来越意识到矿产资源对于人们生活的重要作用，于是人们开始有意识地开发各种矿产资源，以及每一种矿产资源的不同用途，从而形成矿产资源的有用性与人们有意识开发矿产资源的良性循环。在这个过程中，矿产资源的开发利用逐步加入了国家的因素，国家开始注意到矿产资源对于一国经济、军事发展的极端重要性，特

---

[1] 中华人民共和国国务院新闻办公室：《中国的矿产资源政策》，2003年12月。

别是在军事领域，一项矿产资源的开发、利用、革新往往可以左右一场战争的最终胜利，可以决定一个国家的兴亡，甚至可以改变历史。各个国家逐渐开始以法令的形式确定矿产资源的国家所有和国家管理性质，这是"普天之下莫非王土"的皇权思想在矿产资源领域的集中体现，这一制度也是我国矿产资源有偿或无偿取得制度发展的开端。当然我国对矿产资源的管理范围随着发掘矿产资源种类的增多而不断扩大，起初只是对盐和铁实行官营，后来逐步扩大到铜、银、金、锡、铅、汞、矾等。

我国的矿产资源取得方式在不同历史时期呈现出不同的发展特征和轨迹，总体上分为无偿取得时期和有偿取得时期。矿产资源有偿或无偿取得是指，矿产资源的开发主体在开发矿产资源时，是否向矿产资源的所有者支付对价款。无偿取得时期包括我国古代、民国时期和从新中国成立一直到1986年《矿产资源法》颁布之前，有偿取得时期则从1986年《矿产资源法》颁布至今。当然在无偿取得时期也会短暂地出现有偿取得的例外，但从整体上来看，大致可以将我国矿产资源取得方式的历史分为无偿取得和有偿取得两个阶段。

第一节 矿产资源无偿取得时期

我国的矿产资源无偿取得时期大致分为三个阶段：第一阶段是古代，第二阶段是民国时期，第三阶段是新中国成立到1986年《矿产资源法》颁布之前。以上三个阶段的划分依据主要是各时期关于矿产资源取得方式及利益分配方式的制度和法律文件。

第一章
我国矿产资源取得方式的变迁

一、我国古代的矿产资源取得制度

我国古代（这里指先秦至清末）的矿产资源取得制度围绕的主线是官和民在矿产资源领域的利益分配关系，即是官办还是民办，具体而言就是国家在矿产资源开采经营上的垄断程度。不同时期国家对矿产资源的垄断程度不同，垄断方式也有所区别，一般而言随着矿产资源的开发程度越来越高，民营化程度会越来越强，但这并不意味着国家对矿产资源的控制就越来越弱，只是垄断的方式发生了变化。

我国古代的矿产资源制度还可以进一步划分为三个阶段，即先秦至魏晋南北朝时期、隋唐至明朝时期、清朝时期。

（一）先秦至魏晋南北朝时期的矿产资源取得制度

先秦至魏晋南北朝时期的矿产资源制度可以概括为"官山海"政策。

"官山海"政策是由春秋战国时期齐国的宰相管仲创立的，管仲的这一思想主要是来源于《管子·海王》。"官山海"政策也可称之为"管山海"政策，"官"主要是指官营和官办，"山海"则泛指"山林川泽之利"[①]，即陆地上的矿产资源和大海河流里的矿产资源，但是在管仲创立"官山海"政策时，由于当时对于矿产资源的开发利用程度有限，"山海"仅指大海河流里的食盐和山林中的铁矿两种资源。那么"官山海"政策在当时就是指"盐铁官营"。

管仲是我国春秋时期著名的政治家，他的才智在政治、经济、军事方面的发挥主要集中于齐桓公时期，其中"官山海"政策就是其重要的经济思想之一。在管仲接管齐国政治经济大权之前，齐国

[①] 刘玉峰：《管仲"官山海"政策简评》，《学习时报》2008年8月11日，第9版。

采取的是盐铁私营的制度，盐铁业由民间私人生产经营，国家只是从中收取少量的税收，因此在这种制度的作用下，经营盐铁所赚取的利益主要被私人获得。在当时，经营盐铁所获得的利益并不像现在这么小，而是呈现出销量大、利润高两个特点。渐渐地，国家开始意识到经营盐铁中蕴藏的巨大利益，国家开始制定各种法令，将盐铁经营权收归国有。

"官山海"政策针对盐和铁两种不同的矿产资源又分为"官山"政策和"官海"政策。"官海"政策之下，国家将食盐的生产经营权收归国有，具体做法是国家只允许私人生产食盐，私人生产出来的食盐，一部分要以税收的名义无偿上缴给国家，另一部分以国家制定的较低价格卖给国家，这样生产出来的所有食盐就都被国家控制起来了。接下来就是国家对食盐的分配销售，这个过程中分配和销售是同步进行的，由于当时齐国百姓已登记造册，国家就可以依据人头分配食盐。《管子·海王》对这一政策有具体描述："终月，大男食盐五升少半，大女食盐三升少半，吾子食盐二升少半。"即每月成年男人分配食盐五又三分之一升，成年女人分配食盐三又三分之一升，小孩分配食盐二又三分之一升。这里国家虽然是有计划地分配食盐，但分配的过程也是销售的过程，即百姓需要支付一定的对价才可以得到食盐，而国家销售食盐的价格要高出国家收购盐民食盐时的价格，从中实现国家垄断经营盐业的垄断利润，增加国家财政收入。"官山"政策与"官海"政策相似，也是开矿冶铁的权利归私人所有，但铁原料和铁制品的销售环节由国家控制，但是区别在于官府收取冶铁赋税时分为两次：一次是针对铁原料，一次是针对铁制品。两次征税的比例都是三成，铁原料按照重量的三成无偿交给官府，铁制品则是官府收购价格的三成归官府，七成归冶铁平民。进入销售环节，与"官海"政策相似，国家要以高于收购价的价格卖给百姓，从而赚取垄断利润。

"官山海"政策其实是盐铁经营国有化的过程，在这个过程中，原本属于民间制盐冶铁商人的利润有相当一部分通过国家公权力的强制介入被官府占有，成为国家财政收入的重要来源，这是我国古代中央集权制度和皇权思想在经济领域的体现。此外，"官山海"政策也是制盐业和冶铁业由商品经济向计划经济的转变，这一特征主要体现在产品的销售领域，尤其表现在食盐销售上，个人购买食盐的数量要受到国家法令的严格控制，不能随意购买。

"官山海"政策的实施客观上增加了国家财政收入，达到了国家控制宏观经济的目的，维护了大一统的局面，与此同时也带来诸多弊端，例如限制了民间经济的发展，造成国家盐铁经营垄断等。"官山海"政策的利与弊在汉朝表现得尤为突出，汉朝的经济政策发展脉络能够充分反映"官山海"政策的适用背景以及利弊得失。

（二）汉朝的"官山海"（盐铁官营）政策

"官山海"作为一种经济政策，在我国漫长的古代社会中多数情况下表现为"盐铁官营"政策，汉朝也不例外，以盐铁为代表的矿产资源政策能够反映当时国家的经济政策导向，以下对西汉和东汉的盐铁官营政策分别进行分析。

1. 西汉的盐铁官营政策

西汉是我国继秦朝之后又一个大一统王朝，也是第一个存在时间较长的大一统盛世时期,因此西汉的盐铁政策能够完整地反映这一时期的矿产资源政策及国家的经济思想。

汉武帝执政之前,西汉一直崇尚的是老子的"无为而治"思想,官府对国家经济的发展采取放任态度,私人经济异常发达,表现在矿产资源领域就是制盐业和冶铁业多为私人经营,这在当时的确起到了建国之后迅速恢复国力的目的。

汉武帝推行以盐铁官营为代表的经济改革政策,从客观效果来看,盐铁官营政策在当时确实起到了积极效果,短时间为国家筹集了巨额的军备资金,控制了日益失调的农商比例,稳固了阶级统治的农业经济基础,从而也打压了地方士族豪强,基本解除了地方势力对中央集权统治的政治威胁。然而这一系列政策的推行具有明显的计划经济色彩,这些行为的好处在于能在短期内迅速增强国力,集中办一些大事,如大规模军事行动;其弊端也是显而易见的,这些迅速增长的国库钱粮归根到底是通过法令的形式从百姓手中强制获取而来,长此以往,百姓的积极性会逐步丧失,失去继续创造财富的动力。因此,汉武帝时期的经济改革政策实为"杀鸡取卵""竭泽而渔"。

汉武帝执政结束之后,盐铁官营所带来的弊端逐渐显现,汉朝大臣中有一部分人也意识到,这种国家过度干预经济的政策措施,会使汉朝经济陷入停滞不前的状况。于是"汉昭帝始元六年(公元前81),汉朝中央政府召开了一次全国性的经济政策辩论会,针对汉武帝时期所推行的一系列经济政策,如盐、铁、酒的专卖、均输、平准、货币等进行大讨论,以御史大夫桑弘羊为代表的政府派与以贤良文学为代表的民间派展开了针锋相对的辩论"①。讨论其实是围绕国家对经济管理应当采取"放任"还是"干预"态度而展开的。

西汉中后期,针对国家干预经济方式展开的以桑弘羊为代表的轻重论派与以贤良文学为代表的善因论派之间的争论,以贤良文学们的阶段性胜利而告终,最终汉昭帝废除了全国的酒类专卖和关内铁官,为私营酒商和铁商赢得了较为宽松的经营环境。当然贤良文学们的阶段性胜利并不能代表他们所倡导的思想就完全正确,只是当时西汉的经济环境使得善因论更具用武之地。

2. 东汉的盐铁官营政策

东汉较西汉的盐铁政策更为灵活,在不同皇帝执政期间几经变更,这些变更有的是出于对当时经济形势的调整,也有一些是为了维护某一集团的利益使然。

东汉前期,国家推行的盐铁政策以官营为主、私营为辅。《后汉书·卫飒传》中有一段叙述当时桂阳太守卫飒的话:"卫飒字子产,河内修武人也。家贫好学问,随师无粮,常佣以自给。王莽时,仕郡历州宰。建武二年,辟大司徒邓禹府。举能案剧,除侍御史,襄城令。政有名迹,迁桂阳太守。郡与交州接境,颇染其俗,不知礼则。飒下车,修庠序之教,设婚姻之礼。期年间,邦俗从化。……又耒阳县出铁石,佗郡民庶常依因聚会,私为冶铸,遂招来亡命,多致奸盗。飒乃上起铁官,罢斥私铸,岁所增入五百余万。飒理恤民事,居官如家,

---

① 曹端波、梁宏志:《西汉经济政策的大辩论——从〈盐铁论〉看中国古代两种不同的经济思想》,《学术探索》2005年第2期,第116页。

其所施政,莫不合于物宜。视事十年,郡内清理。"意思是说耒阳县这个地方出产铁矿石,别的郡的百姓知道这里有铁矿就聚集到这里私铸铁器,招来了许多亡命之徒和盗贼,卫飒就启用铁官管理冶铁业,禁止私人冶铁,该措施实施之后每年可以为官府财政增收五百余万钱,以此来表达卫飒为百姓除贼,爱民如子。我们这里暂不讨论卫飒为民除贼和爱民如子的方式如何,单从这一段就可以看出,当时官府对冶铁业采取的是禁止私人涉足的办法。在其他史书中也能看到东汉时私人铸造铁器的记载,这些私铸铁器的事实多发生在官府管理较松或无法监管到的偏远山区,说明当时官府对私人铸铁采取禁止的态度,但这种禁止并不是严禁,管理力度并不是很强,可以认为东汉前期官府推行的是以官营为主、私营为辅的政策。

东汉中期,即汉章帝时期,汉章帝酝酿将盐铁私营的现象彻底铲除,只允许盐铁官营,遭到大臣们的极力反对,但是他坚持自己的主张,对盐铁业进行彻底的改革,实行盐铁官营,古籍中这样记载:"建初六年,代邓彪为大司农。是时肃宗议复盐铁官,众谏以为不可。诏数切责,至被奏劾,众执之不移。帝不从,在位以清正称。"汉章帝奉行盐铁官营的初衷和汉武帝相同,都是为了增加财政收入,解决官府用度一时紧张的问题,汉武帝后期国家出现的经济停滞不前的问题在章帝时也毫不意外地出现了。这是因为盐铁官营只能在短期内实现增加国家财政收入的目的,从长远角度来看,其损害的是民间生产的积极性,是破坏生产力的做法,长此以往,国家的财政收入不但不会增加反而会减少。因此汉章帝晚年也意识到自己经济政策的弊端,下了罪己诏,意为对自身经济政策的否定,并决定放弃盐铁禁榷①。这里的放弃盐铁禁榷并不是指官方不再经营,而是官方经营的同时也允许私人经营,实质上是否定了盐铁官方专卖制度。

从汉和帝开始一直到东汉末年,出现了大量的盐铁私营现象,这是东汉执政者将盐铁业向民间开放的结果,此种开放从事实来看并没有削弱官府对盐铁业等关系国计民生行业的控制权,反而增加了财政税收,官府和百姓都从中获益。

东汉时期各朝统治者对盐铁业的态度由最初的以官营为主、私营为辅,到后来的全面实行盐铁官营制度,再到最后的官营私营双轨并行,从中可以看出国家对重要矿产资源的生产和经营始终非常重视,无论是官营还是私营,无论官营和私营在整个行业中所占比例如何,行业整体态势始终在国家的掌控之中,官府控制力显露无疑。

纵观汉朝矿产资源开采和经营的历史,可知其经历了官营和私营比例不断变化的400多年,其中所反映的是统治者对国家经济政策的调整,对私营矿产资源尤其是盐铁经营的态度,但始终不变的是官营盐铁在矿产资源政策中的重要地位,无论私营盐铁业发展状况如何,官营盐铁终究是国家何时何地都不能放松的核心政策,即使盐铁业向私人开放,也只能是少量的开放或限制性开放。究其原因,并不是盐铁业已经成为国家的主要经济支柱,或是国家财政收入的主要来源,而是铁器是百姓农业生产的重要工具、国防建设的主要原料,食盐是

---

① 禁榷制度就是公营或官营工商业。禁榷,用现代话来说,就是某种或某些工商业禁止私人经营,完全由政府垄断。(参见古丽娜·阿扎提:《东汉盐铁制度与重农抑商政策的变化研究》,《安徽农业科学》2012年第7期,第4453页。)

百姓生活的必需品。官府掌控了盐铁就是掌控了国家的立国之根基——农业，也掌控了百姓的生命线。因此，从本质上讲，汉朝对盐铁业的控制不是国家重视工商业，恰恰反映了国家对农业的重视，是长期以来我国封建社会重农抑商思想的表现。

（三）隋唐至明朝时期的矿产资源取得制度

1. 隋唐时期的矿产资源取得制度

隋唐时期是我国古代政治、经济、文化、外交等各方面最为繁盛的时期，与同时期世界其他国家相比，无论从疆土面积、世界影响力，还是从生产力、文化传播等方面，隋唐都可以称之为封建社会的顶峰。隋唐时期的矿产资源制度作为经济制度的一部分，是当时开明经济政策的真实写照，呈现出与前朝不同的制度特征。

（1）隋朝的矿产资源取得制度

隋朝统一南北之后，虽然只存在了短短的两朝——37年，但其毕竟终结了300多年诸侯纷争的乱世，创立了统一的国家，在矿产资源制度方面，与前一个统一的王朝汉朝相比，已经发生了重大变化，这种变化是随着生产力的发展而逐渐显现的。汉朝社会生产力还处于商品经济的初级阶段，盐和铁还是关系国计民生的重要战略物资，因此国家对这两种资源格外重视，盐铁官营在多数时间还是官方实行的主要经济政策，即使较为开明的汉昭帝统治时期，官营盐铁也还是处于主导地位。隋朝商品经济已经取得了巨大发展，货币在市场交易中的作用越来越大，而市场中的盐铁量非常充足，国家控制经济的手段已经由盐铁转向货币，因此隋朝从建国之初就将铜和锡等铸币所需金属原材料划归国有，禁止私人买卖交易，对盐铁等传统矿产资源则采取了放任的态度，允许私人生产经营，官府不再行使其专营职责。

（2）唐朝的矿产资源取得制度

唐朝是我国封建社会发展的鼎盛时期，被公认为中国历史上最兴盛的朝代之一，唐朝的政治、经济、文化、外交等各个方面都达到了当时世界的最高水平，以至于当时的邻国新罗、日本等国都效仿唐朝的治国模式。后人总结唐朝盛世时往往会用到"开明"，这种开明不仅体现在民族、外交政策，更重要的是体现在经济政策上，当时的矿产资源业迅猛发展也是得益于这种开明的经济政策。

历史学界大多数人认为，中国古代社会在长期的发展过程中存在一个突然的变革时期，即"唐宋变革期"，在这个时期，社会的政治、经济、文化等诸多方面都发生了全方位的变化，这种变化一般以安史之乱为界，把唐朝分为前、中后两期。从传统经济的发展看，唐前期仍然具有从秦汉以来古代社会前期的特点，即自然经济色彩浓厚、社会分工程度较低、商品经济发展不够、自耕农数量较多，等等。唐朝中后期经济政策和劳动生产关系的变革看似与矿产资源制度没有关系，但恰恰是唐朝开明自由的治国之策决定了矿产资源制度也发生了与之相适应的变化，较之前朝主要有以下几方面的特点。

第一，矿产资源开发、发展很快。唐朝时期在矿业开发上，总体呈现出繁荣的景象。铁、铜、金、银、锡、铅、汞7种金属主要开采点达280处，分布于今天的四川、山西、湖南、江西、河南、河北等19个省市区。大型铁矿产地已经达到108处，铜矿产地达到76处。煤炭作为重要的能源已经纵贯南北，同时制盐业的发展也很快。唐朝为了管理日益繁荣的矿产资源开采销售业，共设有金、银、铜、铁、锡、

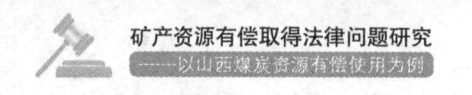

铅等金属矿的矿冶生产"冶官"271个。①

第二，私营开采业发展较快。和农业、工商业发展状况一致，唐朝的矿产资源开采和经营也更多地向私人开放，私人有更多的机会涉足矿产资源领域，而且私人经营矿产资源业逐渐形成了一定的规模，在国家整个矿产资源业中占有相当的份额。

第三，国家对矿产资源的管控逐步转向金、银、铜等货币原材料。唐朝之前，各朝统治者对矿产资源的管控主要集中于与百姓生产生活息息相关的盐和铁，这是因为那时的商品经济还不是很发达，国家往往注重的是实物管控。随着生产力的发展和唐朝统治者推行开明的经济政策，到唐朝中后期商品经济已经发展到相当高的水平，货币在百姓市场交易和官府经济管控中的作用愈发重要，甚至在当时已经出现了飞钱（便换）、柜坊等具有近代金融雏形的业务。因此唐统治者对矿产资源的管控已经不再仅仅局限于盐铁等实物，而是逐渐将注意力转移到金、银、铜等制造货币的原材料上来，各个时期基本禁止私营主涉足金、银、铜的开采，采银一两以上者笞二十，递出本界，州县官吏节级科罪。

2. 宋朝的矿产资源取得制度

宋朝是我国封建社会各朝代中矿产资源制度较为开放的时期，也是我国矿业取得巨大发展的时期。"宋代矿业机构有监、务、场、坑、冶等，分别负责监管、收税、收购、采矿、冶炼等。主管矿业的机构

---

① 傅英：《中国矿业法制史》，中国大地出版社2001年版，第9—11页。

为工部,工部下设虞部郎中,掌山泽范围场冶之事。"① 这一时期的矿产资源政策基本以民间开采、官府收税为主,国家允许并鼓励民间力量涉足矿产资源的开采和矿产品的冶炼。

宋朝的这种较为开放的矿产资源制度与当时的经济状况相得益彰,是基本经济制度的真实写照。传统上认为,我国封建社会发展的顶峰出现于唐朝,而宋朝一般是以积弱的形象被后人所诟病,但事实并非如此,无论在经济发展还是政治治理方面,宋朝都出现了较之前朝的许多过人之处,尤其在经济总量和繁荣程度上更是唐朝无法比拟的。难怪美国著名历史学家墨菲在其历史学著作《亚洲史》中曾这样评价宋朝:"这是一个前所未见的发展、创新和文化繁盛的时期。它拥有大约一亿人口,'完全称得上是当时世界上最大、生产力最高和最发达的国家'。""从很多方面来看,宋朝算得上一个政治清平、繁荣和创造的黄金时代。期票、信用证及后来官方大量发行的纸币,适应了商业的发展。政府官员印刷发放小册子来推行改进的农业技术——灌溉、施肥,精巧的新式金属工具和最早的机器,以及改良的作物新品种。经常得到城市富商和朝廷赞助的绘画有了光辉的进步,低廉印刷术的推广促进了文学的繁荣,小说和故事书激增。"当时宋朝的朝廷年财政收入最高时可以达到 16 000 万贯文,一般年景也可以达到约 10 000 万贯文,通常认为一两白银与一贯铜钱的价值相当,那么宋朝的年财政收入一般可以达到 10 000 万两白银。这一数字与明朝相比就可见宋朝的经济发展状况了,明万历年间的朝廷财政收入是

---

① 傅英:《中国矿业法制史》,第 9—11 页。

400万两白银，实行"三饷加派"之后达到历史性的1 000万两白银，尽管如此，明朝的财政收入也仅仅达到宋朝的1/10。

在开放的经济制度的大背景下，宋朝的矿产资源业取得了突飞猛进的发展，英宗治平年间（1064—1067），金属矿达到271处，产量也大幅增加；神宗元丰年间（1078—1085），铜产量增加了近3倍，锡产量增加了近8倍，黄金产量也大幅增加。值得一提的是，宋朝时期我国的煤炭产量迅速增加，煤炭作为能源开始被民间广泛采用，煤矿的数量和规模开始大范围发展，尤以山西发展最快。起初煤炭的开发利用还是和其他矿产资源一样，以民间经营为主，但是随着煤炭利用范围的扩大，重要性越来越明显，官府开始意识到控制煤炭的必要性，于是宋朝的煤炭开始逐步由民间分散经营转变为官营，即便如此，宋朝的煤炭官营也主要是存在于流通领域，生产领域还是以私营为主。

南宋的矿产资源制度基本还是沿用北宋的制度体系，继续实行开放宽松的矿业政策，其他朝代被广泛禁采或严格管控的金银开采冶炼，在南宋时期则允许私人经营，例如高宗绍兴七年（1137），百姓可以自行开采冶炼金银，制成之后，官府只收取两成，其余八成归个人自行变卖。而且宋朝的矿产冶炼业较之前朝，已经逐步摒弃小作坊式经营模式，走向集约化经营模式，无论是开采业还是冶炼业都形成了较多的规模式经营。例如信州铅山的一个铜铅矿，就常年雇佣10万余人作为矿工在此工作，这在以小农经济为主要经营模式的封建社会实属不易，当然这也是宋朝土地政策下产生大量剩余劳动力所致。

3. 元朝的矿产资源取得制度

元朝的矿产资源制度较之宋朝，有相同之处也有相异之处，相同之处在于依然沿用了民间办矿、官府收税的政策，矿产品的生产力量还是主要集中于民间；不同之处在于元朝的矿业发展又加入了一些计划经济色彩，官府在其中参与了更多，这种官府的计划经济色彩主要体现在采矿业的"包采"制度上。元政府根据国家经济发展和军事需要确定矿产品需求量，以此确定采矿业和冶矿业的生产规模，调拨一部分农户作为专门的采冶户进行矿产资源生产工作，采矿民户由政府调拨，主要从事金、银、铜、铁等矿的采炼事务，设总管府或提举司管理。对于包采民户来说，包采就是官府将一定区域设定为开采区域，由包采民户在这一指定区域进行开采工作，这些民户每年要向官府缴纳一定的税费，一般而言，民户生产出的矿产品，三成缴纳给官府充当税费，另外的七成可以自己变卖。当然，元朝的矿产资源开采也不是纯粹的包采制度，也存在民间私人自由开采和冶炼的行为，只不过要向官府缴纳一定量的税银。

4. 明朝的矿产资源取得制度

明朝的矿产资源制度与前朝不同的地方在于，明朝各皇帝执政期间所采取的矿业政策都不尽相同，甚至同一位皇帝执政期间前后的矿业政策也有差异，往往会在矿产资源的开采与禁采之间、官营与民营之间出现反复。

在明朝的矿产资源开采与冶炼历史中，有一种矿的开采冶炼制度，在明朝初期和中后期发生了较大的变化，这一变化对明朝的矿产资源制度产生了一定的影响，这种矿产就是银。明朝初期，官府是禁止民间私人采银的，但是到了明朝后期，由于市场上的银币严重短缺，迫使官府放弃民间采银禁令。这一变化与当时一种历史现象和一项经济制度有着密不可分的关系。

明朝初期，白银并不是官方认可的合法货币，官方认可的市场货币只有纸钞或铜钱，但是白银并不是不存在的，相反民间富商掌握着大量的白银，并且日常的交易中也多用白银进行。中国古代各朝都普遍实行"海禁"，其目的就是防止国家货币因为海外贸易而流失，但是世界经济发展史中的一个事件使这一现象发生了变化，1530年以后，当时的海洋强国西班牙和葡萄牙在其殖民大陆——美洲大陆大肆攫取黄金白银，这些贵重金属通过菲律宾进口到我国，但是这部分白银并不掌握在官府手中，而是大都集中于沿海一带的富商手中，这部分富商将白银用作平时的买卖交易，于是白银也渐渐地成为市场中为民众所认可的货币种类。但是总体上来讲，明朝时的国库存银和市场上流通的银两非常有限，远远不能满足平日交易所需，于是海禁就不再是国家防止货币流失的理由了，反而成为国外白银进口到国内的障碍，因此明朝朝廷开始放弃海禁，转而大力发展出口贸易，以此换取国外白银。

至此，明朝朝廷已经大体上认可了白银的官方货币职能，另外明万历朝首辅张居正极力推行的"一条鞭法"更使得追逐白银不仅是官方的执政措施之一，也成为百姓的日常活跃行为。"一条鞭法"的核心是地主、商人和农民向官府所缴纳的租税、劳役和纳贡都可以转化为银两。具体而言就是粮食税不再以人头征收，而是以土地的多少征收，并且要将土地税费折合成银两，而不是粮食；士农工商要想免除劳役也可以通过缴纳一定的白银代替；而纳贡也折合为银两征收。如此一来，白银就真正成为衡量贫富的最直接对象。

但是明朝的银矿主要分布于河南、贵州、陕西、山东、四川、云南、福建、浙江等地,可以说全国大江南北都可以找到开采银矿的地方,但可以用于开采的银矿资源却非常有限,朝廷为了弥补白银用度差额,将白银开采的任务强行分摊到各地方政府,当然各地方政府为了完成白银开采的任务,只能将此转嫁到百姓身上。于是明朝后期的统治者就一改明朝初期朱元璋奉行的白银禁采政策,允许并鼓励民间私人开采白银。对此宋应星在其著作《天工开物》中有一段较为详细的描述:"凡银中国所出,浙江、福建旧有矿场,国初或采或闭。江西饶、信、瑞三郡,有坑从未开。湖广则出辰州。贵州则出铜仁。河南则宜阳赵保山、永宁秋树坡。卢氏则高嘴儿、离县马槽山,与四川会川密勒山、甘肃大黄山等,皆称美矿。其他难以枚举。然生气有限,每逢开采数不足,则括派以赔偿。法不严则窃争而酿乱,故禁戒不得不苛。燕、齐诸道则地气寒,二石骨薄,不产金银。然合八省所生,不敌云南之半。故开矿煎银,唯滇中可永行也。凡云南银矿,楚雄、永昌、大理为最盛,曲靖、姚安次之,镇沅又次之。"

（四）清朝时期的矿产资源制度

清朝是我国封建社会最后一个王朝,但是其矿产资源制度却并非封建社会各朝代矿产资源制度的延续,而是在许多方面展现了鲜明的特征,并在典章制度中开启了近代矿产资源制度的先河,当然这与清朝所处的社会制度交替之际有关,也与当时遭受殖民侵略的状况有关。清朝所处的是国家制度变革、社会动荡时期,所以在其由盛及衰的267年当中,矿产资源制度前后也发生了显著变化,并在清末产生了多部开创我国矿产资源典章制度之先河,影响民国乃至新中国矿产资源制度的矿业规章制度,其中包括《矿务铁路公共章程二十二条》《筹办矿务章程》《大清矿务章程》等。

1. 清朝的矿产资源政策

清朝较前朝在矿产资源开发方面又取得了一些进步，尤其是在矿山种类和矿产品数量方面已经大大优于前朝，这种进步应当归因于矿业开采技术和冶炼技术的发展，而不是清朝朝廷的矿产资源政策有何先进之处，或者是采取了哪些积极鼓励采矿业和冶炼业的制度措施。因为在清朝前中期，清政府依然沿用了封建社会各朝代普遍采用的禁采和官采方式，为此清朝大臣们对该问题也进行了多次争论，争论双方无外乎围绕着经济发展和政局稳定两个方面展开，主张放弃禁采制度的大臣认为鼓励民间开展矿业生产可以增加财政税收，而主张沿用禁采制度的大臣则认为矿工易聚不易散，一旦矿工纠集在一起，恐对地方安定和中央集权统治构成威胁。最终清朝前期的统治者采纳了后者的意见，多数还是维持了禁采制度，这在《大清律例》的《户律·盗卖田宅》中有所反映："西山一带，密迩京师地方，如有官豪势要之家，私自开窑卖煤，凿山卖石，立厂烧灰者，枷号一个月，发边卫充军。干碍内外官参奏提问。"

但是开矿所得对于中央和地方财政来说，毕竟是一笔不小的收入，在官府财政吃紧的年头，当权者往往会将一部分增加税收的希望寄托于矿产资源开采和冶炼上，于是在清朝朝廷统治的不同时期也会在矿产资源的开采与禁采上出现反复。例如雍正时期就出现了对矿产资源开采态度的举棋不定，时而禁采，时而开禁，最后甚至出现对已经开采经营的矿山采取放任的态度，而对有开矿准备还未开采的则采取禁采的态度。再比如乾隆年间，最初朝廷对金银等贵重金属采取的是禁采的态度，但后来又放开了金银的开采，甚至允许民间私人开采金银。

在此政策的影响下，全国各地的金、银、铜、铁矿已达三百多处。①

清朝朝廷放开民间私人采矿有时也是迫于无奈，由于开采技术的不断进步，原来由于技术原因普通百姓不能涉足的采矿业已经变得容易了很多，在当时，民间私人开矿已经不是什么新鲜事，而且往往产量还很大。于是在清朝，全国很多地方都有百姓私挖滥采的现象，这种现象朝廷已经很难控制，执政者自然就会迫不得已允许私人开矿，以适应现实情况，尤其在乾隆时期这种现象非常普遍。

清末是我国矿业发展史上重要的一段时期，特别是1840年之后，由于外国加紧对中国的侵略，各国资本都开始纷纷进入中国掠夺宝贵的矿产资源。清政府当然不愿看到这种局面，因此也采取了一些措施试图阻止或缓解外国掠夺中国资源的情况，例如"在遭受洋商盗采矿产较为严重的山东，地方官员还专门制定了《禁止开矿章程》"②。但是面对洋商疯狂地掘取资源和外国驻华公使、领事的包庇和袒护，清政府面对压力也只能是心有余而力不足，睁一只眼闭一只眼，一方面通过一些措施尽量防止洋商肆无忌惮地办矿掠夺资源，另一方面也只能是眼看着此种情形无能为力。发展到后来，尤其是中日甲午战争之后，清政府迫于偿还战争赔款的压力，也开始谋求开办矿山增加财政收入了。在这种经济政策的指引下，引进外国资本，允许外国人在中国开办矿山就成为必然选择。例如光绪在光绪二十三年（1897）有

---

① 傅英：《中国矿业法制史》，第19页。
② 李玉：《论晚清矿章关于办矿洋商的规定及其效果》，《南京大学学报》2002年第4期，第129页。

上谕一道表明了朝廷对开办矿山的态度:"开办矿务为当今要图。"①第二年又有上谕一道:"铁路、矿务为时政最要关键。"②

但是毕竟外国洋商对我国矿产资源的掘取愈发猖獗,清政府为了维护国民权利,也在寻求解决问题的良策,力求做到"操纵自如",最后讨论的结果是为杜绝后患应妥善制定相关章程。这就促成了我国历史上第一部有关矿业的法律法规——《矿务铁路公共章程》(二十二条)的诞生。《矿务铁路公共章程》于光绪二十四年(1898)十月初六颁布,其宗旨就是一方面要引进外资兴办矿业,另一方面要对外资的进入加以限制,维护华商利益。

《矿务铁路公共章程》的颁布对清朝矿业发展和维护华商利益确实起到了一定的积极作用,但是章程中的内容毕竟过于简单粗糙,从立意到颁行所用时间也很短,仅仅用了不到一年的时间,这对于一个缺乏法制基础并且从来没有拟定过矿务方面章程的国家来说更是过于短暂,所以清政府外务部提出现行的矿务章程已经不能适应当时的矿业发展状况,建议重新修订,于是光绪二十八年二月初八(1902年3月17日),外务部拟定的《筹办矿务章程》(十九条)奉旨颁行。《筹办矿务章程》与《矿务铁路公共章程》相比有三个明显的变化:一是将路和矿分开,矿务法律单独成章;二是取消了《矿务铁路公共章程》中只允许华洋合办不准洋商独办的规定;三是无论洋商还是华商,或是华洋合办,都必须事前禀请外务部,外务部批准之后方能开办;四

---

① "中央研究院"近代史研究所(台北)编:《中国近代史资料汇编·矿务档》(第五册),"中研院"史语所1960年版,第2560页。
② 刘锦藻:《清朝续文献通考》第387卷,商务印书馆1936年版,第1345页。

是明确规定了无论是华商、洋商还是华洋合办，都应当遵守中国的法律章程，如果出现纠纷，由中国按照中国的法律章程判定。这实际上是采取了属地主义原则，否定了外国在华的治外法权。

一方面，《筹办矿务章程》对洋商的种种限制招致了英美等外国列强的极度不满，他们纷纷要求修改章程中的相关规定，继续保持这些国家在中国的特权。另一方面，章程中一改《矿务铁路公共章程》关于华洋合办的规定，允许洋商在中国开矿，使得一些地方官员担心此项规定会导致本国利益受损，也会加重地方官员的管理职责。对于国外商人治外法权受到限制的规定，英国和美国最先采取了实质性行动，他们郑重要求清政府必须在一年之内修改相关内容，并且把这些要求分别写入中英之间签订的《续议通商行船条约》和中美之间签订的《通商行船续订条约》。

来自国内和国外的双重压力，使清政府不得不考虑修改《筹办矿务章程》，制定更为完备的矿务章程，但是这既要借鉴国外先进矿务思想，又要结合中国实际的矿务章程，谈何容易，然而英国和美国对我国要求的一年之内修改矿务章程的日期又一天天临近，清政府只能临时由刘坤一和张之洞奉旨制定一部临时的矿务章程。刘坤一去世之后，由张之洞完成了《矿务暂行章程》的制定工作，并随即颁布执行。此项章程完全是根据外国公使领事和我国地方官员提出的修改意见而做出的针对性修改，其中针对地方官员提出的洋商独资可能引发的不利影响，该章程规定办矿形式只有华商独办和华洋合办两种；针对外国公使领事提出的纠纷解决准据法的问题，该章程完全恢复了《矿务铁路公共章程》中的有关规定："应由两造各举一人，持平判断，如判断人意见彼此未洽,应再合举一公正人,不论局内局外,皆可从中调处,两国国家均无须干预。"

《矿务暂行章程》颁布并执行的过程中,较为完备、标准的新的矿务章程也在有条不紊的制定中。在此次矿务章程制定之时,国外发达国家,如美国、英国、日本、德国、法国等国已经制定出了比较成熟的矿务法律法规,因此此次矿务章程的制定也有意借鉴了这些国家的矿务法律法规。1905年盛宣怀委托英国的矿师布鲁特拟定矿章,共计一百五十四条,交张之洞审阅,张之洞接此矿章后,咨请外务部侍郎伍廷芳参考编撰成书,于光绪三十三年(1907)编撰出《中国矿务正章》,该章程包括正章七十四款、附章七十三条。此后该章程又由农工商部和外务部审查校验,最终于光绪三十四年(1908)正式颁布,定名为《大清矿务章程》。其后《大清矿务章程》在宣统二年(1910)进行了一次修订,这次修订将正章增加为八十一条,附章减少为四十六条。

应该说清朝末期陆续颁布、制定和修改的矿务章程,在不断借鉴当时国外发达国家的矿务章程后也在不断进步,无论框架安排、章节设置、主要内容,还是权利分配、管理模式,都已经达到了当时世界的先进水平,这些进步都为民国时期乃至新中国成立后的矿产资源制度建设奠定了基础。可惜当时内忧外患的国情,以及频繁的修改,使这些矿务章程并没有很好地执行,诸如无证私挖滥采、拒缴税款等现象层出不穷,尤其是官府在处理洋商事务时,有时由于外国公使和领事给予的压力,以及本国政府碍于此种压力而违法下令,难免会出现偏向洋商的无奈之举。最典型的事例,莫过于开平煤矿督办张翼擅自授权德人德璀琳同英商墨林公司代理人胡华私自签订协议，将开平煤矿实行"中外合办"，并在英国注册，使开平矿权被彻底断送。其他案例也不少，例如北京商民张殿栋私自与德人瑞乃尔合办北京西山天利煤窑。张死后，矿权落入德人手中，总理衙门几经交涉，方才以19 500两的代价"赎回"。[①]清朝的矿业制度在我国矿业史中具有举足轻重的作用，因为清朝所处的环境是社会更迭期和外国殖民侵略开始并不断深入的时期，这就决定了清朝的矿业制度也具有明显的过渡性质和变化跨度大等特点。具体而言，清朝矿业制度主要有以下几方面的特点：第一，矿业政策由禁采走向开放，并且后期达到了前所未有的开放程度。清朝初期，其矿业制度延续了之前封建社会各朝代以禁采为主、开放为辅的传统，但是在矿产资源开采技术不断推进，并被普通百姓熟练掌握，以及外国矿业技术、理念、制度不断渗透的条件下，开放矿业就成了官府无法阻挡的必然趋势，并且这种开放程度是前所未有的。在这种开放的矿业政策和采矿技术不断提升的作用下，清朝我国的矿产资源产量得到了大幅提升，超过了以往任何一个朝代。第二，办矿方式进一步多样化。除官办和民办的区分之外，还加入了外商和中外合资的办矿形式。第三，出现了专门的矿业法律法规，并和世界矿业发展接轨。清朝和以往封建社会相比，最明显的进步就在于制定了专门的矿业法律法规，而且这些法律法规在制定的过程中还积极借鉴了国外先进的矿业制度，使我国的矿业制度管理在较短的时

[①] "中央研究院"近代史研究所（台北）编：《中国近代史资料汇编·矿务档》（第五册），第404页。

间内迅速与世界接轨。虽然这些制度的内容还有许多有待完善的地方，在执行的过程中也不尽如人意，但是这些专业典章制度毕竟使我国的矿业实现了跨越式的发展，可以说是我国现代矿业制度的先河之作，具有显著的历史意义。

2. 清朝的矿产资源法律制度

清朝的矿产资源制度中最为人所津津乐道的就是几部矿务法律章程，包括了《矿务铁路公共章程》（二十二条）、《筹办矿务章程》（十九条）、《矿务暂行章程》《大清矿务章程》（光绪）和《大清矿务章程》（宣统）。这几部矿务章程是清末矿务制度的主要法律渊源，对研究清末矿产资源制度，乃至民国时期和新中国成立后的矿产资源制度都有非常重要的作用，而且这几部矿务章程的制定构建了清朝的矿业制度，也为我国后来制定矿业法律法规提供了有益的参考蓝本。

（1）《矿务铁路公共章程》

《矿务铁路公共章程》颁布于光绪二十四年（1898），是我国近代历史上第一部关于矿务的法律法规。该章程从内容上来看比较简单，与现在一般意义上的矿务法律有较大的差距和区别，主要包括了办矿方式、地方官府在矿务方面的职责，以及华商洋商的办矿权利等。该章程从内容和结构来看主要有以下几方面的特点：

第一，大量章节有关华商和洋商的办矿权利，突出保护华商权利而限制洋商权利。该章程共二十二条，其中就有六条是关于华商和洋商的股权比例等的规定，例如第九条规定了投资开矿的股份中必须以华商的股份为主，而且引入洋商股份前华商的股份必须已经达到30%以上，否则总局不能批准。（第九条："集款以多得华股为主。无论如何兴办,统估全工用款若干,必须先有己资及已集华股十分之三以为基础,方准招集洋股或借用洋款。如一无己资及华股,专集洋股与借洋款者,概不准行。")第十三条的规定特别突出了章程的主权保护目的,规定了洋商在公司中只有参股权和核查账目的权利,其余的管理经营权则由华商掌握。(第十三条:"凡办矿路,无论洋股洋款,其办理一切权柄,总应操自华商,以归自主。唯该公司所有账目,应听与股洋商查核,以示公平。")

第二,章程中规定了三种办矿形式。章程中明确规定在中国开办矿山的形式包括三种:官办、商办和官商合办,这种办矿形式的规定体现了社会变革过渡时期的特征,因为通常意义上的办矿形式在之后的《筹办矿务章程》《矿务暂行章程》和《大清矿务章程》中都是根据华商和洋商之间的股权比例和办矿权利而进行的划分,官办、商办之间的划分则更像是我国古代对矿产资源开采的主要划分方式。但是该章程还是体现了矿务活动的近代化特征,一改古代矿业以官办为主的传统,主张今后的办矿者"总以多得商办为主"。(第一条:"矿路分三种办法:官办、商办、官商合办,而总不如商办。除未设总局以前业经开办者不计外,此后总以多得商办为主,官为设法招徕,尽力保护,仍不准干预该公司事权。")

第三,强调国家对矿业的控制职能。清政府在制定该章程时确定了引进洋商的指导思想,也引入了公司制开矿模式,但是并没有放松国家对矿业的管理职能,在章程的多条条款中都规定了"总局"的管理职能,有关开矿的许多决定性事项都必须经过总局同意批准方能实行。例如办矿者的资格需要总局"核夺办理"。(第六条:"各省绅商有递呈该省地方官请办矿路事宜者,该地方官先察其人,如果公正可靠,家资殷实,其所请办无背奏定章程,即咨报总局核夺办理,不得率行批准。其有在总局递呈者,亦必咨查该绅原籍地方官,确实无疑,然后批准,以杜蒙混招摇等弊。")如华商需要"借用洋款"必须"先禀明总局"。(第十条:"借用洋款,必须先禀明总局,由局核定,给予准照,该商方能有议借之权。仍声明商借商还,中国国家概不担保。其未得准照私与洋商议借者,虽称已经画押,总局概不作据。")又如公司之间如果发生纠纷应当先由地方官府负责处理,如果处理不公就要由总局出面负责"详细核办",由此可以证明在矿务方面总局的权力甚至要大于地方官府。(第十六条:"凡公司彼此争利,或他事有碍公司利权者,应就近由地方官持平判断,免致两伤;或因判断不公,准禀由总局详细核办,以示保护,如系华洋商彼此争执,应由两造各请公正人理论判断。倘实因判断不服,准其另邀局外人秉公调处。两国国家,不必干预。")另外采矿公司的账目、税收和规章制度也要由总局管理。(第二十条:"铁路经过地方,应设关征税,及矿产出井出口各税,应由总局会同户部另定专章,奏明办理。至盈余归公之款,铁路应按十成之四,矿务应按十成之二五,提出缴部。"第二十一条:"各公司一切情形及账目等事,应听总局随时调查,或派人前往阅看。"第二十二条:"各处矿路所有现行一切细章,统应汇送总局核定,局中另缮表谱格式分行各省。所有各公司办理矿路情形,应于每年年终如式填写,送总局查核。")

第四,该章程除限制洋商的权利之外,也制定了有关鼓励外商来华办矿的规定,当然也包括对本国商人开矿的鼓励条款。(第十七条:

"凡矿路所用洋人前往各处勘验,应责成地方官切实保护,不得推诿。倘遭意外之虞,唯该地方官是问。"第十八条:"华人承办矿路独力资本至五十万两以上,查明实已到工,办有成效;或出力劝办,实系华股居半者,应照劝办赈捐之例,请给予优奖,以广招徕。")

(2)《筹办矿务章程》

《筹办矿务章程》,也称《矿务章程十九条》,是光绪二十八年(1902)清政府在《矿务铁路公共章程》的基础上,经过修改之后制定颁布的专门性的矿务章程,该章程较之前的章程虽然少了三条,但总体上还是取得了一些进步,这些进步主要体现在以下几个方面:

第一,矿业管理机构增加了外务部。《矿务铁路公共章程》中的管理机构为总局,即路矿总局,《筹办矿务章程》中除路矿总局外,还增加了外务部。这其中有表象和实质两方面的原因,首先从表象上来看,该章程的制定机构是外务部,所以在制定的过程中外务部当然要在内容中加入自己的权力;其次从实质上看,外务部介入矿务工作,恰恰反映了当时我国矿业受到国外因素干扰严重的实际情况,矿务中的很多事情都不仅仅是单纯的采矿问题,而更多的是要平衡外国在华利益诉求与清政府维护本国自主权力之间的关系,而且该章程的制定目的,本就是维护中国的自主权力和华商的经济利益。因此在该章程的条文中多处看到外务部的核夺之权。如办矿者的资格、办矿形式、矿师的核准、留洋回国矿师及矿工的核准等都要由外务部决定。(第一条:"凡拟开办矿务者,或集华股或借洋款,均须先行禀明外务部,其禀或自行投到或由该省州县详请督抚专咨到部,俟奉批准后方可准行之据,未奉批准以前不得开办。"第二条:"此项禀咨如外务部核夺以为可行,即知照路矿总局询以此事可否批准,俟接到可准之复文后,即由外务部知照总局发出准行执照,此照奉到方可开办,其照费视成本多寡酌提百分之一缴局以资办公。"第十一条:"公司雇用矿师赴各处勘矿应呈报外务部,咨明各该省督抚札饬地方官实力保护,如有意外之事唯该地方官是问,至购地开办,如遇百姓阻挠及工匠滋事,由公司呈报地方官即应随时晓谕弹压,尤应严禁胥吏需索,倘有前项情事一经查出,或被控有据,严参不贷。"第十六条:"华人在外洋矿务学堂卒业,学生愿回华充当矿师及外洋各埠华商愿回华开矿者,准其赴外务部呈明,如该生等勘矿确有见地,资本实在充裕,俟办有成效后,由外务部奏请给奖以示鼓励。")

第二,进一步强调了华商优先权和本国经济利益。该章程继承了《矿务铁路公共章程》中关于保护华商利益的宗旨,并且还将此利益扩大到华商之外的本国经济利益中,例如在纠纷处理问题上,该章程规定了判定纠纷的法律只能是中国的法律,这其实是在矿务领域推翻了清政府所承认的外国国民在中国的治外法权,是本章程维护本国利益宗旨的最突出表现。(第五条:"递禀开办者,或华人自办或洋人承办或华洋人合办,均无不可,唯地系中国之地,举办系由中国准行,无论何人承办,均应遵守中国定章,倘出有事端,应由中国按照自主之权自定。")在矿工的雇佣问题上,该章程规定除一些我国当时还无法满足的技术类工种之外,其余矿工、护厂巡兵都应当多用华人。(第十五条:"矿厂如须安设巡兵护厂专用华人,所需教练经费、口粮均由该公司自行筹备,厂内除管理、机器、经理、账目必须聘用洋人外,其一切执事工作人等均应多用华人,该公司从优给予工价,如矿峒有压毙人口等事,亦应由公司优恤。")

第三,章程对一些问题进行了细化,使其更具有可操作性。"在矿业税务上,《十九条》改进了《二十二条》的课税方式,提出了分类、分层、分级征税的模式,不再是《二十二条》的模糊界定和硬性规定,这使得课税有了实际操作性和具体分派的方式,有很大的进步性"[①]。(第六条:"矿产出井,视品类之贵贱以别税则之重轻,现酌定煤、铁、锑、砂、白矾、硼砂等类值百抽五,煤、油、铜、铅、锡、硫磺、朱砂等类值百抽十,金、银、白铅、水银等类值百抽十五,钻石、水晶等类值百抽二十五,均作为落地税,其有税则未载之矿质,应视物类之相近者比照抽收,其出口税仍应照章在税关完纳,自纳出口税以后,内地厘金概不重征,此项出口矿税为新增之款,应在税关另款存储,听候拨用。")

(3)《矿务暂行章程》

《矿务暂行章程》是《筹办矿务章程》在实际执行中出现困难,新的矿务章程还没有制定颁行之际,迫不得已临时颁布的矿务章程,该章程的出台完全是为了迎合外国列强在中国维护其治外法权的要求而制定的,因此该章程的特征也主要集中于维护外国国民在华治外法权和削弱华商利益方面:

第一,中外矿商之间发生纠纷,不再只是依照中国法律判决,而是"双方各举一人公断,如不能平,再举一公正人调停,两国政府不

---

① 蒋朝常:《晚清时期中国近代矿业法规述评》(1840—1911),《中国矿业大学学报》2009年第2期,第105页。

予干涉"①。

第二，首次在正式法律规范性文件中区分了勘探权和开采权。

第三，对矿区的面积和采矿年限都加以限制。矿区不得超过30平方里（合7.5平方千米），每年按亩纳税；勘探权限期一年，开采权限期30年，当然该期限可以视情况延长。

（4）《大清矿务章程》（光绪）

在《矿务铁路公共章程》《筹办矿务章程》和《矿务暂行章程》等矿务章程的制定和实施后，清政府逐渐积累了矿务管理方面的经验，在此基础之上于光绪三十三年（1907）颁布了首部比较正式完整的矿务章程——《大清矿务章程》。从总体上看，该章程分为正章和附章两部分，其中正章共计七十四款，规定了矿务运行管理的主要内容，附章共计七十三条，是对正章内容的解释和补充，以及具体实施办法，可以说是大清矿务章程的实施细则。这部章程涉及矿务管理、矿权、股权、地权、证照办理、矿税、矿工、华商、洋商等多个方面，可以说涵盖了矿业法律法规应当规定的主要方面，是"中国近代早期较好的矿业法规"②。章程中不乏一些开中国矿务法制先河的亮点，具有以下几方面的特征：

第一，将有矿质的土地区分为两层，进而将土地所产生的权利也区分为两种。该章程将有矿质的土地区分为两层，即地面和地腹；相应的，矿质所在地也就产生了两个权利，即地面权和地下矿产资源权。

---

① 傅英：《中国矿业法制史》，第23页。
② 中国人民大学清史研究所、档案系、中国政治制度教研室：《清代的矿业》（下册），中华书局1983年版，第411页。

地面、地腹两权的区分有两方面的原因。第一个原因是清朝的土地制度是私有制，这就涉及一个问题：地面之下的矿产资源的归属问题，即究竟是应当随土地的归属而属于土地所有者，还是另行确定矿产资源的所有者。清政府在此章程中采取的后者，这也说明矿产资源已经越来越重要，清政府也愈加重视矿产资源的归属和利用问题。第二个原因是清政府为了发展矿产资源产业，防止土地所有者故意阻挠开采行为而故意将地面和地腹二者之间建立了某种联系。通常情况下地表属于土地资源，地表以下则是矿产资源，二者之间并没有联系的必要，相关管理制度也可分而治之，地下矿产资源在静止状态下并不会妨碍土地资源的开发利用，但是当人们需要开发利用矿产资源时，这个过程必将破坏土地资源的现有状况，土地所有者当然可以根据物权的相关理由拒绝开采土地之下矿产资源的行为。章程为了避免此状况的发生，保障、鼓励矿产资源开采业的发展，在地面和地腹之间，即土地资源和矿产资源之间建立了一种联系，这种联系就是，当采矿者已经按照国家相关章程的规定取得了一定范围的土地之下的矿产资源开采权，并且缴纳了足额的各类税费时，土地所有者就不能以土地所有权为理由阻止对方的开矿行为。（第十四款第一项："地面权利除业主准其自用外，至承办地腹各矿之矿商并不能有地面业主应有一切之权利，唯于执照所准之地界按业已奉官局允准遵缴各费，则所有开矿应办一切事宜该业主及他人亦均不得阻碍。"）因此，章程中刻意将地面权利和地腹权利规定在一起，就是要保障地腹权利的实施而限制地面权利的行使，这也在无意中体现了当时的民法物权理论的发展潮流，摒弃了物权绝对而对物权的行使加以限制。

第二，第一次明确提出矿产资源归国家所有。在我国古代有关矿产资源开采方面，早已对官和民进行了区分，也就是开采矿产资源的形式是官办还是民办。各朝各代的矿产资源制度首先围绕官办还是民办展开，当国家需要在短时期内增加税收时，则开采矿产资源以官办为主，当国家需要发展采矿业时，则适当地放开，允许民间私人进入采矿领域。但是这种官和民之间的区分只是局限于矿产资源的开采权，也就是行为权上，《大清矿务章程》的进步就在于将这种官民区别推进到矿产资源的所有权上，也就是在实施开采行为之前首先要明确矿产资源的归属问题，是属于私人还是属于国家。在这个问题上，章程中说得很清楚，清政府借鉴了世界上通行的做法，以法律的形式规定了矿产资源的国家所有制度。（第十四款第二项："各国通例地腹皆为国家所有，凡五金之属及一切贵重矿质非官不得开采，业主民人不能沾地腹之利，中国政崇宽大务在体恤民生，所有地腹矿产之利，除照章征收矿界年租及矿产出井税外，其合股余利唯丙字类之矿质，国家应酌提红股，一半归地面业主分沾，一半总之国与民共分，此全数余利十成中之五成，以示与民同享乐利之意，凡合格之矿商缴费合办者，无论华商洋商均不能将地权给与该矿商掌管。"）

在规定矿产资源的所有权归国家所有之后，章程还进一步规定了矿产资源的开采权也属于国家，无论是华商还是洋商，能够进行矿产资源开采都必须得到国家的许可，其开采权是国家通过一定的程序转让之后才享有的。（第十四款第四项："开采之权属之国家，无论官办民办或华洋商人合办，均以奉有部照始准开办，倘有民间私将矿产卖于外人者，由官局查明除矿地充公外，并将该业主照盗卖律治罪。"）

第一章
我国矿产资源取得方式的变迁

矿产资源的国家所有制度是《大清矿务章程》最重要的规定，也是相较于之前的矿务章程最大的进步之处。矿产资源的取得方式是矿产资源制度的核心，近代矿产资源制度主要是围绕矿产资源的取得方式而建立的，其取得方式无非两种，一种是有偿，一种是无偿，但是有偿与无偿都必须建立在矿产资源国家所有的基础之上，我们目前所说的矿产资源有偿使用制度也是针对国家而言的。当然，清政府所制定的《大清矿务章程》的进步程度也仅是到了规定矿产资源归国家所有这一步，在矿产资源有偿使用还是无偿使用方面并没有明确的说明，只是规定开矿必须缴纳一定的税费，该税费分为三种，一种是矿界年租，一种是矿产出井税，一种是采矿余利。（第六款第三项："凡矿商呈缴之矿界年租（一），及矿产出井税（二），并官地与矿商合股应分之红利（三），其银两统由各省总局汇收，以一半解农工商部，以一半解司库，充本省饷需，每年年终将收数汇造清册，呈由本省督抚转咨农工商部查核。"）那么这三种税费是否表明清政府的矿产资源使用制度是有偿的呢？这要具体分析三种税费的性质。

矿界年租规定于《大清矿务章程》的第九章，其中首先规定了矿界年租的征收标准，影响矿界年租缴纳数额的因素主要有矿界范围、开采年限、矿产种类几个方面。矿界范围越大，开采年限越长，缴纳的矿界年租就越多，而根据章程第十一款将矿产分为三类，不同种类的矿界年租价格不同。按照对矿产资源有偿取得的一般理解，矿产资源有偿取得制度的影响因素应当只包括矿产资源的储量和种类，国家将矿产资源的开采权和矿产品的所有权赋予采矿权人，那么该采矿权人就对地下该类的所有资源都具有开采权。需要强调的是矿产资源的储量与矿界范围和开采年限没有必然的联系，一般而言矿界范围越大矿产资源储量越大，但是还要看资源的厚度和资源的富集程度，开采年限与矿产资源储量更无关联，国家批准采矿权人可开采的矿产资源储量是一定的，开采年限则由该矿的产能决定，无论开采年限长与短，矿产资源储量一般都不会发生变化。由此看来，《大清矿务章程》将矿界年租的缴纳因素确定为矿界范围、开采年限和矿产种类三种，这显然与矿产资源有偿取得制度不符，因此不能将矿界年租认定为矿产资源有偿取得制度。

矿产出井税规定于《大清矿务章程》的第十章，其中的规定可以看出影响矿产出井税缴纳数额的因素主要有两个：一是矿产品数量，二是矿产品种类。从矿产出井税的税费性质和征税对象可以认定其与矿产资源有偿取得制度不符。首先，矿产出井税是国家向采矿权人征收的一种税，国家征税的权力源自于国家所掌握的行政权力即公权力，而矿产资源的有偿取得则源自于国家的民事权利，国家将自己所有的矿产资源以市场交易的形式出让给开采权人，从而实现自己的经济利益，而征税体现的是国家的行政管理职能，并不体现经济利益。其次，矿产出井税的征税对象是矿产品而非矿产资源，国家出让的矿产资源是一定矿界范围内的地下所有矿产资源，无论是将来能够开采出来的还是未能开采出来的，如果国家仅对开采出来的矿产品征收一定的税费，只能说明国家的矿产资源有偿取得制度只是得到了部分实现，国家的矿产资源所有权是地下一切矿产资源，不仅包括开采出来的，还包括没有开采出来的。所以，从以上两方面可以看出，矿产出井税制度制定的初衷和矿产资源有偿取得制度完全不符，不能被认定为矿产资源有偿取得制度。

《大清矿务章程》中特别规定了采矿余利的分配制度，该规定在章程中的位置是地权一章，该章程对于地权的理解与现代人有所不同，它不仅包括地表，还包括地腹，即地下矿产资源，因此我们可以将地权理解为土地所有权和矿产资源所有权。如果从这种角度理解采矿余利分配制度，可以认为该制度的制定是基于国家对矿产资源的所有权，是国家执行矿产资源有偿取得制度的方式之一，但是采矿余利分配制度的分配对象又与矿产资源有偿取得制度不符，它是将矿产品交易所得在国家、土地所有者和采矿权人中进行分配，所以我们认为该分配制度不是矿产资源有偿取得制度的体现，只是国家利用手中公权力强行将采矿所得部分占有的一种增加财政收入的制度。采矿余利分配制度，虽然从方式上来看，有国家与民争利的嫌疑，但是从征收数额来看，确实是目前我国的矿产资源有偿取得制度应当借鉴的。该制度规定采矿余利的一半归采矿权人，另一半则在土地所有者和国家之间平分，也就是说采矿所得余利的四分之一都要归国家（"国家应酌提红股，一半归地面业主分沾，一半总之国与民共分，此全数余利十成中之五成"）。这与我国现行法律法规规定的国家的矿产资源所得相比，着实高出不少（之后的分析可以看出目前我国国家的矿产资源所得只有大约1%）。

综上所述，我们可以看出，清政府所制定的《大清矿务章程》虽然通过大量的条款规定了国家在矿产资源方面的利益，尤其通过税费制度保障了国家的经济利益，但是在矿产资源取得方式上仍然属于无偿取得，国家仅对采矿行为权收取了大量的税费，在矿产资源出让的有偿性上并没有体现。

第三，土地可以入股。《大清矿务章程》设专章规定了土地入股的问题，这在现代社会是比较少见的，它反映了古代封建社会对土地的极端关注和土地对国家财政收入的重要性。该章程规定土地可以入股集中体现了对地主利益的保护。首先是地主所持土地入股的权利上，地主可以选择入股也可以不入股；其次在入股后的采矿余利分红上，按照不同种类的矿产，地主所分得的余利有所不同，乙字类矿可以分到三成，丙字类矿可以分到二成五，总体上来看，这样的分成比例对地主来说已经相当可观了。（第二十一款第一项："凡业主所有矿地准其以矿地作为成本与情愿租办之矿商合股经营，其矿地即作为红股应占本矿股本若干，视矿质为定，如系乙字类矿则所得余利，矿商七成，地面业主三成，如系丙字类矿则所得余利，矿商一半，地面业主二成五，国家二成五，无论矿之大小难易总以除去地租矿税用费公积外，其地股之业户与银股之矿商照上列成数各分余利为断；如矿系官地则除矿商所得外统归国家所得，如矿商不允照此办法，即不能承办各种矿务。凡以矿作股与他商合办者，一切开矿事宜均归出资之矿经理，如有亏耗专归矿商承认，唯既报亏耗则业主自无余利可分，应准地股之业户得随时查考该矿商出入款目账簿，俾可知是否亏耗有无余利实情，以免争执。"）

第四，有关执照办理的规定比较详细。《大清矿务章程》设专章规定执照办理的相关事宜，共二十款，包括执照的分类、办理执照具体办法、限制条件、勘矿开矿的续办、勘矿开矿界限、矿地核准、纠纷解决等多方面，是有关执照办理及其相关事宜的详细规定。章程将执照分为两种，一种是勘矿执照，另一种是开矿执照。该章节中不仅包括了办理执照的程序性规定，还包括了勘矿和开矿的实体性内容，比如规定了勘矿和开矿的面积限制。（第二十八款："勘矿界限　凡勘验乙丙两项之矿质，其所开之坑长处深处有逾三十官尺者，即作为开矿论，必须加领开矿执照方准办理。"第二十九款："开矿界限　凡开采第十一款乙丙两类之矿质，须将所领矿地划成矿界计算，准地面平方每边三百官尺，横直相等者为一矿界，领办者于地中采矿之界线，须与地面所划界线，不得横斜出所准领地面以外。"第三十款："矿地面积界限　所请开矿执照，或为一界，或为数界，均可并载一张之内，所请之地如不止一界，其毗连之边径必须相连，不得隔断，唯一人所领矿地，无论若干界，每人至多不得过面积九百六十中亩即一百六十英亩，其领地不及九百六十亩者，矿照批发后，如续行请展矿界，须再禀候核夺，与请领新矿同。"）

第五，加强国家的矿务管理职能。《大清矿务章程》在第二章就规定了矿务的管理问题，明确了农工商部、各省分理矿政职能部门、矿务委员的职能权限，还规定了矿商考核和缴纳税款的相关内容。从整体上来看，比较清政府原有矿务章程，该章程在国家管理矿务机关的权限方面有加强的趋势。首先，章程规定了矿务工作的总体管理机关是农工商部，而且农工商部管理的内容包括了章程的增修、矿务推广、核发执照等多方面，甚至连矿师的录用和律师的聘用都要由农工商部把关，另外为了维护本国利益和华商利益，农工商部还要对洋商的来历和住所进行审查。（第二款："农工商部综理矿政之职掌　农工商部管理矿务一切事宜，并一应办矿人员，令各遵照此次奏定之矿章以归划一，并以后增修章程、推广矿务、核给勘矿开矿执照兼录用矿师，并延聘矿务律师以资辅助,遇有华洋商合办,应于核给开矿执照之先,叙明该洋商来历及现住处所,咨照外务部。")其次,矿政调查局还要往各州县派驻矿务委员,该委员的实际职权可以说囊括了有关矿务的一切事宜,章程中特别规定了只要不妨碍地方事务,一切矿内之事均由矿务委员执掌,只是当该事件牵涉到矿外事务,则需要矿务委员会同地方官员共同办理。(第四款:"矿务委员之职掌凡总局(即矿政调查局)所派驻各州县之矿务委员,凡关系矿内之事无碍于地方者,准由该委员秉公办理,或劝解调处或执法判断,均由该委员酌办,总以无碍法律有益矿务为主,若一经牵涉矿外,该委员应会同地方官讯办,不得擅自裁判,各省总局所用委员皆以中国官员承充,唯选择通晓矿学之人为矿务顾问官则不拘华洋,均可任用,该矿务顾问官如系洋员应遵守中国法律,听总局节制调遣,奉行总局照章派任之职事,矿务总局并可特派委员,偕同矿务顾问官巡历有矿各地,以便考察矿工,回省时详确禀报总局核夺,唯顾问官只有稽察矿务利病,条陈应办事宜之权,并无裁判定断行文之权。")

(5)《大清矿务章程》(宣统)

《大清矿务章程》(光绪)在实施过程中,遇到许多阻力,这些阻力主要来自于地方和外国列强,尤其是外国列强,他们对于章程中有关外商的限制条款向清政府提出严正交涉,要求修改相关内容,保障外国矿商在中国的利益。

《大清矿务章程》(光绪)关于洋商在华开矿的限制主要有以下几方面:首先,洋商无论如何不能成为中国土地所有者,只能通过有关规定和协议租用中国土地用于勘矿和采矿。(第九款:"外国矿商不能充地面业主中国人民遵照国法向例执有地面者为该地业主,与华商合股之洋商在中国地方合股开矿,止准给予开采矿务之权,以矿尽为断,无论用何方法不得执其土地作为己有。")其次,洋商在中国开办矿山只能通过与地主华商合股的方式,不能独自开办矿山,合股的方式有两种,一种是中国人以其土地入股,另一种是华商以其资本入股。(第十款:"中外人承充矿商之区别 凡为矿商者,除中国人民自应准其承充外,凡与中国有约之各国人民允愿遵守中国之法律,皆得在中国与华商合股禀请承办合律之矿产,作为矿商,其外国人民与华人合股者办法有二:一、业主以矿地作股与洋商合办,则专分余利不认亏耗,如业主愿得地价不愿入股则该地应由官收买,租与矿商合办,官即作为业主照后开乙字丙字等差,分别三成五成两办法分收余利,外国人民概不准收买矿地。二、华商以资本入股与洋商合办则权利均分,盈亏与共,华洋股份以各占一半为度,如洋商单与地面业主合股(即以矿地作股),而别无华商银股者,洋商应留股份十成之三,听华商随时入股,照股本原价付银,留五年华股无人,准将所留三成股票售去一成五,仍留一成五股票,听华商仍照原价付银入股,又五年华股如尚未招足,听其将余股尽数售去,唯十年后,如有华商按照时价收买洋股与之合办者,随时皆可入股,洋商亦不得拒绝。")再次,规定了华商和洋商在违反了有关禁止性规定的情况下不得再拥有办矿的权利。(第十款:"凡华洋商民禀请办矿,如犯下开各项者不得有此权利:一、中国人民曾违犯法律者;二、僧道及各教会教徒以其教为业者;三、外国人民其国未与中国立有条约者与其国不以同等开矿权利予中国人民者;四、外国人民不守中国法律者及曾违犯中国或本国法律者；五、外国国家及国家所使令者；六、任外国国家职事尚未交卸者；七、中国国家特发禁令禁止者。"）

在外国列强的极力推动下，《大清矿务章程》（光绪）在实施的过程中还出现了许多需要改进的地方，于是清政府于宣统二年（1910）颁布了《大清矿务章程》（宣统）。从内容上看，新章程是对旧章程的改进和补充，大部分内容依然沿用了旧章程中的相关规定，其修改的部分主要集中于以下几个方面。第一，为满足外国列强对旧章程提出的修改要求，新章程将原来对外商的限制修改为两条，一条是违反法律章程者不得办矿，一条是未与中国缔结条约国家的商人不得办矿。（第九款："矿商限制　凡华洋商人禀请办矿者，如犯下开各项不得有此权利，或在禀准开办以后而续犯下开各项者应即撤销其权利。一、华洋人民不守中国矿章者，或犯矿案暨刑事罪案未清结者，或有特别原故被禁止者。二、外国人民其国未与中国立有条约者，与其国不以同等开矿权利予中国人民者。"）第二，执照由原来的勘矿和采矿执照两种增加为勘矿、采矿和试采小矿三种，试采小矿即零星小矿，标准为"矿界在二百亩以内资本至二千两以下"的矿，这种试采小矿的执照要求每年都要换照一次，也就意味着每年都要对小矿的经营规模和经营状况进行核查。（第二十三款第二项："凡华商试采零星小矿，其矿界在二百亩以内资本至二千两以下者，准由劝业道核夺，详请督抚填给试采执照，按年换照一次，每届年终由劝业道造册，详请咨部查核，如有洋商合股仍应请部发给开矿执照。其原系华商后由洋商附股或原系矿界二百亩以内资本二千两以下而后有逾额情事者，均应由劝业道随时考核追缴试采执照，勒令停止，请部另发开矿执照再准开采。")第三,矿税部分更加细化,旧章程对矿税部分的规定仅有七款,而且仅限于矿界年租和矿产出井税缴纳数额和缴纳期限,新章程则将矿税的缴纳数额细化到不同种类的矿产,而且还规定了矿产出井价格预报法、出井税数目核准法、缴租纳税法、租税等款分解办法等。第四,新章程也包括了附章部分,所起到的作用依然是对正章部分的解释和具体适用,但是相比较旧章程,新章程的附章部分又增加了以下内容:"矿务委员"一章中,增加了"矿务委员应回避事项""矿务委员之赏罚"两款;"领照细则"一章中,"呈明事项"中多了"丁.矿地内有何村镇、坟墓、山河、道路等项""戊.业主姓名人数如系官地亦应声明"等项;"矿务禁令"一章中,"矿地预防险害之责任""不准施工之界限""矿商有协力除患之责""购用炸药之限制"等项十分明晰;值得注意的是"处置诉讼"一章中,对矿务案情、纠纷的处理,该附章显得比较重视应用法律,因而在具体行文中也处处体现了公平合理,例如对矿务委员会处置不公有意见时,可以向相关机构申诉、"回驳",而不服章程的或章程没有涉及的,矿商可以根据相关"律例"(法律)进行申诉。(第三十六条:"章程不载者应遵律例,办矿所有产业合股人或有争执如不在矿务正附章程所载条款之内,皆按国家所定产业之律例交地方官办理。")对"开辟隧峒"一章,增加了隧峒内遇有矿质的处理办法以及隧峒执照的颁布与样式。①

总体而言,清末是我国矿产资源制度发生重大变革的时期,也是我国现代矿产资源制度的开创和奠基时期,这一时期的一些矿务章

---

① 蒋朝常:《晚清时期中国近代矿业法规述评》(1840—1911),第108页。

程对后来民国时期和新中国成立后的矿务立法工作具有重要的借鉴意义。之所以这样认为，是因为这些章程中出现了原来没有而之后一直沿用的矿务概念和制度，例如第一次确立了矿产资源国家所有原则，将矿务分为勘矿和采矿两种，并创造性地区分出试采小矿，而矿界年租和矿产出井税的征收也更加接近于现代国际通行的矿务税收制度。总之，清末的一系列矿务章程是在借鉴了世界各国现代矿务制度基础上，适应当时我国的矿务发展要求而制定颁布的。可以说为当时清朝矿务发展和经济建设起到了一定的保障作用，特别是各章程始终强调限制洋商，保护华商，也可看出当时的清政府在矿务方面为维护国家主权和华商利益所做出的努力。从矿产资源取得方式的角度来看，虽然清政府颁布的一系列章程都规定了国家在矿务领域的经济利益，而且从数额和比例上来分析，国家在此方面的经济利益还相当可观，远远超过如今我国的矿产资源国家利益，但是从性质上来看，清朝的矿产资源取得方式依然属于无偿取得，国家只是收取了一定的税费，或在直接参与经营的过程中获取经营利益，对矿产资源本身并没有做到有偿出让。

二、中华民国时期的矿产资源取得制度

1911年辛亥革命之后，我国2000多年的封建帝制被推翻，进入了中华民国时期。这一时期从1912年至1949年，经历了大约38年的时间，由于这一时期战争频繁，阶级斗争激烈，代表不同阶级的力量此消彼长，也使得政权更迭频繁。从总体上来看，中华民国经历了南京临时政府（1912）、北洋政府（1912—1928）、广州、武汉国民政

府（1925—1927），蒋介石领导的南京国民政府（1927—1949）。从矿产资源法律制度角度分析，这几任政府中制定矿产资源法律制度最多的有北洋政府和南京政府，这两个政府都分别制定了较为全面详尽的矿业法律制度，具体包括北洋政府时期的《中华民国矿业条例》和《中华民国矿业条例实施细则》，南京政府时期的《中华民国矿业法》和《中华民国矿业法实施细则》，以及其他一些配套的专门的法律法规。这些专门的法律法规包括：北洋政府时期的《小矿暂行条例》《矿工待遇规则》《审查矿商资格规则》《修正矿务监督署分区规则》《矿场警察局所组织章程》《修正特准探采铁矿暂行办法》《矿场钩虫病预防规则》《煤矿爆发预防规则》《探采煤油矿暂行办法》等，南京政府时期的《矿场法》《矿场实习规则》《国营矿区管理规则》《土石采取规则》《矿场警察规程》《矿业监察员规程》《省营工业矿业监督规则》《实业部征收矿区税办法》《承租国营矿区办法》《整理全国地质调查办法》《特准探采煤油矿暂行条例》《战时领办煤矿办法》《非常时期农矿工商管理条例》《非常时期采金暂行办法》《非常时期工矿业奖助办法》《处理国营矿区内土窑暂行办法》《经济部管理煤焦规则》《经济部管理钢铁规则》《经济部管理汞业规则》《经济部管理锡业规则》《经济部管理废金属规则》《矿产品运输出口管理规则》《钨锑收购条例》《管理钨锑运售办法》《民营金矿监督办法》《经济部采金局委托调查金矿办法》《经济部采金局招商包采金矿办法》《开采金矿使用土地补偿通则》等。这一时期尤为重要的矿产资源法律法规是《中华民国矿业条例》和《中华民国矿业法》，这两部法律文件真正意义上标志着我国现代矿产资源法律制度的全面创立，其中涉及一些现代矿产资源法律概念的形成和制度的建立,在矿产资源有偿取得方面较之前的法律也有显著的特征,因此分析这两部法律文件对了解中华民国时期的矿产资源取得制度具有重要的意义。

(一)北洋政府时期的《中华民国矿业条例》

1.《中华民国矿业条例》的主要特点

《中华民国矿业条例》共九章,包括附章在内共一百一十一条,其中涵盖了矿区、矿业权、用地、矿工、矿税等诸多内容,该条例是北洋政府农商部于1914年,在参照日本矿业制度的基础上制定的,基本上已与现代矿业制度接轨。该条例出现了一些现代矿业法中和我国矿业制度中首次出现的概念和规定,概括起来其特点主要包括以下几个方面:

第一,首次提出矿业权的概念,并且明确了矿业权属于物权范畴。按照我国现行法律法规的规定,矿业权包括探矿权和采矿权,这一规定已被人们广泛接受,但是矿业权概念及其涵盖探矿权和采矿权两方面的内容,则最早还是要追溯到北洋政府时期的《中华民国矿业条例》。该条例的第一条和第二条就明确规定了矿业包括探矿和采矿,相应的,矿业权也就包括了探矿权和采矿权。(第一条:"探矿采矿及其附属事业为矿业。"第二条:"探矿权及采矿权为矿业权。")这一规定一直沿用至今,具有重大历史意义。当然,这一制度并不是当时的制定者创设的,而是借鉴了日本矿业法的相关内容。

该条例还将矿业权归入物权范畴,并明确了矿业权适用不动产的相关法律。(第十九条:"矿业权视为物权,准用关于不动产诸法律之规定,但同一矿区内矿业权及其他物权同归一人时,其他物权依然存在。")但事实上，矿业权也不是完全意义上的物权，民法意义上的不动产相关规定也不可能不加区分地完全应用于矿业权上，例如不动产的确权以登记作为标志，登记起到了不动产公示效力，不动产的设立、变更、转移、废止必须经过有关机关登记，否则不得生效，对外不具有公示效力。虽然条例中原则上承认矿业权的不动产属性，但却在矿业权的继承和消灭上排除了不动产登记原则的适用。（第二十四条："第二十二条所规定应行注册各事项，非经注册不生效力，但矿业权之继承、矿业权满期之消灭及依本条例之竞卖，不在此限。"第二十二条："左列事项应呈由该管矿务监督署注册，但矿业权之行使受限制时，不得为矿业之注册：一、矿业权之设立、变更、移转、消灭及限制。二、矿业权作抵押时，其抵押权之设立、变更、移转、消灭及限制。三、合办矿业权者之退移。"）所以说，该条例虽然明确了矿业权的不动产物权属性，也将矿业权具体分为探矿权和采矿权，体现了其历史进步性，但是其没有注意到矿业权相较其他一般物权还有一些特殊性，如果对矿业权的不动产物权属性进行一般适用会出现许多问题，这些问题会在本书之后的内容当中做进一步阐述。

另外，该条例的缺陷是，没有明确规定矿产资源国家所有权制度。前面提到，《大清矿务章程》的特点和历史进步性之一，就是在我国矿业法律制度历史上，第一次提出矿产资源归国家所有，但是《中华民国矿业条例》却在借鉴了国内外矿业立法的基础上，将现代矿业制度制定基础的国家所有制度遗漏了，这不得不说是这部条例的致命遗憾。从矿业认识层面分析，这一问题可能是由于立法者混淆了矿产资源所有权和矿业权，或者认为规定国家控制了矿业权就可以控制矿业利益，这种问题在我国现行法律法规当中也同样存在，本书将在之后的内容中做具体阐述。

但是从整体上来看，《中华民国矿业条例》开我国矿业权概念和物权属性之先河的历史贡献还是不可磨灭的，这项规定是矿业法律体系的基础，也是奠定我国现代矿业法律制度的基础。

第二，比较系统地规定了矿业权的权利运行方式。在矿业法律制度中，矿业权的权利运行方式是支撑整个矿业制度的核心部分，具体包括矿业权的设立、变更、转移、消灭和抵押等，这些权利运行方式是法律执行和矿业权制度适用的实质性内容。该条例在这些方面的主要做法是强化国家对矿业活动的控制权，要求除矿业权之继承、期满之后的消灭外，矿业权的设立、变更、转移、抵押，都必须经过注册登记方能生效。但是这也从另一个角度说明了该条例还是比较开放的矿业制度，至少运行矿业权人可以转让自己的矿业权，并可以矿业权作为抵押，只是条例中没有明确说明矿业权或者分别说明探矿权和采矿权可以转让。

2.《中华民国矿业条例》的矿产资源取得方式

矿产资源取得方式是有偿还是无偿的前提是，矿产资源归国家所有，虽然《中华民国矿业条例》规定了矿业权的有关内容，并将矿业权区分为探矿权和采矿权，还将矿业权明确为物权，按照不动产相关法律制度管理矿业权，从矿业权的相关规定中可以看出矿业权是归国家所有的，但是矿业权的国家所有权并不等于矿产资源的国家所有权，矿业权所指向的对象是一种行为，即探矿和采矿的行为，而矿产资源国家所有权所指向的对象是实实在在的物，即矿产资源。该条例的遗

第一章
我国矿产资源取得方式的变迁

憾之处就在于，并没有规定矿产资源的国家所有性质，甚至可以说是以矿业权替代了矿产资源所有权，国家没有从制度层面理清矿业权和矿产资源所有权的区别，以为确定了矿业权的国家所有，矿产资源也就自然归国家所有，或者认为矿业权国家所有的前提是矿产资源的国家所有，如果法律规定了矿产资源的国家所有制度，自然也就确立了矿产资源的国家所有制度。诚然，从该条例的规定来看，矿产资源的所有权并没有旁落，土地所有人并不是其地表以下矿产资源的所有人，地主和土地占有人仅可以由于矿业权人的用地而获取一定数额的"偿金"，这种偿金本质上是一种补偿金，并不是收益。（第五十二条："本条例所谓偿金，指地价租金及对于地主暨关系人寻常实受之损害赔偿金而言。"）但是从条例中也没有看到明确的矿产资源所有权归属规定，没有哪一条能够说明矿产资源究竟应当属于谁，国家也没有在矿产资源的出让上获得任何收益。

从税费制度上来分析，该条例中规定了矿业权人应当缴纳两种税，一种是矿区税，一种是矿产税。（第七十八条："矿税之种类如左：一、矿区税；二、矿产税。"）影响矿区税征收数额的因素包括矿种、年份和矿区面积，从这三个因素可以看出，矿产储量并不是矿区税征收数额的影响因素，虽然矿区面积和矿产储量有一定的关系，但是面积大小和储量多少并不能完全吻合，而且因素中加入了年份，意味着开采年份越长缴纳的矿区税就越多，这种算法与矿井产能有关而与储量并不吻合。由此看来，矿区税并不能算作矿产资源出让费用。矿产税就更不能算作矿产资源出让费用了，因为其征税对象已经从矿产资源变为了矿产品。（第八十一条："矿产税之税额如左：一、第六条第

47

一类矿质,按出产地平均市价纳千分之十五;二、第六条第二类矿质,按出产地平均市价纳千分之十。")无论矿区内的矿产资源储量有多大,只有开采出来的才能够成为征税对象。

从以上分析我们可以看出,北洋政府时期的矿产资源取得方式依然是无偿取得方式,《中华民国矿业条例》中规定的矿产资源取得制度、矿业权取得制度和税费制度相关内容都表明国家在出让矿产资源时没有取得任何收益,所取得的一些经济利益也是通过税收取得的。

(二)南京政府时期的《中华民国矿业法》

《中华民国矿业法》是国民党政府制定的较为全面的具有统领作用的矿业法律,该法律共有九章一百二十一条,包括矿业权、用地、矿税、国营矿业和小矿业等章节,其内容基本是以北洋政府时期的《中华民国矿业条例》为蓝本,并对条例中的一些内容做适当修改之后形成的。

1.《中华民国矿业法》较之《中华民国矿业条例》的主要特点

第一,《中华民国矿业法》较《中华民国矿业条例》进步之处在于,明确规定了矿产资源的国家所有权性质,没有经过该法的许可不能取得采矿权和探矿权。(第一条:"中华民国领域内之矿均为国有,非依本法取得矿业权不得探采。")这在矿业历史上是一次具有重要意义的进步,因为现代一切矿业制度都是建立在矿产资源国家所有制基础之上的。

第二,该矿业法取消了自封建社会以来对于矿产资源的分类,不再区分金属类和建筑石材类,进而在开采权的取得上,也不再给予土地所有者或占有者对第三类矿产开采权的优先取得权,规定了一切矿产资源的开采都必须经过国家相关部门的许可。这项规定进一步强化了国家对于矿产资源的所有权，有利于国家加强对矿产资源的掌控。

第三，该法律和之前的矿业条例的显著区别还在于法律加强了国家对矿产资源的绝对控制权。造成这种结果的原因和当时的战争背景有关，当时的国民党政府，在执政时期始终处于战乱状态，不仅要面对来自共产党解放事业的压力，还要面对日本侵略者和各地军阀的军事压力，因此对于国民党来说，政府的政治、经济、社会等各项政策都必须适应国家处于战争状态这个前提，控制资源也就成为必然选择。这种资源控制主要体现在以下几个方面：首先是以法律的形式明确规定矿产资源归国家所有；其次是矿产资源不再进行物理属性的分类，但是在资源片区规划中规定了国家保留区，将一些重要的战略物资确定为国家保留区内的，禁止探采。（第十条："前条各矿及左列各矿，农矿部认为有保留之必要时得划定区域作为国家保留区禁止探采：一、钨矿；二、锰矿；三、铝矿；四、锑矿；五、铀矿；六、镭矿；七、钾矿；八、磷矿。"）另外，将一些重要的、关系国计民生的战略资源的开采权确定为国营，由国家统一开采，并对其出口数量和期限保留进一步限制的权力。（第九条："铁矿、石油矿、铜矿及适合炼冶金焦之烟煤矿，应归国营，由国家自行探采，如无自行探采之必要时，得出租探采，但承租人以中华民国人民为限，煤气矿含有氦质者，政府对于煤气得保留提取氦质之权，铁矿、石油矿、铜矿等矿产政府有先买权。前项矿产输出国外之数量及期限，其契约经中央主管机关之核准方为有效，遇必要时仍得加以限制。"）与之相配套的是进一步限制外国人入股的权利，将矿山的所有权和经营权牢牢掌握在本国手中。(第五条第二款:"前项中华民国人经营矿业如系公司组织,以股份有限公司为限得许外国人入股,但须受左列各款之限制:一、公司股份总额过半数应为中华民国人所有;二、公司董事过半数以上应为中华民国人民;三、公司董事长及总经理等职应以中华民国人民充任。")

2.《中华民国矿业法》的矿产资源取得方式

《中华民国矿业法》的矿产资源取得方式与《中华民国矿业条例》基本一致,虽然该法中明确规定了矿产资源归国家所有,但是矿产资源出让时并没有体现国家的收益权,矿产资源的取得方式依然是无偿取得。在矿业税方面还是沿用了《中华民国矿业条例》中的相关规定,将税收分为两种,分别是矿区税和矿产税,这两种税收的性质在之前的分析中已经明确阐明了,不属于国家矿产资源所有权部分,只是国家经营管理矿产业时应当收取的管理费用,归根到底是一种补偿费,而非收益。

三、《矿产资源法》颁布之前的矿产资源取得制度

新中国成立之后,我国从战争状态逐步转入了社会主义建设状态,这一段时间我国首先面对的是,国民党政府留下的千疮百孔的经济状况以及人们生活难以保障的现状,因此恢复经济发展就成为那段时间国家所面临的主要任务。解决人民的生活问题最重要的当然是恢复农业生产,但是发展工业是发展经济的重要组成部分,也是农业发展的重要保障,而矿产资源作为工业粮食当然就受到中央的格外重视。"任

何一个国家的法制建设都是与它的政治体制和经济体制分不开的"①，从宏观角度来看，以经济模式划分，恰好可以把我国建国60多年分为前30年和后30年两部分，前30年是以计划经济为统领，后30年则是以市场经济作为经济发展的主要模式。在基本经济环境下，我国的矿产资源法律制度也呈现出两个不同阶段，而矿产资源取得制度在不同发展阶段也是不同的。新中国成立至1986年我国第一部《矿产资源法》颁布这段时间，就是计划经济占绝对统治地位的时期，国家的计划经济体制决定了矿产资源无偿取得制度，这段时间的矿产资源取得制度有其历史必然性和特殊性。

（一）不同时期的矿产资源取得制度

我们可以将这段时间的矿产资源取得制度大致分为两个阶段，第一阶段是新中国成立到社会主义制度建立，第二阶段是社会主义制度建立到改革开放。

1. 新中国成立到社会主义制度建立的矿产资源取得制度

新中国的成立并不意味着我国已经进入了社会主义社会，国民经济还属于恢复时期，是半封建半殖民地社会向社会主义社会过渡的时期。从经济成分来看，既包括社会主义经济成分，也包括资本主义经济成分，还有个体经济和合作社经济等各式各样的经济成分，而我国恢复经济任务也确实需要不同经济成分的共同努力。在这种情况下，矿产资源取得制度和产权制度，以及其他有关矿产资源管理制度的最终目的都是保障恢复和发展经济的能源和原材料供给，在矿山企业产

---

① 傅英：《中国矿业法制史》，第56页。

权制度上不拘泥于社会主义全民所有制和集体所有制的形式,而是给予了非公有制经济组织开发利用矿产资源的宽松政治环境。

在矿产资源取得制度方面,国家首先规定了矿产资源的国家所有制度,还规定了探矿和采矿都要缴纳一定的费用。但是这种费用没有区分矿种、储量,只是要求探矿权和采矿权许可范围内的资源应当缴纳一定数量的费用,从本质上来看这部分费用是获取探矿权和采矿权所支付的对价,并不是国家出让矿产资源收取的费用,因此这一时期我国的矿产资源取得制度依然是无偿取得。

2. 社会主义制度建立之后的矿产资源取得制度

1951年至1956年我国陆续完成了对工业、农业和资本主义工商业的社会主义改造,到1956年我国已经基本建立了以全民所有制为绝对主体的社会主义经济制度,相应的,矿产资源开发主体也逐步变为了国营单位。1950年中央人民政府政务院决定成立由李四光担任主任的中国地质工作指导委员会,负责全国的地质工作,但是我国矿产资源勘探与开发工作并没有由于这个委员会的成立而形成相对统一的管理模式,相反由于受到苏联计划经济管理模式的影响,不同矿种的勘探工作分属于不同的工业部门。这种矿产资源管理体制导致同一片矿区往往会出现多个部门的多个勘探队和开采队,重复勘查现象严重,并且伴随着严重的采富弃贫、采厚弃薄等浪费资源情况,许多伴生矿由于国家没有统一规划,各部门之间也没有良好的协调,导致采此弃彼。在这种情况下,当时国务院在文件中明确指出:"过去几年,有些单位对矿产资源的综合勘探、综合开发和综合利用不够重视,曾经发生不少浪费和破坏的现象;如果继续下去,将给我国经济建设带来严重的后果。"1956年国务院批转了地质部制定的《矿产资源保护试行条例》,以期在开发利用资源的同时达到保护资源的目的。

社会主义制度建立后,国家实行严格的计划经济体制,矿产资源的开发利用从规划到勘探再到开采,从生产到运输再到消耗,都要按照国家的计划实施,矿业企业不能多采也不能少采,矿产品不存在交易只存在分配,国家不存在矿产资源市场。在矿产资源取得方式上,由于矿业企业基本都是国营矿山企业,而矿产品消耗单位也基本都是国营企业,既然都是国家企业之间的东西,也就不存在有偿使用的问题,矿产资源是国家无偿供给矿业企业的,矿产资源在这种所有制状况下只存在使用价值,没有交换价值。

(二)两部主要矿产资源法律文件

新中国成立至1986年第一部《矿产资源法》颁布,我国的矿业法律制度主要通过政策性文件进行管理,具有统一指导意义的法律相对较少,这也与当时的法治大环境有关。这段时间的政策性文件虽然在形式上不是法律,但是从现实效果来看确实起到了法律应当起到的作用,其中有两部法律规范性文件对规范当时我国的矿业发展起到了重要的作用,一部是1950年12月22日政务院第64次政务会议通过,1951年4月18日政务院公布的《中华人民共和国矿业暂行条例》;另一部是1965年12月17日国务院批转、当时的地质部制定的《中华人民共和国矿产资源保护试行条例》。

1.《中华人民共和国矿业暂行条例》

《矿业暂行条例》仅有三十四条,内容包括总则、旧矿区和新矿区的探采、探采权人的责任,从总体上来看,这部条例规定的内容相对简单,具有明显的过渡时期矿业法律特征,主要表现在如下方面。

首先,条例中的许多内容都沿用了《中华民国矿业法》中的相关规定,例如第一条就规定了矿产资源归国家所有(第一条:"全国矿藏,均为国有,如无须公营或划作国家保留区时,准许并奖励私人经营。"),矿区有大矿区和小矿区之分(第六条:"矿区面积,煤矿在十五公顷以上,其他各矿在二公顷以上,砂矿沿河身长度在一公里以上者为大矿区。不足上述最低限度之面积或长度者,均为小矿区,小矿区之划定,以交通不便,或不适于大规模经营者为限。"),探矿权人和采矿权人需要缴纳矿区费和矿产税等(第三十条:"探矿或采矿人,有缴纳矿区费及矿产税之义务,其详细办法另定之。")。

其次,在当时国家经济社会状况背景下,条例并不是一味地强调矿产资源和矿业企业的政治背景和产权公有性质,而是将条例的制定目的确定为"利用多元经济力量更快地恢复矿业生产,为社会主义改造和建设提供物质基础"[①]。这种目的在条例中公有和私有矿业企业的待遇上表现得尤为突出,可以说在探矿与采矿条件上,公有企业和私有企业受到了几乎完全相同的待遇,这种待遇体现在可探可采矿产资源的范围(无论是大矿还是小矿、金属类矿还是燃料类矿,公有企业和私有企业都可以探采)、相关执照申领条件(公有企业发给探矿采矿许可执照,私有企业发给探矿采矿租用执照,许可与租用之间的区别只是为了说明矿产资源的国家公有属性,在实际运作使用中并没有本质的区别。第三条:"探矿或采矿申请案,经中央主管矿业机关审

---

① 傅英:《中国矿业法制史》,第60页。

查核定后,如属公营者,发给探矿或采矿许可执照,如属私营者,发给探矿或采矿租用执照。")、税费缴纳数额(公有企业和私有企业都需要缴纳相同数额的矿区费和矿产税,只是由于过渡时期的缘故,区分了旧矿区和新矿区,旧矿区需要缴纳矿区费 30 万元,新矿区只需要缴纳 15 万元,另外在大矿区和小矿区之间也做了区分,大矿区需要缴纳矿区费 30 万元,小矿区则只需要缴纳 15 万元)、对待劳工的规则(第十二条:"公营及私营各矿,必须遵守一切与矿场及工厂有关之劳动法令,切实保护工人。")等。

从探矿权人和采矿权人需要缴纳的税费情况来看,该条例与《中华民国矿业法》的相关规定并没有太大的区别,虽然《中华民国矿业法》是代表了资产阶级利益的矿业法律,而该条例是新民主主义革命时期向社会主义过渡时期的矿业法律。(其中的一些内容保障了私有经济在矿业领域的权利,但也表现出了向社会主义过渡的明显特征,例如公有企业的探采执照是许可执照,而私有企业的执照是租用执照,这种规定在本质上是所有权与使用权之间的区分。)但是从税费缴纳情况看,该条例依然只规定探矿权人和采矿权人只需要缴纳一定数额的矿区费和矿产税,这两种税费在之前的论述中已经说明,是对探矿行为和采矿行为收取的管理费用,不能算作国家出让矿产资源的收益,因此《矿业暂行条例》依然实行的是矿产资源无偿取得制度。

2.《中华人民共和国矿产资源保护条例》

《矿业暂行条例》实施后不久,分头管理、各自为战的管理体系,导致了矿产资源的大量浪费,采富弃贫、采厚弃薄、采此弃彼的现象频发。在这种情况下,国家出台了《矿产资源保护条例》,力求解决资源严重浪费的问题。从实际效果来看，资源浪费的局面有了一些改观，但是变化的程度并没有达到国家的预期，其原因在于国家探究资源浪费的缘由时出现了问题。国家将资源的浪费归咎于资源开发和管理主体过多，缺乏统一指导，于是《矿产资源保护条例》规定了多项关于各部门协调配合的内容，例如资源开发利用的原则被确定为"综合勘探、综合开发、综合利用"，在产量方面规定"各有关工业部门应当会同地质部门""及时制定正确合理的工业指标"及"地质勘探单位必须根据正式下达的工业指标计算储量"，在协调各部门之间的利益关系时规定"矿区内的矿产涉及几个部门使用的，矿山企业的设计，应当由主要使用部门会同各有关使用部门联合进行""矿山企业对于已经采出而目前尚难回收或利用以及暂无销路的矿产，应当集中存放，妥善保管"，等等。但是这样细致的规定并没有明显改善当时资源浪费的状况，其原因在于矿产资源的无偿取得制度使探矿权人和采矿权人出于自身利益的考虑，无法做到物尽其用、提高资源回采率，只能是在有限的开采时间内尽量开采易开采、质量好的资源，这种现象在私营矿业企业中表现得尤为突出，《矿业暂行条例》中规定的探矿权、采矿权租用制度使他们有理由相信国家可能随时会取消他们的探矿和采矿资格，特别是在社会主义改造成为国民经济主要任务时，这种想法就显得更为合理了，于是掠夺式的开采就不可避免了。

因此，《矿产资源保护条例》看似只是有关防止资源浪费的针对性法律规定，但是其出台后没有有效遏制资源的浪费，根本原因还是矿产资源的取得方式是无偿取得，尽管条例制定者并不这么认为，仍然将资源的浪费归咎于各部门之间的配合问题以及探矿权人和采矿权人的意识问题。

四、小结

矿产资源法律制度问题的核心是产权问题，而产权问题的核心是矿产资源取得方式问题。从我国古代到1986年《矿产资源法》颁布这段时间，先后经历了奴隶社会、封建社会、资本主义社会、新民主主义社会和社会主义社会五个阶段，这五个阶段产生了不同的矿产资源产权制度，这些产权制度必然以当时的政治经济基本制度为基础，因此这五个社会阶段的矿产资源产权制度类型迥异，但是从矿产资源取得方式的角度分析，这五个历史阶段中，探矿权人和采矿权人取得矿产资源的方式都属于无偿取得。

（一）矿产资源国家所有是矿产资源取得方式的前提条件

一般而言，矿产资源的取得方式分为两种，一种是有偿取得，一种是无偿取得，而有偿与无偿的对象都是指向国家，私人的有偿与无偿一般不作为研究对象。这样的研究内容就需要一个逻辑前提，即矿产资源的所有权必须属于国家，国家可以在出让矿产资源的过程中获取收益就称之为有偿出让，如果没有取得收益则视为无偿出让。剥削阶级国家和社会主义国家本质不同，存在少数人的国家和大多数人的国家的区别。

我国古代封建社会有关矿产资源的典章制度，并没有明确矿产资源归国家所有，国家也并没有意识到运用法令的形式确定矿产资源的国家属性，只是通过禁采状态下的直接经营某种矿业产业或开放状态下向采矿者和冶矿者收取一定费用占有一定矿产品的方式,达到增加国库收入的目的。在这种情况下,探矿权人和采矿权人在取得矿产资源方式上,当然就无所谓有偿还是无偿,因为矿产资源在这时其实是处于无主状态的。《大清矿务章程》(光绪)的历史贡献之一就是第一次提出矿产资源归国家所有,这项规定的诞生意味着矿产资源的取得方式有了讨论和区分的前提,但是在之前的论述中也提到,《大清矿务章程》的其他规定也表明当时的矿产资源取得方式是无偿取得。之后各阶段的矿务法律法规也曾经出现对矿产资源归属问题未做规定的情形,例如《中华民国矿业条例》就没有明确说明矿产资源归国家所有,但是总体而言,矿产资源国家所有已经成为国家和社会普遍承认的事实。在明确了矿产资源国家所有制度之后就可以对矿产资源的取得方式进行判断了。

(二)矿产资源取得方式的判断标准

在确定矿产资源取得方式的判断标准之前,首先应当区分矿产资源所有权和矿业权。矿产资源是指埋藏于地下或裸露于地表的具有矿物属性的实物,从本质上讲是一种物权;矿业权在我国各个时期都是探矿权和采矿权的总称,组织或个人取得矿业权成为矿业权人之后即意味着可以进行探矿行为和采矿行为,所以从本质上讲矿业权是一种行为权。遗憾的是,我国大多数矿业法律法规都没有分清矿产资源所有权与矿业权之间的区别,将矿业权的出让、管理和收益确定为矿产资源所有权的实现方式,认为国家在出让矿业权上收取了数额较大的税费就是实现了国家矿产资源所有权的收益。例如《中华民国矿业法》在第一条中就明确规定了矿产资源的国家所有性质，但却在之后只是针对探矿权和采矿权收取了一定数额的税费，只是制定了国家出让矿业权的相关规定，而没有制定国家出让矿产资源的相关规定。

笔者认为，矿产资源取得方式的判断标准是国家是否在出让矿产资源时获取了相应收益，而非国家是否在出让矿业权时收取了相应税费，这种判断标准的理由笔者将在之后的内容中加以具体阐述。

（三）我国古代及1986年《矿产资源法》颁布之前的矿产资源取得方式

我国古代封建社会各朝代的矿业制度均散见于古籍之中，并没有一部专门关于矿业制度的法令或典章，这些矿业制度围绕的主题基本是矿产资源的开采与禁采、官办与民办，如果国家认为一种矿产资源对国家的军事、经济有至关重要的意义，往往会采取禁采和官办的方式，一方面是防止私人开采这些资源，扰乱国家的正常经济秩序和社会安全，另一方面是要以禁采和官办的方式最大限度地增加官府收入。一般来讲，什么样的矿业已经发展成为利润较高的产业，国家就会插手该领域，以增加官府的财政收入，官办矿产资源业以"盐铁官营"最为典型。在这一时期，国家没有意识到将矿产资源以法令的形式确定为国家所有，国家才有可能具有占有、使用、收益、处分矿产资源的权力。因此采矿人基本可以无偿取得矿产资源，只是要向官府缴纳一定数量的矿产品或税费。

我国矿业法律制度出现转折的时期是清末和民国时期，这两个时期在工业经济迅速发展的推动下和外国帝国主义列强侵略的影响下，矿业法律的制定和颁布出现了高潮，相继出现了清末的《矿务铁路公共章程二十二条》《筹办矿务章程》《大清矿务章程》，民国时期的《中华民国矿业条例》《中华民国矿业法》等。这些矿业法律法规具有以下特点和历史进步性：第一，这些矿业法律法规基本都是借鉴了国外资本主义国家的相关立法，因此在许多方面具有了现代矿业法律的特征；第二，在保护本国矿商限制外国矿商方面起到了一定的作用，体现了维护国家主权的努力，当然在内忧外患的情况下，这种努力的效果微乎其微；第三，在制度建设的许多方面实现了我国矿业法律制度的数个第一次，例如《矿务暂行条例》中第一次区分了勘探权和开采权，《大清矿务章程》中第一次规定了矿产资源归国家所有，《中华民国矿业条例》第一次明确提出矿业权，指明其包含探矿权和采矿权两方面，并明确了矿业权属于物权范畴，适用不动产相关规定，这种规定已经与我国现行矿业权有关规定完全一致了；第四，最重要的是，这些矿业法律法规在矿产资源取得方式上都属于无偿取得，国家只规定了出让矿业权需要收取一定的税费，而且这些税费基本包括两项，一项是矿区费，另一项是矿产税，而对国家出让矿产资源没有做出丝毫的规定，以至于国家对矿产资源拥有所有权只是徒有虚名，没有在此方面取得丝毫的收益。

（四）新中国成立后矿产资源无偿取得时期的国家收益权问题

从新中国成立至1986年，在矿产资源无偿取得时期，矿产资源的开发，私营（或民营）企业不得进入这一领域，一般是由国家拨款进行地质勘查，找到矿产后再由国家投资建设矿山，无偿交给国有工业企业组织开采，国有矿业企业（1993年前称为国营企业）开采和销售取得利润后再上缴给国家，出现亏损，国家再给企业补助。由此可以看出，在矿产资源无偿取得时期，国家作为矿产资源所有者的收益是通过国有矿产企业上缴利润的方式实现的，虽然矿产资源的开采生产效率比较低，收益较少，但从收益权的实现程度来看，国家比较全面地实现了矿产资源的收益。

第二节　矿产资源有偿取得时期

改革开放是我国经济发展的重要转折点，也是一场深刻的社会变革，党中央适时地将国家重点转移到经济上来，改变了过去一段时间以阶级斗争为纲的指导思想，改革开放的重要表现之一就是调整了原来的计划经济体制，转而建立和完善市场经济体制。相应的，社会主义法制建设也紧随经济体制变化做出及时调整，反映在矿产资源领域就是《矿产资源法》的颁布实施，解决了计划经济时期的矿业法律在新的市场经济历史条件下的种种不适应问题，而矿产资源取得方式从无偿取得到有偿使用的变化就是其中制度性转变的典型。

一、矿产资源无偿取得的矿业制度与改革开放

目前，我国已经摒弃了矿产资源无偿取得制度，但是据此就否认无偿取得制度的历史贡献也有些武断，从新中国成立到改革开放，我国之所以选择矿产资源无偿取得制度，存在政权巩固和经济体制两方面的原因。首先，新中国成立之初，百废待兴，物资匮乏，国家恢复经济建设需要大量的基础设施，这些重任如果依靠民间力量，恐怕很难在短期内完成，必须有公权力介入，统筹安排重大基础性项目的实

施，以此为经济进一步发展积累物质基础，因此"矿产资源的无偿开采制度对于奠定经济社会的发展基础，尤其是促进国家重工业体系的建设有十分积极的作用"①。其次，新中国成立之后，我国经历了短暂的新民主主义革命时期就很快进入了社会主义改造时期，而且社会主义改造也仅仅用了三年时间就完成了，因此我国的矿业基本是在社会主义制度之下运行的。全民所有制和集体所有制是当时经济运行的主要组织形式，公有制涵盖了经济运行的各个方面，从资源静态的所有产权到动态的开发利用，矿产资源的产、运、销各个环节都由国家控制，在矿产资源从资源变为矿产品的整个过程中，产权始终属于国家，既然都属于国家，也就没有收取一定出让费的必要了，矿产资源无偿取得就成为当时计划经济体制下的不二选择。

但是，改革开放之后，矿产资源无偿取得制度赖以存在的管理体制和经济基础都发生了根本性的改变，经过30多年的发展，我国的人民民主专制政权已经得到了充分巩固，经济基础已相对稳定，计划经济体制也不再是经济运行的主要模式，原来的单一利益结构已被多元化的利益结构所替代，市场经济体制逐步建立，在党章和宪法中也得以确认。市场经济体制的建立和现实中矿产资源开发主体的多元化、产权交易的复杂化，使计划经济时期的矿业制度弊端凸显，暴露出严重的不适应性，相关制度政策非但起不到规范矿业开发行为的作用，反而阻碍了矿业的进一步发展。这种阻碍主要表现在以下几个方面。

---

① 曹海霞：《我国矿产资源产权的制度变迁与发展》，《产经评论》2011年第3期，第133—134页。

第一章
我国矿产资源取得方式的变迁

第一，矿产资源开发浪费严重。对财产的珍惜源于人对它的付出和所有。计划经济体制下，"国家定期按计划向地勘单位和矿山企业拨付经费，地勘单位将地质成果统一交国家无偿使用，国营矿山企业计划内生产的矿产品由国家统一调拨分配和销售。在这种情况下，探矿权和采矿权实际上已成为附属于地质工作计划和矿产生产计划，由政府主管部门分别授予地勘单位和矿山企业的一种独立享有、不可转让的工作和生产性权"[①]。这种情况导致国有矿山企业为了达到完成计划任务又能减少工作量的目的，往往会在国家规划的矿区范围内挑选资源集中度高、容易开采的资源进行开采，对于不易开采或者开采成本较高的资源则选择废弃。矿产资源开发的特征是一片矿区开采过后不能重复开采，这意味着无论回采率几成，剩余资源将再无机会开采，这就会造成资源的大量浪费。过去受资源开采手段的限制，回采率往往极低，一般都在三成以下，如果再有选择性地采富弃贫，那么浪费的矿产资源量将是惊人的。

山西省是我国重要的煤炭生产基地，每年向全国供应的煤炭资源占到全国煤炭销量的1/4，但是这种贡献的背后也有资源大量浪费的遗憾。随着我国经济发展日益繁荣，工业企业对于煤炭资源的需求量越来越大，在原有计划经济体制下，煤炭供应量远远不能满足下游产业的煤炭需求，20世纪80年代初国家提出"有水快流"和"政府修路集体挖煤"的经济政策，鼓励地方政府和集体企业发挥各自地方的资源优势，就地开矿挖煤。在这种政策的鼓励下，山西省的煤矿数量

---

① 曹海霞：《我国矿产资源产权的制度变迁与发展》，第133页。

急剧增加，煤炭产量也大幅提升，但是小煤矿的开采技术极为落后，更重要的是当时国家法律政策依然执行矿产资源无偿取得制度，矿主在投入极少成本的基础上大肆掠夺国有资源，浪费资源现象严重。目前，有一种声音诟病当时的"有水快流"政策，认为这与当时的其他相关法律政策严重不符，是一种严重的违法行为，也正是这种政策导致矿井林立，资源浪费严重。但是笔者认为，抛出这种观点的人忽略了当时我国经济发展所面临的真实状况。当时我国正处于经济快速发展时期，对基础性能源的需求量很高，如果不能保障全国工业企业的能源需求，将会错过难得的战略发展机遇。可是按照彼时矿业法律政策很难在短期之内完成保障能源供给的任务，必须充分调动地方生产积极性，方能解燃眉之急，而且这种办法也是增加地方收入的措施之一。因此，从根本上说，造成各地矿井林立，资源开发利用秩序混乱局面的不是"有水快流"政策出台的失误，而是矿业法律制度已经严重滞后于经济发展的步伐，缺乏有效的矿业法律政策对当时已经出现的资源开发状况进行规制。

第二，限制矿产品交易阻碍了资源价值的实现。计划经济的物和商品经济的物有本质的区别，前者的属性当中只有使用价值而缺少交换价值，后者则是兼具使用价值和交换价值，已从一般物转化为可以流通的商品，也就是说商品的交换价值只有在流通中才能够体现。市场经济是商品经济的高级形式，市场经济要求参与市场运行的商品要在市场机制的作用下实现流通，矿产品在市场经济条件下也应当不例外，而且矿产品作为其他产业的基础性资源，其市场化程度也影响到其他产业的有序发展。但是在计划经济时期，"自然资源就成为禁止流通物，资源产品也成为限制流通物。在取消和限制商品生产与交换的论点得到纠正以后，自然资源作为基础性生产资料依然被排除在商品交换之外，而且把自然资源公有制的保有作为社会主义的典型特征。自然资源的禁止交易成为社会主义经济与政治的铁律，一切交易资源的行为都被视为对社会主义公有制的瓦解与破坏。即使在公有产权内部，国家与集体之间、集体与集体之间的产权变动也不能通过交易，而是通过行政行为进行。自然资源的价值与效率来源于交易与流通，中国自然资源产权的初始界定已经排除了自然资源的价值与效率。自然资源不是商品，也就谈不上资源价值与效率，从而使资源无价，资源产品低价成为长期困扰中国经济增长与发展的障碍"。[1]

第三，行政权力过度干预导致权力设租和寻租现象严重。我国法制建设进程加快推进还是改革开放之后的事，改革开放之前我国在各行业都有相关法律支撑，但是数量极为有限，许多方面也仅是"有法涉及"，远远没有达到"有法可依"的程度，说到一些方面的事情法律都有所涉及，但是真正实施起来却发现这些法律都缺乏可操作性。矿产资源无偿取得时期，《宪法》规定了矿产资源归国家所有，《矿业暂行条例》也规定了探矿权和采矿权的基本运行规则，但是也仅此而已，更为详细的矿业运行法律规范长期处于缺位状态。计划经济时期，矿产资源产、运、销一体化时代，对相关法律规范的需求还稍显不强，但是进入市场经济时期，这些法律规范的缺位带来的就是矿业发展秩

---

[1] 肖国兴：《论中国自然资源产权制度的历史变迁》，《郑州大学学报》（哲学社会科学版）1997年第6期，第20页。

序的混乱。

在市场运行体系中,矿业不同于其他行业,这表现在其他行业的运行在市场规律的调节下是自发地寻求一种秩序,而矿业在其运行之初就渗透了严重的行政色彩,从一开始就不是纯粹的市场行为,例如,国家为探矿权和采矿权获得者设定了较高的门槛,有意获得该权利的单位或个人需要国家行政机关的法定许可,生产行为要受到国家专门机关的监管,甚至产品的销售行为都要受到国家机关的控制,这种控制涉及产量、销售对象、销售渠道等方方面面,因此矿业行为在我国受到计划与市场的双重影响,甚至有时计划干预或行政干预的程度更大。在这种情况下,如果没有相关法律作为客观标准支撑矿业行为的各个环节,如果没有相关法律对无处不在的行政权力加以规制,那么权力就会逐步异化,成为各级政府和权力部门及个人牟取不当利益的途径,各种设租和寻租行为就会层出不穷。"一切有权力的人都容易滥用权力,这是万古不易的一条经验。有权力的人们使用权力一直到遇到界限的地方才休止。"①事实证明,在法律法规严重缺位的情况下,矿业领域出现了各种腐败现象,山西省煤焦领域反腐败就说明在这个领域当中的腐败问题已经相当严重,而制度缺陷是该领域出现这般严重腐败问题的主要原因。

以上三个方面说明改革开放,特别是市场经济体制的建立,使矿业法律法规已经不能适应经济发展的需求,亟待国家根据当时的历史状况构建矿业制度体系,使矿业行为有法可依,构建矿业良好秩序。

---

① 〔法〕孟德斯鸠:《论法的精神》(上),张燕深译,商务印书馆1963年版,第154页。

二、矿产资源有偿取得时期主要法律制度解析

（一）矿产资源有偿取得制度制定的必然性

1. 矿产资源无偿取得制度有失公允

计划经济时期，我国的基本经济制度一直是公有经济无论规模还是作用都占据绝对统治地位，利益结构一元化，国家的一切都属于全民所有。在当时的历史条件下，这种经济模式当然有其存在的必然性和合理性，但是全民所有也造成产权意识的淡化。一个企业不属于企业中的任何人，可又与其中的每一个人息息相关，这种经济体制造成的另一个结果是物的使用价值是人们最为关注的方面，而交换价值却为人所忽略，这在计划经济时期的全民所有制下还具有其存在的可能性。但是市场经济体制建立以后，我国的基本经济制度已经发生了根本性的变化，社会利益结构多元化，原来公有制占绝对地位的状况已经发展成为公有制为主体多种经济成分共同发展，相应的，分配体制也变为按劳分配为主体多种分配方式并存。从产权角度来说，对于多数企业和商品，人们已经可以分辨出它的主人是谁，产权归谁所有，并且这种分辨是建立在产权意识逐步提高的基础之上的。

市场经济体制建立之后，新的历史条件催生新的法律法规。在计划经济时期，矿产资源无偿取得制度还有其存在的理由，但是进入市场经济时期，随着矿产资源开发利用的改革，开采主体已经发生了较大变化，除了国有矿山企业依然承担着大量矿产资源开发任务之外，集体矿山企业和私人矿山企业也开始潮水般地涌入这个领域，而且有相当一部分集体矿山企业有一个显著特点，就是这些矿山虽然名义上还是集体企业，即所有权还是集体企业，但实际控制人已经是个人或

个人所有的民营企业，大多数情况下是集体矿山企业以集体的名义将矿山完全承包给个人，矿山的日常经营、管理，以及最终的矿产品所有权都归这些个人所有，集体提出的要求只是定期收取一定数额的承包费，另外经营者要定期向矿山所在地的村民或集体供应一定数量的生活所需，还有一些村集体提出要求承包者为村庄修筑道路等基础设施。以上支出相对于缺乏安全投入的矿山企业主来说只是九牛一毛。国家将全民所有的矿产资源以无偿的方式出让给私营企业主，坐视这些矿老板牟取暴利而不顾，显然与我国的社会主义制度相悖，国家向民营企业主出让矿产资源使用权时收取一定的费用，无论从经济层面还是制度层面都势在必行。

  国有企业作为全民所有的企业，也不意味着就可以享受到比民营企业更为优厚的待遇。对于民营资本和民营企业的态度，自改革开放以来已经发生显著变化，党的十六大报告中提到"两个毫不动摇"："坚持和完善公有制为主体、多种所有制经济共同发展的基本经济制度，必须毫不动摇地巩固和发展公有制经济；必须毫不动摇地鼓励、支持和引导非公有制经济发展。"这就要求，一方面，要毫不动摇地巩固和发展公有制经济，推行公有制的多种实现形式，深化国有企业改革，完善各类国有资产管理体制，推动国有资本更多投向关系国家安全和国民经济命脉的重要行业和关键领域，不断增强国有经济活力、控制力、影响力。另一方面，还必须重视民营资本和民营企业在当前社会主义现代化建设中的重要作用，要毫不动摇地鼓励、支持、引导非公有制经济发展，保障各种所有制经济依法平等使用生产要素、公平参与市场竞争、同等受到法律保护。这就是说国有企业和民营企业都是社会主义市场经济的直接参与者，市场经济的灵魂在于竞争，而这种竞争一定是公平意义上的竞争，不公平竞争当然不是市场经济所追求的，所以竞争的前提是国家要为市场竞争者提供一个公平的竞争环境，否则竞争会出现异化，竞争者也会对市场经济失去信心，因此国有企业和民营企业需要在公平的环境下展开竞争，才能发挥各自的优势和作用。对于矿山企业来说，国有企业与民营企业都是矿业发展的重要力量，二者的公平竞争首先表现在国家出让矿产资源和矿业权上，如果国家对民营矿山企业实施矿产资源有偿取得制度，那么也应当给予国有矿山企业同样的待遇。当然对国有矿山企业有偿取得矿产资源的资金，国家既可以收归财政，也可以转为在矿山企业新的投资（资本），这与无偿取得是不同的。

2. 矿产资源开发过程中各种问题的原因在于矿产资源无偿取得制度

新中国成立以后矿产资源实行无偿取得制度以来，矿产资源的开发规模呈逐年上升的趋势，这种规模一方面是指单井规模，更重要的是指资源开发总量已经有了大幅提升，许多资源的产量和消费量已经跃居世界前列，甚至第一，这与我国这些年来的经济发展势头是相吻合的。因为我国的现代化进程主要体现在工业化进程和城市化进程上，工业化和城市化都需要大量的资源消耗。多数情况下数量与质量之间更多地表现为一种此消彼长的关系，当人们注重数量的时候，往往会忽略质量问题，经济发展与资源利用也是这样，当我国经济发展进入快车道时，也对地球上的矿产资源爆发出了惊人的需求量，以煤炭为例，改革开放之初的1978年，我国的煤炭消费量仅有5.7亿吨；2000年就达到了14.6亿吨，是改革开放之初的2.6倍；到了2011年就达到了惊人的35亿吨,是改革开放之初的6倍。①随着我国经济发展对矿产资源供应量要求的提高,矿产资源的开发秩序被严重破坏,国家将过多的注意力集中于资源的供应量上,却忽视了对资源节约、环境保护、安全事故等问题的监管,再加上我国的矿产资源开发主体规模相对较小,监管难度大,造成了开发过程中的许多问题。以煤炭资源为例,这些问题主要包括以下几个方面。

第一,资源浪费严重。山西省煤炭平均资源回采率只有40%左右,其中乡镇煤矿回采率仅为10%—20%,也就是说每挖1吨煤要消耗5—20吨资源。②甚至有些小煤矿浪费更是惊人,在资源储量800多万吨的情况下,开采不到4年就因井下巷道混乱而停产,累计采煤不到6万吨,资源回采率还不到1%。相比之下,美国、澳大利亚、德国、加拿大等发达国家,资源回采率能达到80%左右,他们每挖1吨煤只消耗1.2—1.3吨资源。平均而言,中国的煤炭回采率只有30%,不到国际先进水平的一半。我国在1980—2000年的20年间,煤炭资源总共浪费了280亿吨。造成煤炭资源回采率低的主要原因是,出于利益最大化的考虑,一些煤炭企业和矿主往往是从煤层中间开采,即所谓的"吃菜心",使剩余的煤炭完全废弃。而造成煤炭资源回采率低的直接原因是采煤方法落后,有些矿区煤层5—6米厚,如果采用分层开采的工艺技术,采区回采率可以达到80%以上,但有的企业一味追求短期的经济利益,

---

① 数据来源于中华人民共和国国家统计局网站:http://www.stats.gov.cn/tjsj/ndsj/2012/indexch.htm,登录时间:2014年5月10日。
② 《2007中国能源蓝皮书:煤炭开采20年浪费280亿吨》,载新华网:http://news.xinhuanet.com/fortune/2007-04/20/content_6001502.htm,登录时间:2014年5月10日。

运用落后的采掘方法只采中间的 4 米左右煤层，其余 1—2 米舍弃；甚至采用落后的炮采技术，只能开采 2 米左右，丢弃的煤炭资源更多。

第二，安全事故频发。近年来，"矿难"一词频频见诸报端，引起了社会各界的广泛关注。我国煤炭产量约占全球的 1/3，每年的事故死亡人数却占全世界的 80%。全国煤矿百万吨死亡率为 2.836，居世界之首，是美国的 100 倍，南非的 40 倍，印度的 10 倍。2000 年以前，中国煤矿事故每年死亡上万人。2000 年全国组建煤矿安全监察体制之后，每年事故死亡人数控制在 7 000 人以下。2003 年事故死亡 6 434 人，2004 年死亡 6 027 人，2005 年死亡 5 986 人，2006 年死亡 4 746 人。仅 2007 年一年，山西临汾地区就发生三起重特大煤矿事故，3 月 28 日，临汾市尧都区余家岭重大瓦斯爆炸事故，死亡 26 人；5 月 5 日，蒲邓煤矿特大瓦斯爆炸，死亡 28 人；12 月 5 日，洪洞县新窑煤矿重特大瓦斯爆炸，死亡达 105 人。何况，瞒报煤矿事故的行为依然很严重，"一般事故（一次死亡 1—2 人的事故）瞒报可能比举报的还多"[①]。当然，2009 年开始山西省煤炭资源整合、煤矿企业兼并重组之后，安全形势有了较大改观，这次兼并重组的具体做法、制度、原因、意义等将在之后的内容中分析。

第三，环境破坏严重。2005 年国家 7 部委 60 多名专家学者到山西调研，在研讨会上，披露了有关采煤给山西生态环境造成危害的数字。"因为挖煤，山西省每年有 12 亿立方米的水资源被破坏[②]，山西

---

① 潘伟尔：《2007 年煤矿安全状况评析》，《煤炭经济研究》2008 年第 4 期，第 7 页。
② 山西省耗资 103 亿元建成的引黄南干工程年引水量才 6.4 亿吨。

省有近 600 万人、几十万大牲畜因为挖煤产生严重饮水困难；因为挖煤，山西省 5 000 平方千米的土地下是采空区；因为挖煤，老百姓不得不呼吸着被污染的空气。"根据山西省煤炭工业可持续发展政策研究环境专题小组的调查研究，"从 1978 年到 2003 年，山西省共产煤 653 108.8 万吨，损失共计 3 988.54 亿元，而处理历史遗留问题总投资需求为 1 035.44 亿元。"① "在我们的调研中，发现仅损失核算就有水资源永久性破坏、水土流失、人畜缺水、房屋建筑破坏等 15 项。如果要恢复原来的生态环境，需投资 1 000 多亿元。从 1978 年至今，山西省挖了 65 亿吨煤，造成环境污染、生态破坏等的损失达到 3 988 亿元，但山西省投入到环境污染治理和生态恢复方面的资金仅 13.85 亿元。以 2004 年为例，全省能源基金仅收入 30 亿元，各项收费仅约 5 000 万元，而仅开采煤炭造成的环境和资源损耗一年就达 300 亿元。"②

另据美国《大众科学》杂志报道，全球最脏的十大城市出炉，其中山西临汾也榜上有名。由于临汾煤矿业繁盛，致使空气遭受煤尘严重污染，使得临汾在全球受污染最严重地区排行榜中榜上有名。临汾 400 多万居民面临着严重的空气污染问题和砷污染的饮用水问题，临汾当地大量的地方卫生医疗场所都面临着支气管炎、肺炎和肺癌患者日益剧增的问题。③

---

① 《挖煤，山西生态环境之痛：想恢复生态花费要超千亿》，载新华网：http://www.xinhuanet.com/chinanews/2005-04/29/content_4154047.htm，登录时间：2014 年 5 月 10 日。
② 同上。
③ 《组图：世界最脏的十大城市黑榜 中国临汾不幸上榜》，载凤凰网：http://house.ifeng.com/renju/chengshi/detail_2010_09/04/2434110_0.shtml，登录时间：2014 年 5 月 10 日。

第四，煤老板现象导致贫富差距巨大。2007年山西省的农民年均收入虽然达到了3 665.7元，但还有35个贫困县农民年均收入仅1 932元。相比之下，山西的"煤老板高消费现象"与之形成了鲜明的反差，严重地影响了社会的和谐。这些煤老板们，主要是指所谓乡镇煤矿的矿主，他们不仅在全国有名，在全世界也有影响。诸如：在美国买豪宅，一次团购20辆悍马汽车，花上千万为儿女办婚礼，就连被抢劫金额也有达到了1 000万元的[①]。这些煤老板高消费的一个重要特点是，将应当用于再生产和安全投入的资金，以及改善职工待遇和改善生态环境的资金，基本上用于个人消费，但是比人为原因更重要的是制度原因，即矿产资源没有真正实行有偿取得。

我国矿产资源开发过程中出现的问题还包括税收流失、劳资关系紧张、干部腐败等，造成这些问题的原因在政界和学界都有过较多讨论，各界人士也都分析了其中的原因所在。有些学者认为矿产资源领域出现诸多问题，各级政府难辞其咎，矿业参与主体的法律关系自建立之日起，就不是一个单纯的市场行为，政府在矿业法律关系的建立和运行的各个环节都深度参与，而且政府在与市场主体的关系中明显处于强势一方，不仅具有许可权还具有监督管理权，甚至矿业企业的经营规模、经营方式、安全投入、产品销路等都要受到政府相关部门的控制。可以说政府不仅有宏观调控的职能，也深入到了企业发展的微观管控，政府如此全方位介入，最终矿业秩序依然混乱，出现的各种问题当然与政府职能部

---

① 2008年4月10日山西省临汾市一煤老板在家被歹徒劫持，歹徒原计划抢100万元，伸出2指示意要200万元，结果该煤老板误认为是2 000万元，觉得太多，最终给付了歹徒1 000万元。

门有着密不可分的关系，政府应当对这些问题承担相应的责任。

有些学者的观点则与第一种观点相反，他们认为矿产资源领域出现这些问题不是因为政府监管不力，恰恰是因为政府的过多干预导致市场机制在矿业发展中的作用没有体现，政府尤其是地方政府还是没有摆脱计划经济时期的思维定式，对矿业这样高投入、高产出、高利润、高风险的行业还要施加更多的官方引导，这种计划思维使市场经济的内在机理在矿产资源开发领域无法起效。

还有些学者认为矿产资源领域出现的种种问题与矿业开发的所有制结构不无关系，我国《矿产资源法》规定了矿产资源的开发主体是国有企业和集体企业，个人只能开采"零星分散资源和只能用作普通建筑材料的砂、石、黏土以及为生活自用采挖少量矿产"，但是现实状况是以集体企业为外表，实为个人矿山企业的开采形式在我国大量存在，这些个人矿山企业是以上矿业领域诸多问题的主要载体。集体企业之所以要引进私人承包煤矿，主要是因为集体企业一般都无法足额缴纳办理采矿权证等各种开采证照所需的采矿权价款等费用和开采所需资金，但是他们又不想守着"金山银山"却无法发财致富，于是就想到通过承包或租赁的方式转让采矿经营权给能够足额缴纳采矿权价款的个人。一般情况下这些个人矿山企业的规模较小，以煤炭为例，当国有企业的矿井产能已经普遍提到90万吨/年甚至300万吨/年的时候，产能为3万吨/年、9万吨/年、15万吨/年的小型矿山企业还比比皆是，这些矿山企业的突出特点是开采技术落后、安全设施无法保障、无视环境、浪费资源，政府机关对这些企业的监管也很难做到全面到位，因此上述问题基本都是由这些小型个人矿山企业的违规违法操作行为造成的。如果现实中能够严格执行《矿产资源法》中的相关规定，矿产资源的开发主体限定在国有企业和集体企业，那么就会大范围减少问题出现的几率。

还有一种观点认为，矿产资源领域出现的诸多问题，其原因在于矿产资源取得方式错误以及采矿权性质定位错误。长期以来，我国实行的是矿产资源无偿取得制度，直到1986年第一部《矿产资源法》的颁布，才结束了长期以来对矿产资源无偿划拨使用的历史，但是1996年修改后的《矿产资源法》又将这种矿产资源取得制度的对象限定为探矿权和采矿权，即"国家实行探矿权、采矿权有偿取得制度"。"这种有偿取得仅是对矿产资源在探矿、采矿的行为权利实行有偿取得，对矿产资源本身的财产价值和使用价值属性没有确认，从而对国家所有的矿产资源的所有权没有具体体现，这种修改是一种倒退。"[①]而且在矿产资源有偿取得制度具体实施的过程中，有些省份在根据《矿产资源法》出台具体实施办法的时候又将"有偿取得"改为了"有偿使用"，如山西省政府出台的《山西省煤炭资源整合和有偿使用办法》，无形中将探矿权和采矿权的民事法律性质由自物权变为了他物权，这种变化导致了矿业权人对矿产资源，由保护性开采变为了掠夺性开采，因为他们认为矿业权和矿产资源的所有权并不属于自己，国家随时可以收回。针对这种问题的解决方法是实现矿产资源由资源型管理向资产型管理的转变，其核心是"在健全矿产资源有偿取得制度的过程中，

---

① 王继军：《矿产资源有偿取得法律问题研究——以山西煤炭资源有偿使用为例》，《政法论坛》2008年第6期，第163页。

要实现由资源管理型向资产管理型制度的转变,就需要对有偿取得制度的构成要素重新设定,并建立健全相关的法律制度,同时加大实施力度,通过明确矿产资源的财产属性和产权特征,使矿产资源能够根据其内在价格自由出让和转让,从而建立矿产资源运行的市场机制"。①

笔者认为上述观点都有一定的道理,而且在分析具体不同问题时,其中某种观点会切中要害,对症解决,但是经过分析,其根本原因还在于矿产资源取得制度和矿业权性质定位的问题。矿产资源的所有权归国家所有,这是《宪法》和《矿产资源法》明确规定的,但是国家对矿产资源的所有权只能代表国家是矿产资源的初始所有者,并不意味着矿产资源不可以出让给其他人。矿业权也是如此,国家出让矿业权的所有权而不是使用权,可以对矿产资源的开发利用更有利,矿业权人得到所有权之后就会对自己的矿产资源进行保护性开采而不是掠夺性开采,这在同样是国家资源的土地资源开发利用中已经得到了充分验证。土地制度只是允许长时间承包就可以让农民的积极性发生翻天覆地的变化,大大提升劳动生产率,如果国家可以将矿产资源的所有权出让给采矿权人,那么资源回采率也会得到大幅提升。总之,市场经济条件下矿产资源开采过程中出现的诸多问题,就是国家在观念意识上和制度建设上都没有给予矿产资源稀缺性和不可重复开采性以充分的重视,只注重矿产资源的使用价值,而没有体现价值。因此,在市场经济条件下,矿产资源有偿取得制度的构建是理顺矿产资源开

---

① 王继军:《矿产资源有偿取得法律问题研究——以山西煤炭资源有偿使用为例》,第168页。

发利用秩序的关键。

（二）1986年《矿产资源法》的制定

经过以上分析我们可以看出，以《矿业暂行条例》为代表的旧的矿业法律法规已经很难适应改革开放和市场经济条件下的经济发展新形势，国家当然也审时度势，注意到了矿业法律制度建设的紧迫性，于是1979年9月在国家经委的统一领导下，由当时的地质部牵头，在煤炭、石油、化工、冶金、建材和二机部等部门的配合下，成立了《矿产资源法》起草办公室。1981年9月在国家计委的主持下，以上各部门的专家经过长期讨论和起草，形成了《矿产资源法》的送审稿，报国务院审定，国务院办公厅拿到《矿产资源法》送审稿后，征求了地方政府和有关部门的意见，对送审稿进行了多次修改。1984年10月30日，经国务院常务会议讨论决定，同意将《矿产资源法（草案）》提请全国人大常委会审议。1985年第六届全国人大常委会第十一次和第十二次会议对草案进行了讨论，并对草案提出了修改意见。国务院根据全国人大常委会提出的修改意见，又组织各部门专家对草案进行了全面细致的讨论和修改，再次提请全国人大常委会审议。最后，1986年3月19日，第六届全国人大常委会第十五次会议通过了《矿产资源法》，由中华人民共和国第三十六号主席令公布，规定该法于1986年10月1日起实施。

1986年《矿产资源法》从开始酝酿到最终颁布先后经历了紧张的8年时间，是一部准备充分、制定全面细致的矿业法律，这部法律的制定过程体现了我国社会主义市场经济发展的要求，目标就是要以法律的形式稳定和保护社会主义经济条件下的矿业发展秩序。这部法律的出台，客观上为我国较长一段时间的矿产资源开发提供了法律制度支持。这部法律从内容上来看主要有以下特点。

1. 矿产资源取得方式为有偿取得

1986年制定的《矿产资源法》首先明确了矿产资源的国家所有权性质，强调土地所有权与矿产资源所有权相分离。（第三条第一款："矿产资源属于国家所有。地表或者地下的矿产资源的国家所有权，不因其所依附的土地的所有权或者使用权的不同而改变。"）并且规定了探矿权和采矿权的取得必须经过国家有关机关的授权许可，这其实也说明了矿业权首先属于国家所有。（第三条第三款："勘查矿产资源，必须依法登记。开采矿产资源，必须依法申请取得采矿权。国家保护合法的探矿权和采矿权不受侵犯，保障矿区和勘查作业区的生产秩序、工作秩序不受影响和破坏。"）

在明确了矿产资源和矿业权国家所有制度的基础上，法律规定了矿产资源有偿取得制度。（第五条："国家对矿产资源实行有偿开采。开采矿产资源，必须按照国家有关规定缴纳资源税和资源补偿费。"）产权制度是矿产资源法律制度的核心，《矿产资源法》规定矿产资源有偿取得毫无疑问体现了时代的进步性，是我国经济体制改革在矿产资源领域的主要反映。

但是《矿产资源法》中规定有偿取得制度的条款中分为两句，前一句是说明矿产资源实行有偿开采，紧接着用采矿权人要向国家缴纳资源税和资源补偿费来具体解释何为有偿取得。这种解释显示了该条款的欠妥之处，税费制度是政府作为国家管理者向被管理者征收的一种管理费用，是国家公权力或行政权力的体现，而国家出让矿产资源显然不是以公权力的身份做出的行为，而应当是以民事主体身份向申请采矿者出让矿产资源时收取的民事收益。这种费用的征收更像是国家向采矿权人出让采矿权时收取的管理费，其性质是一种行政补偿费，是国家对采矿行为实施监督管理时付出一定人力、物力、财力的成本补偿。资源补偿费与资源价款不同，补偿意味着填齐补平，即挖了矿产资源造成损失后给予的弥补；而资源价款意味着资源本身价值的价格表现。关于国家出让矿产资源如何体现有偿的问题，笔者将在之后的内容中详细阐述。

2. 管理体制向市场经济过渡，但是仍然有浓重的计划经济色彩

1986年《矿产资源法》是在我国确立经济体制改革起步阶段，建立社会主义市场经济体制之初制定的，该法第一条中就明确了其服务对象是当时和较长一段时间的社会主义现代化建设。（第一条："为了发展矿业，加强矿产资源的勘查、开发利用和保护工作，保障社会主义现代化建设的当前和长远的需要，根据中华人民共和国宪法，特制定本法。"）从规定的内容来看，许多内容都体现了制定者有意使矿业法律制度适应市场经济体制改革步伐的努力，其变化主要体现在以下几个方面：首先是矿产资源有偿取得制度使矿产资源恢复了其在市场中的真正价值。其次是矿产资源所有权与经营权之间的分离。与国家市场经济体制建立过程中的政企分开道理相通，矿产资源领域的市场经济改革也伴随着国家所有权与经营权之间的分离，政府作为国家矿产资源所有者的行使主体，只负责矿产资源和矿业权的出让，以及矿业权实施过程中的监管，具体矿业权的行使则交给矿山企业完成。这也是市场经济主体由国营企业一元化向国有企业、集体企业二元化，

乃至国有企业、集体企业、个体企业多元化发展的必然选择。《矿产资源法》中规定矿业权主体包括国有企业、集体企业和个体企业，是对个体企业市场主体资格和法律地位的肯定。

但是由于受到计划经济体制的惯性思维的影响，1986年制定的《矿产资源法》仍然没有摆脱计划经济的束缚，条文中充斥着大量限制民营企业介入矿业领域和阻碍市场机制调整矿业市场行为的内容，这些内容主要体现在以下几个方面。

（1）民营企业和集体企业在采矿权主体方面受到了不公平待遇

改革开放以后，民营企业的社会主义市场经济地位得到了明显提升，已经成为社会主义现代化建设不可忽视的重要力量，其展现的生产效率给还处于计划经济思维中的百姓以深刻印象，其创造的生产力也成为国内生产总值的重要组成部分，国家对待民营经济的态度也由原来的限制、监督，转而变为鼓励、支持，至1999年《宪法》才将第十一条"私营经济是社会主义公有制经济的补充"修改为"在法律规定范围内的个体经济、私营经济等非公有制经济，是社会主义市场经济的重要组成部分"。但是在矿产资源领域，民营经济并没有像其他行业一样受到国家的重视，在《矿产资源法》有关采矿权主体的规定中，我们可以明显看出民营经济受到了不公平待遇，国营矿山企业是矿产资源的开采主体，民营企业只允许开采零星分散资源、普通建材和生活所需的少量矿产。与集体企业相比，民营企业也受到了不公平待遇，在国家对集体企业和民营企业的态度中我们可以看出，对集体企业是"鼓励、指导和帮助"，对民营企业则是"指导、帮助和监督"。（第四条："国营矿山企业是开采矿产资源的主体。国家保障国营矿山企业的巩固和发展。国家鼓励、指导和帮助乡镇集体矿山企业的发展。国家通过行政管理，指导、帮助和监督个人依法采矿。"第三十四条第一款："国家对乡镇集体矿山企业和个体采矿实行积极扶持、合理规划、正确引导、加强管理的方针，鼓励乡镇集体矿山企业开采国家指定范围内的矿产资源，允许个人采挖零星分散资源和只能用作普通建筑材料的砂、石、黏土以及为生活自用采挖少量矿产。"）

在公有制企业占据采矿主体地位的规定中，集体企业作为公有经济的重要组成部分也被排除在采矿主体之外。事实上在我国改革开放之后，国民经济呈现出高速发展的态势，在资源开采方面如果仅仅依靠国有矿山企业提供的矿产资源，很难维持如此庞大的经济体和高经济增长率，在这个过程中集体矿山企业发挥了不可磨灭的积极作用。前面已经提到我国私人大量进入矿产资源开采领域的原因之一，就是国家在20世纪80年代提出了"有水快流"政策，国家之所以提出这样的政策，并不是一时心急拍脑袋想出来的办法，而是因为当时国民经济发展要求必须以这种方式在短期内提高全国的煤炭供应量。当时的现实情况是1980年我国的煤炭产量只有6.4亿吨[①]，仅比改革开放之初的1978年高出1 000万吨，与改革开放后大量释放的生产力相比，这样的煤炭产量显然不能满足生产力发展的需求，国有大矿的煤炭产量不足、国家当时的铁路运力也无法支撑大量煤炭的长距离运输，发挥各地优势是当务之急。在这种背景下，国家为了解决煤炭资源紧缺

---

① 数据来源于中华人民共和国国家统计局网站：http://www.stats.gov.cn/tjsj/ndsj/2012/indexch.htm，登录时间：2014年5月10日。

的问题,想出了"有水快流"的办法,具体法律文件是1983年由当时的煤炭部发布的《关于积极支持群众办矿的通知》。①这份通知中明确政府要采取"在一切可能的地方、利用一切可能的形式"鼓励煤矿开采。据统计,1980年我国乡镇煤矿企业约为1万家,10年过后这一数字也增长了10倍,达到10万家以上。1998年乡镇煤矿企业最多时达到8万多个,产量占到全国煤炭总产量的43%。②"有水快流"政策使我国的乡镇煤矿快速增长,与此同时乡镇煤矿所带来的资源浪费、环境污染、安全事故等问题也是显而易见的,它们技术落后、设施简陋,私挖滥采的现象非常严重。到了20世纪90年代,这种问题已经发展到非解决不可的地步,在煤炭资源大体可以保障经济发展需求的基础上,国家开始下力气整顿混乱的煤炭开采秩序。1991年,国务院发布了《国务院关于清理整顿个体采煤的通知》,通知有一段表述当时个体采矿业的发展现状:"近几年来,我国个体采煤有了一定的发展,全国每年个体采煤四千多万吨,对缓和煤炭供求紧张局面以及解决部分农村劳动就业起了一定的积极作用。但个体采煤也出现了许多问题,主要表现在:多数没有取得采矿许可证,乱采滥挖现象比较普遍;回采率很低,破坏和浪费国家煤炭资源比较严重;有的不具备起码的安全生产和劳动保护条件,事故频繁,伤亡严重;有的偷税漏税,损害国家利益。"从这段话中我们可以看出,包括乡镇煤矿在

---

① 《1991年:"有水快流"的硬币两面》,载中国煤炭网:http://www.ccoalnews.com/zt/103003/103018/117554.html,登录时间:2014年5月10日。
② 《1983年煤炭部公布了〈关于积极支持群众办矿的通知〉》,载:http://tttzw.com/HomeCenter/Content/1/1/470.html,登录时间:2014年5月10日。

内的个体采矿业（乡镇煤矿有相当一部分被个人承包）虽然有各种各样的问题亟待解决，但是国家对他们为社会主义现代化建设所做出的巨大贡献也是持肯定态度的。因此，《矿产资源法》将集体企业排除在矿产资源开采主体之外，无论从理论基础还是现实需要上，都是一个有待商榷的规定。

如果国家给予国营企业采矿主体地位是为了维护公有制主体地位，那么集体矿山企业也应当是矿产资源开采主体，但事实上集体矿山企业非但没有成为矿产资源开采主体，反而与民营矿山企业的待遇相同，其采矿权主体地位已经被《矿产资源法》及其相关法律定位为国家开采矿产资源的附属力量。从这个角度讲，国家将国营矿山企业定位为矿产资源开采的主要力量，显然是从技术层面考虑的，这在《矿产资源法》相关条文中可以得到印证。首先，国家非常重视采矿业先进技术的开发和推广工作。（第七条："国家鼓励矿产资源勘查、开发的科学技术研究，推广先进技术，提高矿产资源勘查、开发的科学技术水平。"第八条："在勘查、开发、保护矿产资源和进行科学技术研究等方面成绩显著的单位和个人，由各级人民政府给予奖励。"）其次，国家认为国有矿山企业的资金投入、安全保障、开采技术是大幅度优于乡镇矿山企业和民营矿山企业的，在这方面乡镇矿山企业和民营矿山企业应当提高技术水平，尽量减少资源浪费和环境破坏（第三十七条："乡镇集体矿山企业和个体采矿应当提高技术水平，提高矿产资源回收率。禁止乱挖滥采，破坏矿产资源。"）；国有矿山企业和相关职能部门也有责任对乡镇矿山企业和民营矿山企业给予一定的技术支持，帮助其提升技术含量（第三十四条第二款："国家指导、帮助乡镇集体矿山企业和个体采矿不断提高技术水平、资源利用率和经济效益。"第三十四条第三款:"地质矿产主管部门、地质工作单位和国营矿山企业应当按照积极支持、有偿互惠的原则向乡镇集体矿山企业和个体采矿提供地质资料和技术服务。")。

  国家在技术层面上,对乡镇矿山企业和民营矿山企业的担心应当是建立在充分调研基础之上的,从现实角度来看,多数乡镇和民营矿山企业的技术投入是远落后于国有矿山企业的,矿产资源开发过程中出现的问题也多发生在这两种类型的企业当中,因此国家有理由把矿产资源开发的主要任务通过法律的形式交给国有矿山企业,通过审批的手段控制乡镇矿山企业和民营矿山企业掌握的矿产资源开采量。但事实上这是一种恶性循环的做法,乡镇和民营矿山企业之所以技术落后、安全投入较少,主要原因并不是他们没有足够的资金支持和技术支持,关键还在于国家不能从法律制度层面给予其应有的法律地位,国家给予他们的不公平待遇,致使他们以短期投资的心态对矿产资源进行掠夺性开采,不愿意增加更多的投入,不愿意扩大矿井规模,因为投入越多,规模越大,就需要更多的投入回报期,而国家对他们的不公平待遇使他们没有更多的信心做大做强,即使他们通过合理经营使企业做强了,由于有法律的强制性规定,国家也很难把更好的、更多的资源出让给他们。

  另外,国家将矿业权确定为用益物权而非所有权,也是乡镇和民营矿山企业不愿投资扩大矿井规模的根本性原因之一。所有权属自物权,具有独占性、排他性,是一种终极权利,是权利主体间利益连接的关键。正如马克思在《哥达纲领批判》中指出的那样:"只

第一章
我国矿产资源取得方式的变迁

有一个人事先就以所有者的身份来对待自然这个一切劳动资料和劳动对象的第一源泉,把自然界当作隶属于他的东西来处置,他的劳动才成为使用价值的源泉,因而也成为财富的源泉。"[①]使用权是用益物权,属他物权,这种权利建立在他人所有的物权的基础之上,权利主体在利益关系上对物的关心程度要次于所有权人。从所有权与使用权的上述区别中,我们可以发现在矿产资源的开发和利用中会出现以下变化。

第一,在遏制滥采私挖中,如矿产资源的所有权归国家,使用权归矿主,矿主对矿产资源的珍惜程度远不如所有权人,"吃菜心""采厚弃薄""采一弃一"在所难免。因为使用权毕竟是他物权,不具有永久性,可变性较大,国家随时可以变更使用权,矿主一旦取得使用权后,便会不顾一切地采挖,是否有浪费,是否会造成资源环境的破坏,矿主是不会考虑的;如矿产资源的所有权归国家,国家有偿出让给矿主,矿主取得所有权,矿主一定会倍加珍惜和爱护,不会浪费一丝一毫,因为所有权具有永久性和终极性。这就如同自然界的老鼠,在人类的粮库中对粮食捡好的吃,吃不完也要拉屎撒尿祸害一通,使人无法食用,但是老鼠储存到自己洞里的粮食,它会倍加珍惜和爱护,绝不糟蹋和浪费。同时所有权还具有排他性,任何侵犯矿产资源所有权的私挖行为,将会遭到所有权人的制止,直至诉请国家保护。如果将矿产资源有偿使用改为有偿所有,目前这种私挖滥采行为,只有国家机关关心,使用人漠视的状况将不复存在。

---

① 〔德〕马克思:《哥达纲领批判》(单行本),人民出版社1965年版,第7页。

同样的道理，如矿主通过有偿出让从国家那里取得矿产资源的所有权，这些埋在地下的资源已变成资产，矿主只有采用先进的机械设备和能够掌握使用先进的机械设备的人才，才有可能将自己埋在地下的大部分资产挖出来，（提高回采率）将资产变成财富。矿主就需要投入再生产资金，购买先进机械设备，招募人才，改善劳资关系，保障职工的劳动保险待遇等。如果矿主还是将生产资金用于眼前的高消费、乱消费，最终受损失的将是矿主，不是国家。煤老板高消费、煤矿劳资关系紧张等一系列问题将迎刃而解。

第二，在遏制矿山安全事故中，目前我国的矿山安全防范，主要靠政府施加外部强制，缺乏矿山企业内在求平安、保安全的动力。其原因同样在所有权和使用权上。矿主拥有对矿产资源有偿取得的是用益物权，还是矿产资源所有权，其效果完全是不同的。首先，矿产资源行为使用权的可变性和他物性，是矿主在矿山安全方面少投资甚至不投资的根本原因。如果将矿产资源变为矿主有偿取得所有的资产，从维护自己财产安全的角度，矿主也会毫不吝啬地投资确保自己财产的安全。其次，国外的一些产煤大国的情况值得我们注意和借鉴。作为世界主要产煤大国之一的美国，也曾经历过安全状况恶化、伤亡事故严重的时代。20世纪前30年，美国煤矿平均每年事故死亡2 000多人；到20世纪70年代死亡人数下降到千人以下；1990—2000年，美国共生产商品煤104亿吨，仅死亡492人，平均百万吨死亡率为0.047 3；在安全状况最好的1998年，共产商品煤10.18亿吨，仅死亡29人，百万吨死亡率为0.028；1993—2000年的8年间，整个煤炭行业没有发生过一起死亡3人以上的事故。从国际上公认的安全生产指标百万吨死亡率来看，美国的这一指标已下降到 0.035 左右。①相对于一些第三世界国家的煤矿来说，美国的煤矿还是比较安全的。官方数据显示，2004 年有 54 名矿工死于安全事故，2005 年减少为 21 人。②澳大利亚是世界第四大产煤国，最大的煤炭出口国。澳大利亚的煤矿安全生产也被认为是世界上最好的。百万吨死亡率控制在 0.014 左右。从 1979 年到 1999 年，澳大利亚全国发生死亡 10 人以上的特大矿难 6 起，共死亡 69 人。2000 年以来，全国很少发生矿难。2003 年至 2005 年，澳大利亚全国煤矿实现了零死亡。③以上这些国家均属于以私有制为基础的资本主义国家，煤矿大多属于私营煤矿。据统计，在世界产煤大国中，我国百万吨产煤死亡率为 3—4，这一数字是俄罗斯的 12 倍，是南非的 30 倍，是美国的 100 倍。

第三，在遏制干部入股、反腐败方面，矿产资源所有权与使用权的正确区分也具有十分重要的意义。目前针对干部入股矿产资源开发的腐败问题，虽然党和政府采取了十分严厉的措施，但收效甚微，相反大有愈演愈烈的势头，其原因就在于矿主不但不配合党和政府，反而配合腐败干部，替他们隐瞒和包庇。因为矿主们开采的矿产资源归国家所有，国家所有的矿产资源是通过国家干部许可给矿主使用的，矿主的使用权是否稳定，干部是具有决定性作用的因素，所以干部在煤矿入股，虽然不合法，但在矿主的眼中是合情合理的。如果将矿产

---

① 《美国煤矿安全启示》，载财经网：http://magazine.caijing.com.cn/2004-12-27/110064396.html，登录时间：2014 年 5 月 10 日。
② 小夏：《美国煤矿何以疏离血泪》，《南风窗》2006 年第 2 期，第 72 页。
③ 李景卫：《澳大利亚煤矿三年零死亡》，《环球时报》2005 年 8 月 19 日，第 19 版。

资源的有偿使用权改为有偿所有权，情形会大为改观的，矿主通过有偿行为从国家取得矿产资源的所有权，矿产资源已为矿主所有的资产，在非对价和人身关系的情况下，矿主绝不会与他人共同占有这些资产，也就是说，干部以权力无偿占有矿主的资产是不可能的。在这种情形下，反腐败才可能会有内在的动力。

第四，在遏制环境生态恶化，治理公路超载、道桥毁坏、税费流失方面，矿产资源所有权与使用权的正确区分也具有十分重要的作用。在矿产资源的开发利用过程中，普遍存在环境生态恶化、公路道桥毁坏、税费流失的现象，这与矿产资源确权为有偿使用权有着直接的关系，因为"无恒产者无恒心"，在对矿产资源的使用过程中，生态环境、道路、税费这些公共利益，都是次要的，自己的眼前利益，捞钱是主要的。相反，如果国家将矿产资源通过有偿出让确定为矿主的所有权，成为矿主的资产，矿主在对待环境、生态、道路、税费这些公共利益的态度上，将会有相反的变化，否则自己的利益没有保障，这正是"有恒产者才会有恒心"。

（2）市场机制在法律中没有得到充分体现

1986年《矿产资源法》制定时，我国还没有正式提出建立社会主义市场经济，《矿产资源法》所依据的指导思想应当是1982年召开的党的十二大报告。在这份报告中，我国遵循的经济发展模式已经出现了逐步摆脱计划经济的势头，但是还没有大胆地提出实行社会主义市场经济体制的概念，而是在计划经济与市场经济之间寻找到了一条折中路线，即实行有计划的商品经济，这种有计划的商品经济并不是指计划经济与市场经济成分各占一半，而是在计划的基础上"对部分产品的生产和流通不做计划,由市场来调节,也就是说,根据不同时期的具体情况,由国家统一计划划出一定的范围,由价值规律自发地起调节作用"。一句话来说就是"计划经济为主、市场调节为辅"。

从《矿产资源法》中的相关条文来看,它是按照党的十二大报告精神制定的,并且将矿产资源列入非商品部分,不适用市场调节机制。(第三条第四款:"采矿权不得买卖、出租,不得用作抵押。"第四十二条:"买卖、出租或者以其他形式转让矿产资源的,没收违法所得,处以罚款。买卖、出租采矿权或者将采矿权用作抵押的,没收违法所得,处以罚款,吊销采矿许可证。")对比《矿产资源法》和党的十二大报告,我们可以看出,该法律的制定过于保守,当时党的指导思想是有计划的商品经济,即对一部分产品要由市场来进行调节,对党的这种经济指导思想的进一步解读应当是:对于生产和销售比较集中,或者被大型国有企业所垄断的产品,应当还是以计划经济为主,对于经营过于分散的产品的生产销售,应当引入市场调节机制,因为对生产过于分散的产品实行计划经济显然是不现实的。上面提到,在《矿产资源法》出台之前的1983年国家煤炭部就发布了《关于积极支持群众办矿的通知》,意为鼓励民间办矿,其结果也造成了煤炭生产形成小而散的办矿格局,在这种情况下,还要实行计划经济体制,显然与现实情况不相匹配。市场经济运行机制的核心是价格围绕价值上下波动,以此影响资源配置,价格形成的前提是交换,如果没有商品的交换,产品也就不能称之为商品,也就不会有交换价值,当然更不会有价格。探矿权和采矿权的物权属性已经为人所熟知,它们具有财产权性质也是不争的事实,在这种情况下,不允许探矿权和采矿权的买卖、出租和抵押，就是没有将其视为商品，而将其排除在了市场经济之外。何况买卖、出租采矿权是资源配置的重要手段，政府以审批手段决定探矿权人和采矿权人固然有其公信的一面，但是这种分配方式并不能保障某片区域的矿产资源就能让最适合的人进行开采，拥有采矿权的人不一定拥有足够的资金投入安全生产，最佳开采人也不一定拥有采矿权，这时就需要市场调节机制的介入，通过采矿权的买卖使矿产资源开采权落入最合适的企业手中。因此，1986年《矿产资源法》与时代发展步伐有些脱节，没有对我国经济发展趋势做出及时回应。

（三）1996年《矿产资源法》的修改

1992年，党的十四大召开，这次会议在我国现代化建设历史上具有里程碑式的意义。在这次大会上，江泽民同志代表第十三届中央委员会向大会做了题为《加快改革开放和现代化建设步伐，夺取有中国特色社会主义事业的更大胜利》的报告，报告指出推动经济发展和社会全面进步，必须努力实现十个方面关系全局的主要任务，其中第一个就是"围绕社会主义市场经济体制的建立，加快经济改革步伐"。紧接着1993年，第八届全国人大一次会议把市场经济写入《宪法》，将《宪法》第十五条修改为"国家实行社会主义市场经济"。这是第一次以宪法的形式确立了国家的基本经济制度，标志着我国正式由计划经济、有计划的商品经济迈向市场经济建设。

市场经济条件下的矿业发生了翻天覆地的变化，旧的《矿产资源法》已无法适应新形势下的矿业发展，许多条文也与党的路线方针和上位法相冲突，于是国家开始着手修改《矿产资源法》，总的指导思想被确定为：强化矿产资源国家所有，按照具有中国特色的社会主义

第一章
我国矿产资源取得方式的变迁

市场经济体制的要求，完善矿产资源勘探、开采、利用和保护的法律制度，在保障国家矿产资源需求基础上，妥善处理矿产资源开发利用过程中出现的矛盾和纠纷。具体原则包括：第一，坚持将矿产资源属国家所有作为处理矿业问题的基本点；第二，与深化体制改革相结合，使修改后的《矿产资源法》适应社会主义市场经济新体制；第三，在总结实施《矿产资源法》10年来的经验的同时，借鉴国内其他自然资源立法和市场经济国家矿业管理的通行做法；第四，既要考虑当前治理整顿矿业秩序的需要，也要兼顾实现我国矿业可持续发展战略的要求。[①]根据《矿产资源法》修改原则，1996年8月29日，第八届全国人大常委会第二十一次会议审议通过了《关于修改〈中华人民共和国矿产资源法〉的决定》，中华人民共和国第七十四号主席令予以公布，自1997年1月1日起施行。新法的修改主要涉及矿产资源的有偿取得问题、矿产资源国家所有的实施主体问题、探矿权采矿权的流转问题、办矿审批权限的问题、探矿采矿资质问题、矿业行政处罚权问题等。

1. 1996年《矿产资源法》对旧法修改的主要内容

1996年《矿产资源法》对旧法的修改涉及十八条内容，其中修改十五条，新增三条。具体内容如下：

（1）将第三条第一款修改为："矿产资源属于国家所有，由国务院行使国家对矿产资源的所有权。地表或者地下的矿产资源的国家所有权，不因其所依附的土地的所有权或者使用权的不同而改变。"

将第三款修改为："勘查、开采矿产资源，必须依法分别申请、

---

① 傅英：《中国矿业法制史》，第64页。

经批准取得探矿权、采矿权，并办理登记；但是，已经依法申请取得采矿权的矿山企业在划定的矿区范围内为本企业的生产而进行的勘查除外。国家保护探矿权和采矿权不受侵犯，保障矿区和勘查作业区的生产秩序、工作秩序不受影响和破坏。"

增加一款作为第四款："从事矿产资源勘查和开采的，必须符合规定的资质条件。"

（2）将第四条修改为："国家保障依法设立的矿山企业开采矿产资源的合法权益。国有矿山企业是开采矿产资源的主体。国家保障国有矿业经济的巩固和发展。"

（3）将第五条修改为："国家实行探矿权、采矿权有偿取得的制度；但是，国家对探矿权、采矿权有偿取得的费用，可以根据不同情况规定予以减缴、免缴。具体办法和实施步骤由国务院规定。

开采矿产资源，必须按照国家有关规定缴纳资源税和资源补偿费。"

（4）将第三条第四款改为第六条，修改为："除按下列规定可以转让外，探矿权、采矿权不得转让：

① 探矿权人有权在划定的勘查作业区内进行规定的勘查作业，有权优先取得勘查作业区内矿产资源的采矿权。探矿权人在完成规定的最低勘查投入后，经依法批准，可以将探矿权转让他人。

② 已取得采矿权的矿山企业，因企业合并、分立、与他人合资、合作经营，或者因企业资产出售以及有其他变更企业资产产权的情形而需要变更采矿权主体的，经依法批准可以将采矿权转让他人采矿。

前款规定的具体办法和实施步骤由国务院规定。

第一章
我国矿产资源取得方式的变迁

禁止将探矿权、采矿权倒卖牟利。"

（5）将第十条改为第十二条，修改为："国家对矿产资源勘查实行统一的区块登记管理制度。矿产资源勘查登记工作，由国务院地质矿产主管部门负责；特定矿种的矿产资源勘查登记工作，可以由国务院授权有关主管部门负责。矿产资源勘查区块登记管理办法由国务院制定。"

（6）将第十三条第一款与第二十六条合并，作为第十五条，修改为："设立矿山企业，必须符合国家规定的资质条件，并依照法律和国家有关规定，由审批机关对其矿区范围、矿山设计或者开采方案、生产技术条件、安全措施和环境保护措施等进行审查；审查合格的，方予批准。"

（7）将第十三条第二款和第十四条合并，作为第十六条，修改为："开采下列矿产资源的，由国务院地质矿产主管部门审批，并颁发采矿许可证：

① 国家规划矿区和对国民经济具有重要价值的矿区内的矿产资源；

② 前项规定区域以外可供开采的矿产储量规模在大型以上的矿产资源；

③ 国家规定实行保护性开采的特定矿种；

④ 领海及中国管辖的其他海域的矿产资源；

⑤ 国务院规定的其他矿产资源。

开采石油、天然气、放射性矿产等特定矿种的，可以由国务院授权的有关主管部门审批，并颁发采矿许可证。

开采第一款、第二款规定以外的矿产资源，其可供开采的矿产的储量规模为中型的，由省、自治区、直辖市人民政府地质矿产主管部门审批和颁发采矿许可证。

开采第一款、第二款和第三款规定以外的矿产资源的管理办法，由省、自治区、直辖市人民代表大会常务委员会依法制定。

依照第三款、第四款的规定审批和颁发采矿许可证的，由省、自治区、直辖市人民政府地质矿产主管部门汇总向国务院地质矿产主管部门备案。

矿产储量规模的大型、中型的划分标准，由国务院矿产储量审批机构规定。"

（8）将第十六条第三款和第三十六条合并，作为第十九条，修改为："地方各级人民政府应当采取措施，维护本行政区域内的国有矿山企业和其他矿山企业矿区范围内的正常秩序。

禁止任何单位和个人进入他人依法设立的国有矿山企业和其他矿山企业矿区范围内采矿。"

（9）第将三十四条改为第三十五条，增加一款作为第二款："矿产储量规模适宜由矿山企业开采的矿产资源、国家规定实行保护性开采的特定矿种和国家规定禁止个人开采的其他矿产资源，个人不得开采。"

（10）将第三十九条修改为："违反本法规定，未取得采矿许可证擅自采矿的，擅自进入国家规划矿区、对国民经济具有重要价值的矿区范围采矿的，擅自开采国家规定实行保护性开采的特定矿种的，责令停止开采、赔偿损失，没收采出的矿产品和违法所得，可以并处罚款；拒不停止开采，造成矿产资源破坏的，依照刑法第一百五十六条的规定对直接责任人员追究刑事责任。

单位和个人进入他人依法设立的国有矿山企业和其他矿山企业矿区范围内采矿的，依照前款规定处罚。"

（11）将第四十二条第二款修改为："违反本法第六条的规定将探矿权、采矿权倒卖牟利的，吊销勘查许可证、采矿许可证，没收违法所得，处以罚款。"

（12）将第四十四条修改为："违反本法规定，采取破坏性的开采方法开采矿产资源的，处以罚款，可以吊销采矿许可证；造成矿产资源严重破坏的，依照刑法第一百五十六条的规定对直接责任人员追究刑事责任。"

（13）将第四十五条修改为："本法第三十九条、第四十条、第四十二条规定的行政处罚，由县级以上人民政府负责地质矿产管理工作的部门按照国务院地质矿产主管部门规定的权限决定。第四十三条规定的行政处罚，由县级以上人民政府工商行政管理部门决定。第四十四条规定的行政处罚，由省、自治区、直辖市人民政府地质矿产主管部门决定。给予吊销勘查许可证或者采矿许可证处罚的，须由原发证机关决定。

依照第三十九条、第四十条、第四十二条、第四十四条规定应当给予行政处罚而不给予行政处罚的，上级人民政府地质矿产主管部门有权责令改正或者直接给予行政处罚。"

（14）将第四十六条修改为："当事人对行政处罚决定不服的，可以依法申请复议，也可以依法直接向人民法院起诉。

当事人逾期不申请复议也不向人民法院起诉，又不履行处罚决定的，由做出处罚决定的机关申请人民法院强制执行。"

（15）增加一条，作为第四十七条："负责矿产资源勘查、开采监督管理工作的国家工作人员和其他有关国家工作人员徇私舞弊、滥用职权或者玩忽职守，违反本法规定批准勘查、开采矿产资源和颁发勘查许可证、采矿许可证，或者对违法采矿行为不依法予以制止、处罚，构成犯罪的，依法追究刑事责任；不构成犯罪的，给予行政处分。违法颁发的勘查许可证、采矿许可证，上级人民政府地质矿产主管部门有权予以撤销。"

（16）增加一条，作为第四十八条："以暴力、威胁方法阻碍从事矿产资源勘查、开采监督管理工作的国家工作人员依法执行职务的，依照刑法第一百五十七条的规定追究刑事责任；拒绝、阻碍从事矿产资源勘查、开采监督管理工作的国家工作人员依法执行职务未使用暴力、威胁方法的，由公安机关依照治安管理处罚条例的规定处罚。"

（17）增加一条，作为第五十条："外商投资勘查、开采矿产资源，法律、行政法规另有规定的，从其规定。"

（18）将本法中的"国营矿山企业"修改为"国有矿山企业"，"乡镇集体矿山企业"修改为"集体矿山企业"。

2. 对1996年《矿产资源法》修改内容的分析

（1）在矿产资源有偿取得方式上是一种倒退

1986年《矿产资源法》第五条规定："国家对矿产资源实行有偿开采。开采矿产资源，必须按照国家有关规定缴纳资源税和资源补偿费。"这条规定表明有偿取得的对象是矿产资源,而1996年《矿产资源法》却将该条修改为"国家实行探矿权、采矿权有偿取得的制度",这表明有偿取得的对象由原来的矿产资源变为了探矿权和采矿权,即意味着国家对矿产资源的出让是无偿的。不得不说这是矿业历史中的倒退。

该条文的修改显然混淆了矿产资源与矿业权。在法律关系上,矿产资源是指未经开采的国家所有的矿产资源,其性质是民法上的物;矿业权是国家通过审批权力赋予符合资格的探矿权人和采矿权人探矿和采矿的资格,在性质上是一种行为权利。这两者之间的区别是显而易见的,国家有偿出让探矿权和采矿权并不能代替国家对矿产资源的有偿取得,相比较而言,矿产资源的国家所有权更应当受到国家的重视,国家出让这部分资源所取得的收益应当远远大于出让探矿权和采矿权所取得的补偿,这种行为实为"丢了西瓜捡芝麻"。

《矿产资源法》中明确规定了矿产资源归国家所有,但是在具体实施条文的规定中却将矿产资源的有偿取得变为了探矿权、采矿权有偿取得,在这个变化过程中,国家的矿产资源所有者身份无形中被虚化,有偿取得也变得徒有虚名,实质上国家执行的是矿产资源无偿取得制度。

(2)市场经济因素在《矿产资源法》中依然没有得到充分体现

1996年《矿产资源法》较之1986年《矿产资源法》,市场化因素有了一些增加,主要体现在探矿权和采矿权的转让问题上,1986年《矿产资源法》明确规定采矿权不得转让买卖,1996年《矿产资源法》在这个问题上有了些许的松动,分别对探矿权和采矿权规定了可以转让的特殊情况。但是即便如此,我们也可以看到这部法律的市场化程度依然很低,与经济发展状况和发展趋势严重不符,这主要体现在三个方面:一是市场主体还是以国有企业作为主体,集体矿山企业和个人矿山企业在已经成为矿产开发的重要组成部分并且已经做出巨大贡献的情况下,遭受了法律上的不公平待遇;二是探矿权和采矿权的转让依然属于特殊情况,意味着一般情况下探矿权和采矿权是不得转让的,这与市场经济商品流通的基本属性不符;三是新法还是延续了旧法中关于探矿权和采矿权禁止倒卖牟利的规定,阻碍了市场经济条件下正常的市场交易,无法体现探矿权和采矿权的真正市场价值。因此,1996年《矿产资源法》虽然在我国市场经济体制建立的大环境下,在市场化问题上有所体现,但是依然没有摆脱计划经济时期思想的影响,与现实经济发展状况相比,依然是比较滞后的。

(3)明确了矿产资源国家所有权的行使主体

1986年《矿产资源法》虽然规定了矿产资源归国家所有,但是这种所有仅是从法律层面上说明国家对矿产资源具有所有权的一种状态,而国家机关包括立法、执法和司法机关,各种不同性质的国家机关又分为不同的级别,到底由哪个国家机关行使该所有权,未明确,缺乏可操作性。所以在1996年《矿产资源法》的条文中,加入了"由国务院行使国家对矿产资源的所有权",明确了国家所有权的行使主体,便于国家对矿产资源的统一管理。

(4)办矿审批权限更加科学

1986年《矿产资源法》对矿山企业审批权限的规定有两方面的特点:一是注重对国有矿山企业和乡镇矿山企业的审批权限做出规定,没有对民营矿山企业的审批权限做出规定,这也从另一个方面说明

1986年《矿产资源法》的制定基础是全民所有制条件下的计划经济体制。二是审批权限的划分是以行政隶属关系为基础的,国家级政府和部门开办的矿山企业由国务院及其地质矿产主管部门负责审批;省一级政府和部门开办的矿山企业由省一级政府及其地质矿产主管部门负责审批;乡镇矿山企业和个体矿山企业则另行规定。(第十三条:"开办国营矿山企业,分别由国务院、国务院有关主管部门和省、自治区、直辖市人民政府审查批准。国务院和国务院有关主管部门批准开办的国营矿山企业,由国务院地质矿产主管部门在批准前对其开采范围、综合利用方案进行复核并签署意见,在批准后根据批准文件颁发采矿许可证;特定矿种的采矿许可证,可以由国务院授权的有关主管部门颁发。省、自治区、直辖市人民政府批准开办的国营矿山企业,由省、自治区、直辖市人民政府地质矿产主管部门在批准前对其开采范围、综合利用方案进行复核并签署意见,在批准后根据批准文件颁发采矿许可证。"第十四条:"开办乡镇集体矿山企业的审查批准、颁发采矿许可证的办法,个体采矿的管理办法,由省、自治区、直辖市人民代表大会常务委员会制定。")

这种矿山企业审批方式看似充分实现了各级政府的管理职能,保障了国家利益不受损害,实质上则容易造成管理秩序的混乱,一片好的矿产资源,中央政府矿产主管机关希望审批,同样省级政府矿山主管机关也希望审批,乡镇、个体矿山企业当然就更愿意得到这片资源的开采权了,这就容易在无形的操作中将成片的矿产资源划分给多个开采主体,造成开采效率低下和资源浪费。

针对以上问题,1996年《矿产资源法》改变了旧法的审批方式,由过去依据矿山企业所有制形式和行政隶属关系改为依据资源本身的禀赋和地质特征划分审批权。（第十六条："开采下列矿产资源的，由国务院地质矿产主管部门审批，并颁发采矿许可证：①国家规划矿区和对国民经济具有重要价值的矿区内的矿产资源；②前项规定区域以外可供开采的矿产储量规模在大型以上的矿产资源；③国家规定实行保护性开采的特定矿种；④领海及中国管辖的其他海域的矿产资源；⑤国务院规定的其他矿产资源。开采石油、天然气、放射性矿产等特定矿种的，可以由国务院授权的有关主管部门审批，并颁发采矿许可证。开采第一款、第二款规定以外的矿产资源，其可供开采的矿产的储量规模为中型的，由省、自治区、直辖市人民政府地质矿产主管部门审批和颁发采矿许可证。开采第一款、第二款和第三款规定以外的矿产资源的管理办法，由省、自治区、直辖市人民代表大会常务委员会依法制定。依照第三款、第四款的规定审批和颁发采矿许可证的，由省、自治区、直辖市人民政府地质矿产主管部门汇总向国务院地质矿产主管部门备案。矿产储量规模的大型、中型的划分标准，由国务院矿产储量审批机构规定。"）

这种审批权限划分方式依据的是资源本身的开采条件，而不是以行政命令决定资源禀赋，有利于资源合理开发，提高资源利用率。当然，这种审批方式也存在新的问题，例如：煤层气和煤炭的开采问题，煤炭归省级政府审批，煤层气归中央政府审批，是采完气再采煤还是采完煤再采气，中央和地方政府从各自的利益角度出发很难达成一致。

（5）强调矿业权人的资质

1996年《矿产资源法》与1986年《矿产资源法》在探矿权人和

采矿权人的资格和条件上有了明确规定,审批机关不能随意按照审批机关的意志将探矿权和采矿权授予某一申请人,而是要考察申请人在矿区范围、矿山设计或者开采方案、生产技术条件、安全措施和环境保护措施等方面是否具备一定的资质。新法两次提到探矿权人和采矿权人的资质问题。(第三条第四款:"从事矿产资源勘查和开采的,必须符合规定的资质条件。"第十五条:"设立矿山企业,必须符合国家规定的资质条件,并依照法律和国家有关规定,由审批机关对其矿区范围、矿山设计或者开采方案、生产技术条件、安全措施和环境保护措施等进行审查;审查合格的,方予批准。")这说明国家对资源开发利用效率和环境保护给予了足够的重视。

(6)赋予地方政府地矿部门行政处罚权

1986年《矿产资源法》的行政处罚权属于市县级人民政府,这在一定程度上加重了政府的行政负担,随着我国矿产资源开发规模的逐步扩大,将所有矿业方面的行政处罚职能全部交给管理地方整体经济运行状况的地方政府,显然是不现实的。而经过了10年的发展,我国市县一级的地矿部门也基本走向健全,完全可以处理矿业方面的管理工作。因此将市县一级人民政府权力授权给专门机关就成为必然选择。(第四十五条第一款:"第四十五条 本法第三十九条、第四十条、第四十二条规定的行政处罚,由县级以上人民政府负责地质矿产管理工作的部门按照国务院地质矿产主管部门规定的权限决定。第四十三条规定的行政处罚,由县级以上人民政府工商行政管理部门决定。第四十四条规定的行政处罚,由省、自治区、直辖市人民政府地质矿产主管部门决定。给予吊销勘查许可证或者采矿许可证处罚的,须由原发证机关决定。")

（四）其他有关重要矿产资源有偿取得制度的法律法规

《矿产资源法》的颁布标志着我国矿业法律迈入了一个新阶段，矿业发展最基本的操作已经有章可循，但是矿业无论在任何国家都是一个庞大的行业体系，其中涉及资质、运行、设备、安全、管理、税收等各个方面，仅有一部《矿产资源法》作为法律规范性文件还远远达不到构建矿业法律体系的要求，必须有相关配套法律、法规甚至规章的制定，才能尽可能使矿业发展有章可循。《矿产资源法》颁布之后，国务院和地矿职能部门陆续颁布了一系列与《矿产资源法》相配套的法律、法规和规章，这些法律规范性文件中与矿产资源有偿取得有关的主要包括以下几部：2007年10月1日起实施的《物权法》、1998年2月12日起实施的《矿产资源勘查区块登记管理办法》、1998年2月12日起实施的《矿产资源开采登记管理办法》、1994年3月26日起实施的《矿产资源法实施细则》、1994年2月27日起实施的《矿产资源补偿费征收管理规定》、2011年11月1日起实施的《资源税暂行条例》，以及地方政府按照《矿产资源法》制定的矿产资源有偿使用办法等。

1.《物权法》中关于矿产资源有偿取得的规定

我国学术界最早关于采矿权权利属性的争论是围绕物权说和债权说而展开的。[①]债权说的主要意思是采矿权的转移是通过交易双方的转让合同而发生，采矿权人并没有将采矿权的所有权转让给对方，而仅

---

① 江平：《中国矿业权法律制度研究》，中国政法大学出版社1991年版，第56页。

是允许被转让方借用这个采矿权进行一定的矿产资源开采作业,因此这更像是一种借贷关系,即债权债务关系。但是经过矿业多年的发展,矿产资源学术理论的不断进步,这种观点已被多数学者否定,如今更多的学者已经认同采矿权的物权说,即采矿权,包括探矿权,是一种物权而非债权。但是物权法定的原则要求当事人不能创设物权,矿业权究竟属于物权中的何种物权,法律必须有一个明确的规定。1986年颁布的《民法通则》虽然出现了"采矿权"的字眼,规定"国家所有的矿藏,可以依法由全民所有制单位和集体所有制单位开采,也可以依法由公民采挖。国家保护合法的采矿权"。但是也仅此而已,并没有对采矿权做进一步的解释和规定。2007年《物权法》的出台弥补了这一长期的法律空白,在《物权法》第三编中规定了矿业权的相关内容,其中第一百一十九条规定:"国家实行自然资源有偿使用制度,但法律另有规定的除外。"这一条进一步在物权领域明确了我国矿产资源的有偿制度,但是这个有偿的方式是"使用",而非"取得",当然,这样的规定也为探矿权和采矿权的用益物权属性奠定了基础。第一百二十三条规定:"依法取得的探矿权、采矿权、取水权和使用水域、滩涂从事养殖、捕捞的权利受法律保护。"这里明确在第三编用益物权项下提出了探矿权和采矿权,从法律编撰体例的角度,我们也可以认为探矿权和采矿权应当属于用益物权。

　　探矿权和采矿权究竟属于用益物权还是其他物权我们另当别论,仅从《物权法》的积极意义来看,至少该法从形式上确立了探矿权和采矿权的用益物权属性,具有从无到有的里程碑式的意义。此外,《物权法》还明确规定了矿产资源的有偿使用制度,是从物权角度对矿产资源有偿使用制度的确认。

2.《矿产资源勘查区块登记管理办法》中关于矿产资源有偿取得的规定

1996年《矿产资源法》颁布之后，紧接着1998年2月12日国务院连续颁布了三个矿业法规：《矿产资源勘查区块登记管理办法》《矿产资源开采登记管理办法》《探矿权采矿权转让管理办法》。这三个法规的颁布标志着我国的矿业法律制度由产权一级市场扩大到二级市场，是我国矿业法律制度逐步建立、健全的重要标志。

《矿产资源勘查区块登记管理办法》是对探矿权有关内容的规定，其中规定取得探矿权必须缴纳探矿权使用费和探矿权价款，即国家实行探矿权有偿取得制度。具体规定体现在该法规的第十二条，该条规定："国家实行探矿权有偿取得制度，探矿权使用费以勘查年度计算，逐年缴纳。探矿权使用费标准：第一个勘查年度至第三个勘查年度，每平方公里每年缴纳100元；第四个勘查年度起，每平方公里每年增加100元，但是最高不得超过每平方公里每年500元。"

值得注意的是，第十二条第一款表明探矿权是"有偿取得"，却在其下的费用名称中称为"探矿权使用费"，前者为所有权，后者为用益物权，一词之差意义却迥然不同。第一款中确定的探矿权有偿取得应当说是与《矿产资源法》相一致的，但是探矿权使用费的称谓就与母法格格不入了。

3.《矿产资源开采登记管理办法》中关于矿产资源有偿取得的规定

《矿产资源开采登记管理办法》是对采矿权有关内容的规定，与规制探矿权的《矿产资源勘查区块登记管理办法》相类似，该法规也明确规定取得采矿权必须缴纳采矿权使用费和采矿权价款,即国家实行采矿权有偿取得制度。具体规定体现在该法规第九条、第十条和第十一条。(第九条:"国家实行采矿权有偿取得的制度。采矿权使用费,按照矿区范围的面积逐年缴纳,标准为每平方公里每年1 000元。"第十条:"申请国家出资勘查并已经探明矿产地的采矿权的,采矿权申请人除依照本办法第九条的规定缴纳采矿权使用费外,还应当缴纳经评估确认的国家出资勘查形成的采矿权价款;采矿权价款按照国家有关规定,可以一次缴纳,也可以分期缴纳。国家出资勘查形成的采矿权价款,由国务院地质矿产主管部门会同国务院国有资产管理部门认定的评估机构进行评估;评估结果由国务院地质矿产主管部门确认。"第十一条:"采矿权使用费和国家出资勘查形成的采矿权价款由登记管理机关收取,全部纳入国家预算管理。具体管理、使用办法,由国务院地质矿产主管部门会同国务院财政部门、计划主管部门制定。")这三条说明了采矿权使用费的缴纳标准、采矿权价款缴纳标准的依据和采矿权使用费、采矿权价款的用途。

4.《矿产资源法实施细则》中关于矿产资源有偿取得的规定

《矿产资源法实施细则》是根据《矿产资源法》的原则性规定制定的,有关矿产资源勘查、开采、审批、登记、法律责任等方面的具有一定可操作性的法规,颁布形式为国务院令。我国的《矿产资源法实施细则》制定于1994年,早于1996年《矿产资源法》,一般来说《矿产资源法实施细则》的直接立法渊源是《矿产资源法》,二者之间是主体与补充的关系,在立法原则、法律适用中不能出现冲突。但是由于我国的《矿产资源法实施细则》早于《矿产资源法》,因此在适用过程中就出现了不相一致的地方。1996年《矿产资源法》出台之后，本应随即出台与之相匹配的实施细则，但是种种原因导致不宜在短期内对某一部法律进行修改，否则就会造成立法资源的浪费。新的《矿产资源法》正在酝酿出台，因此《实施细则》也就只能到其后出台了。

《矿产资源法实施细则》的第六条对探矿权和采矿权进行了概念性界定，探矿权和采矿权是矿业法律法规中的重要概念，许多法律规范都是围绕这两个权利展开的，因此对它们的概念界定具有重要的理论和实践意义。《实施细则》对采矿权的定义是"在依法取得的采矿许可证规定的范围内，开采矿产资源和获得所开采的矿产品的权利"。这说明采矿权其实包括了两种权利，第一种权利是采矿权人可以开采矿产资源的行为权利，另一种权利是采矿权人可以获得矿产品的权利。采矿权申请人在缴纳了采矿权使用费和采矿权价款之后就可以获得开采矿产资源和获得矿产品的两个权利，而我国的采矿权使用费和采矿权价款与丰厚的矿产品销售价格相比却少得可怜，无形中将国家应有的经济利益转移到了矿山企业手中，在这些矿山企业中大多数是集体企业和民营企业，这就是说全民所有的矿产资源被集体和个人低价占有了，造成国家和全民的经济利益受到了严重损失，这种损失初步估算每年就将达到万亿元之巨。

可能会有一种质疑，即地下的矿产资源属于国家所有，由于开采技术和地质构造的限制，采矿权人只能将片区之内的一部分矿产资源开采出来，那么没有开采出来的依然归国家所有。但是现实情况是，按照现有开采条件开采之后，留在地下的矿产资源很难再被开采出来，或者开采出来将会付出成倍的成本，因此地下剩余矿产资源归国家所有也仅仅是停留在理论层面，不会给国家带来真正的经济价值。

5.《矿产资源补偿费征收管理规定》中关于矿产资源有偿取得的规定

矿产资源补偿费是采矿权人需要缴纳的另一项费用，矿产资源补偿费的缴纳规则见 1994 年 2 月 27 日国务院颁布的《矿产资源补偿费征收管理规定》，其中第三条规定："矿产资源补偿费按照矿产品销售收入的一定比例计征。"这说明矿产资源补偿费的征费标的是矿产品的销售收入。具体补偿费缴纳金额计算方式是征收矿产资源补偿费金额 = 矿产品销售收入 × 补偿费费率 × 开采回采率系数，开采回采率系数 = 核定开采回采率 / 实际开采回采率。矿产资源补偿费缴纳金额中加入开采回采率系数，目的是要鼓励提高开采回采率，这也是我国采矿权人缴纳各种税费中唯——项在计算公式中加入回采率因素的。

第十一条规定了矿产资源补偿费征收之后的主要用途是矿产资源的勘查，这说明矿产资源补偿费并不是国家出让采矿权之后的收益，而只是弥补了国家早期地质勘查的前期投入，性质上是一种成本补偿。从补偿费费率来看，各种矿产品的费率有所差异，但是总体上来讲还是偏低，例如煤炭只有 1%，这与常年来煤炭价格高起、煤炭销售暴利形成鲜明对比。

6.《资源税暂行条例》中关于矿产资源有偿取得的规定

《资源税暂行条例》是针对矿产品销售额或销售数量征收的一种资源税种，体现了国家对矿业的管理职能，2011 年 9 月 30 日国务院出台了新的《资源税暂行条例》，对原有条例进行了修改，修改涉及了多条多款，比较重要的修改是部分矿产品由从量计征改为从价计征，具体涉及的矿产品是原油和天然气,分别由原来的每吨 8—30 元、每立方米 2—15 元改为现在销售额的 5%—10%。我国主力能源煤炭在这次修改中并没有作为从量计征改为从价计征的修改对象,但是针对资源税过低的状况也进行了适当修改,区分了煤炭和焦煤的资源税税率,煤炭资源税还是维持原来的每吨 0.3—5 元,焦煤则从煤炭中单另出来提高到每吨 8—20 元。

7. 地方政府规定的矿产资源有偿使用办法

一般来讲,采矿权人需要向国家有关部门缴纳四种主要税费,采矿权使用费、采矿权价款、资源税和资源补偿费,其中采矿权使用费、资源税和资源补偿费国家都以专门法律和法规的形式做出了相关规定,按照《矿产资源法》的规定,采矿权价款由地方政府按照各地实际情况予以具体规定。以我国主力能源为煤炭的产煤大省山西省为例,2006 年山西省人民政府出台了《山西省煤炭资源整合和有偿使用办法》,该办法对不同煤种规定了不同采矿权价款标准,从每吨 1.30—3.80 元不等。

三、矿产资源有偿取得时期的国家收益权问题

党的十一届三中全会后,随着经济体制改革的开展和深入,从利改税开始,到所有权与经营权的分离、政府与企业的逐步独立,国家对矿产资源收益权体制的配置也进行了改革,1986 年制定《矿产资源法》时确立了"国家对矿产资源实行有偿开采"的制度,但是没有实行。1992 年邓小平南方讲话后,中国开始进行社会主义市场经济建设,1996 年对《矿产资源法》进行了修改,将"国家对矿产资源实行有偿

开采"的制度改为"国家实行探矿权、采矿权有偿取得的制度",但是也没有具体实施。直至 2006 年国务院决定首先从山西、内蒙古等 8 个省、自治区在煤炭资源领域开始实行煤炭资源有偿取得,[①]但在执行中将"有偿取得"和"有偿开采"改为了"有偿使用"("取得"与"使用"在法律上是有严格区别的,前者为自物权,后者为他物权)。

实行矿产资源有偿取得后,国家作为矿产资源的所有者,收取的仅是探矿权、采矿权的使用费、采矿权价款、资源税和资源补偿费,这些税费仅是国家以管理者的身份收取了管理成本,国家并没有以所有者的身份收取资源价款,国家作为所有者的收益权没有实现。

从矿产资源税费征收的标准来看,不足以抵顶国家作为矿产资源所有者的收益。比如:山西省煤炭的采矿权使用费每平方千米每年 1 000 元;采矿权价款根据煤种不同,每吨为 1.3—3.8 元;资源税为每吨 0.35—20 元;资源补偿费为每吨销售收入的 1%。相比之下煤炭价格却高得惊人,仅以 2012 年 2 月山西阳泉煤的坑口价为例,根据煤种不同分别为每吨 660—1330 元(2002 年下半年市场行情不好,最低煤价也高于 500 元/吨)。而且这些税费全部用于补偿煤炭开采造成的各种不利影响上,并没有全部用于财政收入和支出。

从民营矿产资源企业来看,新旧《矿产资源法》虽然规定只准国有和集体企业开采重要的矿产资源,但是 20 世纪 80 年代中后期民营企业实际上已经进入了矿产资源的开采领域,尽管它们是我国社会主

---

① 参见国务院《关于同意深化煤炭资源有偿取得制度改革试点实施方案的批复》(国办 [2006]102 号)。

义市场经济的重要组成部分，为解放和发展我国社会主义生产力发挥着不可替代的作用，但是它们毕竟是全民（国家）母体中的组成部分，它们有着自己的个体利益，享受无偿取得国家（全民）所有的矿产资源或国有矿产企业低价的矿产资源税费显然是不公平的。

从国有矿产企业的角度看，市场经济体制下的国有企业与计划经济体制下的国营企业的性质虽然相同，但是它们的利益结构已经完全不同了，在计划经济体制下政企一体化，国有（国营）矿产企业的利益与国家利益一体化，在其上缴的利润中包含有国家作为矿产资源所有者的收益；但是在市场经济条件下，利改税、经营权与所有权分离、政企分离，国有矿产企业已是有着自己利益的市场主体，它们的利益与国家利益相对独立，因此继续采用计划经济或改革开放初期的"无偿取得""无偿使用"或低价矿产资源税费，显然已不符合社会主义市场经济规律和社会主义财政规律。

如果说在改革开放之前和之初，对矿产资源实行无偿开采和低价税费的有偿开采，全民所有的矿产资源应有的收益没有流失或流失较少的话，那么，在社会主义市场经济已发展到公有经济与民营经济共同发展、平等发展的今天，由于法律、法规的不科学和缺失，造成全民所有的矿产资源应有收益的流失已经不仅仅是一个经济问题，而是一个严重的政治问题。

四、小结

法律制度的演进变化是与国家政治体制的变革相一致的，我国的矿产资源取得制度从无偿取得到有偿取得，正是因为我国的经济体制开始从计划经济向社会主义市场经济转变,生产关系的变化是法律制度变化的主要原因。市场经济制度建立之后,我国的矿产资源取得制度通过《矿产资源法》的制定和修改以及配套法律法规的颁布得以建立和完善,当然也存在一些不尽如人意的地方,总结起来,这一时期我国的矿产资源有偿取得制度主要有以下几方面的特点。

(一)明确了矿产资源国家所有制度和有偿取得制度

1993年修改《宪法》,将我国经济体制确立为有计划的商品经济;1999年修改《宪法》,将我国的基本经济制度确立为以公有制经济为主体,多种经济成分共同发展,这标志着非公有制经济也成了经济建设的重要组成部分,在矿产资源领域中非公有制经济参与生产经营的格局其实早已形成,尤其是在煤炭生产领域,私人投资所有的煤矿或是私人以承包形式实际控制的煤矿已经占据了半壁江山,因此矿产资源无偿取得制度无论对公有企业还是私营企业都是不公平的,明确矿产资源的国家所有制度,并建立矿产资源有偿取得制度成为当务之急。《矿产资源法》明确了矿产资源国家所有,明确规定了我国实行矿产资源有偿取得制度,这是顺应经济发展规律的正确之举,是历史的进步。

(二)有偿取得概念几经变革,内涵不清

我国虽然以法律的形式确立了矿产资源有偿取得制度,但是何为有偿取得制度并没有一个明确的概念界定,在几个重要的法律文件中,对其解释也不相一致。1986年《矿产资源法》规定矿产资源有偿开采,其有偿对象是矿产资源;1996年《矿产资源法》就将有偿对象由矿产资源修改为探矿权、采矿权。前者是对矿产资源实物的有偿取得,而后者是对行为资格的有偿取得,这种变化直接导致了矿产资源有偿取得实质上还是无偿取得，国家所拥有的矿产资源作为实物还是零价格转让给了开发者。有偿取得的内涵不清还表现在，有些地方性法规将国家法律规定的有偿取得随意更改为有偿使用，前者是建立在所有权基础上的，而后者是建立在用益物权基础上的，一词之差所导致的后果是国家矿产资源所有权的空置，还有开发者的掠夺式开采，造成国家收益权的丧失和资源的浪费。

（三）市场经济有所体现，但依然不能满足经济发展需要

从新中国成立后的《矿业暂行条例》，到1986年《矿产资源法》的颁布，到1996年《矿产资源法》的颁布，再到配套法规的颁布，我国的矿产资源法律制度与市场经济的发展步伐日益配套，从法律文件中能够明显看出市场经济的价值取向，例如市场主体从单一的国营企业发展成为国有、集体、个人并存，资源价格也由国家制定转而由市场调节，国家宏观调控。但是从整体上来看，矿产资源有偿取得制度还是不能适应市场经济的发展步伐，例如探矿权、采矿权转让受到严格限制，禁止将探矿权、采矿权倒卖牟利，这些规定都是与市场价值规律相违背的。

（四）法律法规执行没有真正体现矿产资源有偿取得

矿产资源有偿取得的前提是要明确矿产资源的所有者是谁，这一点《矿产资源法》中已经非常明确，其所有者是国家；但矿产资源有偿取得并不能仅仅停留在明确矿产资源所有者这一层面上，还应当明确作为所有者必须在出让矿产资源的过程中获取与资源的经济贡献和稀缺性相一致的收益。我国现有法律法规虽然明确了国家所有者身份，但在有偿取得方面存在两个误区，其一是忽视了国家民事所有者

收益权,其二是将采矿权(探矿权)使用费、采矿权(探矿权)价款、矿产资源补偿费和资源税等行政性税费征收等同于国家矿产资源所有者收益,导致资源的经济贡献和稀缺性无从体现,国家也在此过程中损失巨大。

第二章
我国矿产资源有偿取得（使用）的实践
——以山西煤炭资源为例

矿产资源整合与矿产资源开发企业兼并重组是近些年来我国调整矿产资源领域产业结构采取的主要办法，矿产资源有偿取得的实践也贯穿于其中，由于煤炭资源在矿产资源中所占比例最大，且山西省是全国最大的煤炭生产基地，又是全国最早开展煤炭资源整合和煤矿企业兼并重组的省份，具有代表性和典型性，其他省份的矿产资源有偿取得制度改革也都以它为蓝本，因此我们选择了山西省作为我国矿产资源有偿取得实践的研究地。

进入21世纪之后，山西省共进行了两次煤炭资源整合、煤矿企业兼并重组，一次是2006年，一次是2009年。其实这种提法是较为笼统的提法，准确地来讲，2006年是以资源整合为基础的矿产资源有偿使用改革，其重点是矿产资源有偿使用改革；2009年是以煤炭资源整合为基础的煤矿企业兼并重组，其重点是扩大煤矿企业的生产规模。

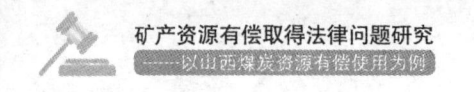

第一节　山西省煤炭资源有偿使用与整合、煤矿企业兼并重组的必要性

一、山西省煤炭资源有偿使用的必要性

山西省是我国最大的煤炭生产、供应基地,煤炭工业是全省重要的支柱产业,新中国成立以来,全省已生产原煤 140 亿吨,改革开放以来,生产原煤 110 亿吨,为国民经济发展做出了重要贡献。但是山西却陷入了摆脱不掉的"资源诅咒"之中,拥有丰富的资源却在国民经济发展排名中始终处于全国落后的位置,国家和全省人民在开发利用资源的过程中并没有获得应有的经济利益,相反面临的是环境污染、资源浪费、矿难频发等一系列问题。学术界对"资源诅咒"问题的研究已经基本达成共识,之所以拥有丰富资源的地方反而经济落后,是因为产权制度没有理顺,核心问题就是有偿取得制度的缺失。

山西省为解决资源无偿开采的问题,在国家授权基础上,率先在全国推行矿产资源有偿使用制度。2005 年 6 月山西省政府颁布了《山西省人民政府关于推进煤炭企业资源整合和有偿使用的意见(试行)》,该意见明确了原来通过无偿方式取得采矿权的煤矿如何实现有偿取得的办法,办法总结起来就是价款转股权。具体办法分为两种情况,第一种情况是针对原来以无偿方式取得采矿权的国有企业的,处理办法是可以将资源价款转为国有资本金。第二种情况是针对原来以无偿方式取得采矿权的非国有企业,这其中又分为两种情况,一种是针对资源量大、规模较大或可以进行资源整合的煤矿,处理办法是将其剩余资源价款转为国有资本金;一种是针对资源量较少、规模较小且难以进行资源整合的煤矿，处理的办法是将资源有偿出让。2006年3月，山西省政府颁布了《山西省煤炭资源整合和有偿使用办法》，该办法规定采矿权人除缴纳采矿权使用费外，还需缴纳采矿权价款，规定不同煤种的采矿权价款收取标准，从每吨1.3—3.8元不等。

二、山西省煤炭资源整合与煤矿企业兼并重组的必要性

20世纪80年代初在"有水快流""政府修路集体挖煤"的政策指导下，山西省煤炭生产出现了前所未有的快速发展局面，在政府投入小的情况下，极大缓解了全国经济发展对煤炭的需求，使部分山西省农民迅速地摆脱了贫困的生活状态。但是多年来，山西省的煤炭资源开发利用始终摆脱不了分散经营的模式，国家和省政府早已提出建立能源重化工基地和规模化经营的目标，却始终无法实现，这种粗放式的经营模式使山西省付出了惨重的代价。

一是煤炭工业发展水平偏低。重组整合前，山西省2840座煤矿中，30万吨以下的小煤矿占70.42%，其中15万吨及以下的小矿占59.08%，各类矿井平均单井规模只有33万吨，明显偏小；大集团大公司占全省煤炭产量的比重不到50%，产业集中度偏低，稳定保障全国煤炭需求的能力不足。矿井布局散乱，小矿见缝插针，大矿无法施展，国家在山西省建设晋北、晋中、晋东三大煤炭基地的规划无法实施。生产力发展水平参差不齐且总体低下，大量小煤矿多数采用落后的炮采方式，全省采煤综合机械化程度仅为24.8%。

二是资源浪费、生态环境破坏严重。中小煤矿的资源回采率只有15%左右，每采1吨煤要破坏和浪费近6吨资源，每年要破坏和浪费

约20亿吨宝贵的煤炭资源。同时，由于中小煤矿环境治理能力不足、责任意识不强，一些集约化开采可以避免或缓解的问题也愈演愈烈。目前，山西省煤矿采空区面积超过5 000平方千米，每年新增塌陷区面积近百平方千米；煤矸石堆存量超过11亿吨，占地已近1.6万公顷；粗放采煤还严重破坏地下水资源，已经导致全省1 678个村庄、80多万人吃水困难。有关部门以2002年为基年进行了测算，近年来，山西省因粗放采煤造成的资源浪费、环境污染、生态破坏及地表塌陷等损失，每年至少在300亿元以上。小煤矿的粗放开采，甚至掠夺式野蛮开采，已经把曾经美丽的家园与河山，糟蹋得千疮百孔、满目疮痍。生态难民已经实实在在地出现在山西省——它已多次被中科院等机构列为可持续发展能力不足的省份。

三是矿难频发。资源整合和兼并重组前，山西省煤矿每年发生死亡10人以上的重特大事故13起左右，且几乎都发生在中小煤矿。2007年，全省乡镇煤矿的事故死亡人数占到全省煤矿死亡人数的70%，百万吨死亡率是国有重点煤矿的17.8倍。2008年，全省进一步加大了对中小煤矿督查和隐患排查力度，但全省乡镇煤矿的事故死亡人数仍占到全省煤矿死亡人数的61.09%，百万吨死亡率是国有重点煤矿的7.25倍。中小煤矿事故频发，人民财产损失惨重，教训特别深刻。

四是大量生产要素沉淀于煤炭行业，导致山西省产业结构单一化，初级化问题迟迟得不到有效解决。多年来，由于煤炭行业进入门槛偏低，山西省大量的资金、技术、人才等生产要素以及人们的精力，包括外来投资者的注意力都沉淀和局限于煤炭行业，使其他产业的调整和振兴缺乏必要的基础和动力，发展缓慢甚至有所萎缩，全省产业结构初级化、"一煤独大"的问题十分突出。截至目前，山西省煤炭和以煤炭为基础的焦化、冶金、电力四大产业提供的增加值仍占全省工业增加值的 85% 以上。这种不合理的产业结构和粗放的经济发展方式，不仅严重削弱了全省的可持续发展能力，而且使全省经济抗御市场波动的能力偏弱。不论是在 10 年前的亚洲金融危机期间，还是在当前的国际金融危机环境下，山西省都是全国经济下行压力最大的省份之一，主要原因就在于此。

出现以上问题的原因主要是资源的开发不能形成规模，煤炭生产企业产能过低，地下整块资源往往被几个甚至十几个煤矿同时开采，不仅资源浪费严重，而且极易出现矿难，山西省王家岭煤矿事故就是因为开采过程中由于不了解其他煤矿在该片区域的挖掘情况，导致挖通老窑水，发生透水事故。因此扩大煤炭企业规模，提升单井产能成为解决上述问题的技术方法。

第二节　山西省煤炭资源有偿使用与整合、煤矿企业兼并重组概况

事实上，山西省的煤炭资源整合与煤矿企业兼并重组从改革开放以来就没有停止过，山西省 15.6 万平方千米的国土面积上，含煤面积就达到 6.2 万平方千米，达到 40.4%，全省 11 个地市都分布着丰富的煤炭资源，而且几乎每个市都将煤炭资源作为本市经济发展的支柱产业。因此煤炭产业是各级政府首先关注并控制的核心产业，煤矿较多的地区，政府也都主导过本区域范围内的煤炭资源整合。但是从规模

和影响力来看，改革开放以来山西省的煤炭资源整合主要包括两次，一次是省国土资源厅主导的以资源整合和有偿使用为主要内容的煤炭资源整合，另一次是省煤炭工业厅主导的以企业整合为主要内容的煤矿企业兼并重组。这两次煤炭整合虽然都达到了提高产业集中度的目的，但从矿业发展角度来看，二者的历史贡献有所不同。

一、煤炭资源整合和有偿使用改革

（一）临汾市煤炭资源整合试点

2006年山西省煤炭资源整合，要追溯到2004年山西省在临汾市开始试点的煤炭资源整合和有偿使用制度改革。山西省选择临汾市作为改革试点，与临汾市的煤炭资源特征有关。临汾市有河东、霍西、沁水三大煤田。全市含煤面积1.54万平方千米，占全市总面积的56%，总储量达629亿吨，探明储量为398亿吨。临汾市煤炭资源具有以下特点：一是煤种齐全，而且主要以焦煤、气煤、肥煤和瘦煤等炼焦煤为主；二是煤炭质量较好，灰分和硫的含量适中，变质程度高，发热量大，结焦性能好，乡宁县为全国三大主焦煤基地之一，开发条件优越；三是地质条件简单，开采容易，临汾市多数煤炭资源的煤层多，单层厚，煤层稳定，倾角小，埋藏浅。由于上述有利条件，临汾市的煤炭资源销售价格非常可观，利润丰厚，因此各方资金都涌入临汾矿业市场，一时间临汾的小矿林立，产权混乱，私挖滥采的现象非常严重。在成为煤炭资源整合试点之前，临汾市的煤矿数量就达到了一万多座，除此之外还有许多偷采行为，有些煤矿没有任何合法开采手续，俗称"黑煤窑"，白天看是居民生活的窑洞，晚上就变成了煤矿的井口。

为此，山西省政府选择临汾市作为煤炭资源整合和有偿使用改革的试点，目的有两个，一是明晰产权，二是提高产能。应该说，临汾市的煤炭资源整合改革，虽然从过程来看，受到了来自各方的阻挠，并不尽如人意，但是从结果来看，基本达到了之前设定的预期目标，原来幕后的煤矿实际控制人走到台前，成为"合法"的产权所有人，缴纳了采矿权价款，矿井规模也得到了显著提升，煤炭开发秩序有所好转。

（二）2006年山西省煤炭资源整合

2006年之前，山西省就进行了几次较大规模的煤炭资源整合、煤矿企业兼并重组工作，从表面上看是煤炭资源整合，但实质上是以矿产资源有偿使用为主线的改革。

1. 2006年山西省煤炭资源整合的政策沿革

首先，2005年国务院出台了《国务院关于促进煤炭工业健康发展的若干意见》（国发[2005]18号），针对煤炭工业发展过程中存在的结构不合理、增长方式粗放、科技水平低、安全事故多发、资源浪费严重、环境治理滞后、历史遗留问题较多等问题，要求用3—5年的时间，通过企业兼并重组，有效提高矿业集中程度，在全国形成若干个亿吨级生产能力的大型煤炭企业集团，提升煤矿安全生产基础条件，大幅减少矿难，使矿区生态环境恶化的趋势得到初步控制。其次，国务院及其各部委还相继出台了《关于全面整顿和规范矿产资源开发秩序的通知》《对矿产资源开发进行整合的意见》《采矿权有偿取得制度改革有关问题的通知》等国务院法规和部门规章，目的都是整顿矿产开发秩序，调整矿业结构，实现产业升级。

山西省根据国家有关部门的法律文件精神，结合山西省矿产资源开发实际,首先从煤炭产业下手,整顿煤炭开发秩序。2005年3月,山西省国土厅为规范和指导煤炭资源整合工作,下发了《关于推进矿产资源整合、集约开发循环利用,为建设新型能源工业基地优化配置资源的意见》,意见明确了煤炭资源整合的深层次目标是将山西省建设成为新型能源工业基地;2005年6月,山西省政府下发了《山西省人民政府关于推进煤炭企业资源整合和有偿使用的意见(试行)》,要求产能在9万吨/年以下的小煤矿必须被列为被关闭煤矿或被整合煤矿,此文件的下发意味着山西省2005年煤炭资源整合工作正式进入实施阶段;2005年8月,根据《山西省人民政府关于推进煤炭企业资源整合和有偿使用的意见(试行)》的精神,山西省国土资源厅编制了《山西省煤炭资源整合和有偿使用实施方案》,对煤炭资源整合的主体、阶段、整合方式等问题进行了部署,这意味着煤炭资源整合工作进入了实际操作阶段;2006年3月,山西省政府颁布了《山西省煤炭资源整合和有偿使用办法》,办法规定了煤炭资源整合的整体原则目标、实施主体、整合的具体方案、有偿使用办法、法律责任等。至此,煤炭资源整合工作开始在全省范围内有计划、有步骤地推进。

在2006年一系列煤炭资源整合过程中,政府始终强调和要求整合主体落实贯彻的指导思想是"资源资产化管理,企业股份化改造,区域集团化重组",资源资产化就是要使宝贵的煤炭资源不再无偿供应给煤炭生产商,而要作为市场经济初始资源的一种,参与市场化竞争;企业股份化改造就是要使有集体性质的煤矿全部实行现代公司制度改造,建立完善的法人治理结构,提高煤炭企业管理效率,建立"产权归属清晰,主体权责明确,经营方式规范,管理科学严格"的现代煤矿企业制度；区域集团化重组就是提高煤炭工业产业集中度，扩大单体规模，以集团规模化的方式提高资源开采效率和保护力度。

《山西省煤炭资源整合和有偿使用办法》规定关闭、淘汰产能在9万吨/年以下的煤矿，相应的，整合主体定位在产能30万吨/年以上的煤矿，该文件还明确了各煤种应当缴纳的资源价款价格，如：焦煤3.80元/吨，动力煤1.50元/吨，不同煤种缴纳的资源价款价格不同，是自然禀赋导致的收益差异在资源价格方面的体现。2007年6月，山西省煤炭资源有偿使用换发采矿许可证工作全部完成，换证率达到100%。

2. 2006年山西省煤炭资源整合的目的

2006年开始的山西省煤炭资源整合的主要目的可以归纳为"明晰产权、有偿使用、提高产能"。

按照《矿产资源法》规定，矿产资源的开发主体是国有矿山企业，集体企业只能开采指定范围内的资源，私人更是只能开采零星分散资源和砂石等建材。但事实上山西省的煤炭资源开采权有相当一部分是被集体矿山企业所占据的，而大多数集体矿山企业背后的实际控制人不是集体，而是私人，因此可以说私人是山西省煤炭资源的重要开采主体。这种证载权利人和实际权利人的差别导致山西省煤炭矿政管理难度加大，煤矿背后的实际控制人也往往抱着一种投机者的心态开采资源，"无恒产者无恒心"，这种产权现状致使资源浪费、矿难频发等问题成为必然。因此为解决这些问题，山西省煤炭资源整合首先需要做的就是明晰产权，把煤矿背后的实际控制人请到台前，承认其投资者的合法权益，这也是进一步整合煤炭资源的前提条件。当然，资源整合时正值煤炭行情看涨,在巨大利益和预期利益的驱动下,产权明晰的工作进展得并不顺利。有投资能力的人没有采矿资格、有采矿资格的人没有投资能力的现实矛盾依然存在,村集体或乡镇集体不愿意放弃采矿主体资格,投资人受制于当地政府和群众的地方利益,也必须做出一些妥协,最终造成的结果就是一部分煤矿实现了产权明晰,投资人成了煤矿的证载所有人,但依然存在大量的产权不清的煤矿企业。集体及其成员利用产权明晰的机会向煤矿投资人要求更多的利益,比如提高私下承包金额、提高福利、增加集体基础设施建设等,甚至还存在假整合、阴阳合同等现象。

矿产资源有偿使用是此次整合的重要内容之一,实施的主要方式是以有资质的中介机构检测并经市国土资源部门核实后的资源储量为基础,向采矿权人征收采矿权价款。不同煤种吨煤储量的采矿权价款不同,最高的是焦煤等价格较高的煤种(3.8元/吨),最低的煤种是除焦煤、肥煤、炼焦配煤、无烟煤、贫煤、优质动力煤、气煤之外的其他煤种(1.3元/吨)。采矿权人缴纳采矿权价款可以采取货币缴纳、转为国有股份、转为国有资本金三种方式。县人民政府国土资源部门收取的采矿权价款,按照省、市、县3∶2∶5的比例分配;资源整合过程中,通过公开竞价出让采矿权收取的采矿权价款,按照省、市、县2∶3∶5的比例分配。

煤矿企业之间的兼并重组是煤炭资源整合最直接的体现,这次煤矿企业之间的兼并重组包括两方面的内容,首先是关闭一部分不符合条件的煤矿,其次是制定山西省煤矿企业办矿标准,在符合标准的煤矿和不符合标准的煤矿之间进行整合,编制整合方案。风景名胜区、文物保护区、重要水源地、交通枢纽等地区的煤矿,一律无条件关闭,其资源不参与整合;以下煤矿应当关闭:产能9万吨/年以下的、不具备安全生产条件的、采煤方法落后的、不符合环保要求的、布局不合理的,但其资源可以参与整合。

从整体上看,2006年山西省煤炭资源整合三大既定目标的实现,较好地完成了其中的采矿权价款征收,但是在产权界定和资源整合问题上并没有达到预期的效果。首先是矿业主体中存在大量产权不清的煤矿,集体与投资者之间的矛盾依然存在,二者之间的利益关系仍然没有理清,当然这与《矿产资源法》中的相关制度不合理有关;其次是煤矿企业整合结果并不达标,整合之后的几年中,依然存在大量产能9万吨/年、15万吨/年的煤矿,这些煤矿在2009年煤矿企业兼并重组时还是被划归到了被整合煤矿行列中。

二、煤炭资源整合与煤矿企业兼并重组

理论上,2006年山西省煤炭资源整合的目标是淘汰产能9万吨/年以下的小煤矿,将整合后的煤矿产能提升到30万吨/年以上,但现实中产能9万吨/年、15万吨/年的煤矿依然大量存在,而且许多矿井只是取得了采矿权证,长期处于基础建设阶段。从当时的情况来看,年产30万吨/年的矿井仍然与发达国家的水平和我国能源产业转型发展的要求有较大差距,发展现代化的煤炭产业,保障我国能源供给和经济发展需求,必须进一步提升矿井的产能和规模。在本次煤炭资源整合前,山西省仍有各类煤矿2 600座,其中产能30万吨/年及以下的小煤矿占到80%以上,大型煤炭生产企业所拥有的煤炭产能仅仅达

到全省产能的一半，产业集中度明显偏低。从开采设备来看，全省使用综采设备的煤矿只有300家，40%的小煤矿仍然采用落后的炮采方式，采煤机械化程度不到30%，掘进机械化程度只有25%。

提高矿产资源产业集中度是国家很早以前就有的宏观调控设想，国家为此也出台了一系列法律文件予以支持，如2005年国务院发布的《关于全面整顿和规范矿产资源开发秩序的通知》，2006年国土资源部等9部委联合发布的《对矿产资源开发进行整合的意见》，2009年国土资源部等12部委联合发布的《关于进一步推进矿产资源开发整合工作的通知》。但是长期以来，矿业集中度也仅仅是停留在宏观目标的层面，还没有进行到具体实施的阶段。因此山西省本次煤矿企业兼并重组的重要意义在于，将国家的这一目标向前推进到具体实施阶段，这是对国家重大宏观调控政策的践行，具有里程碑式的意义。

如果说2008年之前的煤炭资源整合为推进山西省煤炭产业提升起到了关键作用，但那也还是处于量变的过程，对山西省煤炭产业格局不会产生较大影响；2008年开始的以组建大型煤炭集团为目标的新一轮煤炭企业兼并重组才是山西省煤炭产业跨越发展的开始。山西省政府按照国家的部署，于2008年前后连续发布了三个有关煤矿企业兼并重组的政府规章，以此为标准开启了为期四年的煤矿企业兼并重组。2008年9月，山西省人民政府下发了《山西省人民政府关于加快推进煤矿企业兼并重组的实施意见》（晋政发[2008]23号），此文件被认为是山西省煤矿企业兼并重组进入实质性阶段的开始。这主要体现在文件确立的整合工作的整体目标上，即坚持政府调控和市场运作相结合，依法推进煤矿企业兼并重组；坚持培育大型煤矿企业集团与建设大型煤炭基地相结合，提高煤炭供应保障能力；坚持发展先进和淘汰落后相结合，依托大型煤矿企业兼并重组中小煤矿，发展煤炭旗舰企业，实现规模经营；坚持大型煤矿企业集团现有开发布局基本不变，优先兼并重组相邻煤矿企业和资源；坚持保障企业正常经营活动和维护劳动者合法权益相结合，促进社会和谐稳定；坚持"总量适度、优化布局、改善结构、提升水平"和"关小上大、产能置换、有序建设"的原则，以市、县（市、区）为单位整合重组，全省保持产能基本平衡。到 2010 年年底，山西省省内煤矿企业规模不低于 300 万吨/年，矿井个数控制在 1 500 座以内。在全省形成 2—3 个年生产能力亿吨级的特大型煤炭集团，3—5 个年生产能力 5 000 万吨级以上的大型煤炭企业集团，使大集团控股经营的煤炭产量达到全省总产量的 75% 以上。2009 年山西省政府颁布了《关于进一步加快推进煤矿企业兼并重组整合有关问题的通知》（晋政发 [2009]10 号），该文件将原来规定的矿井控制个数由 1 500 座进一步减少到 1 000 座，明确了兼并重组主体企业的标准，一是山西省境内原有的五大矿务局（大同煤矿集团、山西焦煤集团、阳泉煤业集团、潞安矿业集团和晋城无烟煤集团）和两个以煤炭运销为主的煤炭企业（山西煤销集团和山西煤炭进出口集团），俗称 5+2；二是现已具备 300 万吨/年的生产规模，且至少有一个 120 万吨/年机械化开采矿井的地方骨干煤炭企业，但在真正实施的过程中，各地市将兼并主体企业的标准确定为已有一个生产规模在 90 万吨/年的矿井，整合之后企业生产规模不低于 300 万吨/年，所属矿井至少有一个规模不低于 120 万吨/年。紧接着山西省政府又出台了《山西省煤炭产业调整和振兴规划的通知》，其中规定了山西省中长期煤炭产业规划,主要目标仍然是提高产业集中度。

三、煤炭资源整合与煤矿企业兼并重组的区别和联系

(一)煤炭资源整合和煤矿企业兼并重组的区别

2006年的煤炭资源整合和2009年的煤矿企业兼并重组虽然相差仅三年,但是二者在性质和任务上却存在很大差异,从二者的名称上也可以看出其区别,2006年任务的对象是资源,是对资源的整合,2009年任务的对象是企业,是对企业的兼并重组。

2006年的煤炭资源整合与2009年的煤矿企业兼并重组的区别具体体现在以下几个方面:第一,任务不同。2006年的煤炭资源整合的任务主要包括三项"明晰产权、有偿使用、提高产能";2009年的煤矿企业兼并重组的任务主要是"提高产业集中度"。第二,核心不同。2006年的煤炭资源整合的核心是明晰产权和有偿使用;2009年的煤矿企业兼并重组的核心是扩大产能。第三,对象不同。2006年的煤炭资源整合的对象是资源;2009年的煤矿企业兼并重组的对象是煤矿企业。第四,主导部门不同。2006年的煤炭资源整合的主导部门是山西省国土资源厅;2009年的煤矿企业兼并重组的主导部门是山西省煤炭资源厅。

(二)煤炭资源整合和煤矿企业兼并重组的联系

1.两者都包含提高产业集中度的目的

2006年的煤炭资源整合和2009年的煤矿企业兼并重组,都是根据山西省煤炭产业发展的现实困境,从务实推进山西省煤炭产业现代化发展的角度出发,出台的一系列调整煤炭开发秩序的宏观调控政策,其直接目的都包含提高煤炭产业集中度。山西省政府颁布的各项政策

中包含了大量强制性煤炭产业标准，例如宏观上规定了各级行政区域范围内的矿井数量，微观上规定了矿井的产能标准、煤炭企业的规模数量等，这些规定无一例外都是为了提高全省煤炭产业的集中度。

改革开放以来，山西省的煤炭产业取得了辉煌的成就，确立了其在全国乃至世界的煤炭大省地位，为国家的经济建设做出了巨大贡献，但这些成就的取得是以牺牲煤炭产业秩序为代价的。改革开放至煤炭资源整合之前，山西省的煤炭产业基本走了一条"重数量轻质量、重速度轻秩序"的发展道路。从历史发展的角度分析，该道路的选择有其不合理性，但也未必就是道路的选择性错误，因为当时国家所处的历史发展阶段，决定了需要以这种牺牲秩序争取速度的方式来赢得难得的发展机遇，在当时追求秩序就意味着放慢速度。但是当国家处在经济改革需要进一步深化的阶段时，煤炭产业良好秩序的建立就意味着进一步提升速度，因此2006年的煤炭资源整合和2009年的煤矿企业兼并重组都是为了建立良好的煤炭产业秩序。

2. 煤炭资源整合是煤矿企业兼并重组的基础

2006年的煤炭资源整合与2009年的煤矿企业兼并重组，虽然在任务、对象、主导部门等方面都存在差异，但二者之间还是存在一定的联系，2006年的煤炭资源整合是2009年的煤矿企业兼并重组的基础。其原因是煤矿企业兼并重组的前提是煤矿企业的产权必须清晰，2006年煤炭资源整合之前，山西省的有煤县存在大量的乡镇煤矿和村集体煤矿，这些煤矿经过几手甚至十几手的承包之后，产权关系已经非常复杂，证载所有人与煤矿实际所有人、实际控制人不一致，如果在产权不清的情况下进入2009年煤矿企业兼并重组，势必会影响兼并重组的速度和质量。虽然在2009年的煤矿企业兼并重组中及之后依然存在因为煤矿产权不清导致的种种问题，但2006年煤炭资源整合的产权清晰工作还是给2009年的煤矿企业兼并重组打下了良好的基础。

四、煤炭资源整合与煤矿企业兼并重组的成效

煤矿企业兼并重组之后，山西省的煤炭产业格局发生了巨大变化，从煤炭产业结构角度来看，这次整合的确取得了可以载入史册的成效。

一是产业水平明显提升。全省矿井个数由2 598处减少到1 053处，压减比例为60%，30万吨／年以下的矿井全部被淘汰，保留矿井全部实现机械化开采。其中，90万吨／年及以上的综采机械化矿井占到2/3，平均单井规模提高到100万吨／年以上。

二是产业集中度明显提高。全省将在短期内形成4个年生产能力亿吨级的特大型煤炭集团，3个年生产能力5 000万吨级以上的大型煤炭企业集团，11个年生产能力1 000万吨级以上的大型煤炭企业集团，72个年生产能力300万吨级左右的地方集团；央企（不包括中煤）及省外大企业办矿46处；全省办矿企业由2200多个减少到130个左右。

三是办矿体制明显优化。重组整合后全省形成以股份制企业为主要形式，国有、民营并存的办矿格局。其中，国有矿山企业占20%，民营企业占30%，混合所有制企业占50%。

四是安全保障能力明显增强。2009年，全省煤矿累计发生事故71起，死亡202人，事故同比减少46起，下降了39.32%；死亡人数同比减少73人，下降了26.55%；全省煤炭生产百万吨死亡率为0.328，同比下降22.39%，比全国的0.923低0.595。

第三节　山西省推行煤炭资源有偿使用与整合、煤矿企业兼并重组存在的问题

一、煤炭资源有偿使用中的问题

山西省作为煤炭资源大省，率先推行矿产资源有偿使用制度是顺应市场经济发展规律的，也是国家以山西省为实验区实行矿产资源有偿使用的正确决定，但是山西省的矿产资源有偿使用还是存在以下几方面的问题。

首先，矿产资源有偿使用制度推行得过晚。从法律文件的角度分析，早在1986年，市场经济体制建立之前，《矿产资源法》就确定了我国的矿产资源有偿开采制度，市场经济体制建立之后，1996年的《矿产资源法》再一次明确了探矿权、采矿权有偿取得制度。但是这一制度也仅是停留在法律规定的层面，具体的配套措施始终没有出台，直到2006年山西省才作为试点颁布了煤炭资源整合和有偿使用办法，这不得不说是我国有偿使用制度立法层面的失误。

其次，山西省的矿产资源有偿制度是有偿使用，而非有偿取得，这就决定了采矿权人取得的是矿产资源的使用权，而非所有权。用益物权与所有权之间的区别决定了这一制度的实施效果也仅是停留在增加了山西省各级政府的财政收入这一层面上，没有起到这一制度理应起到的更重要的作用。矿产资源有偿取得制度，所起到的增加国家财政收入的目的还是其次，其主要目的还是要解决矿产资源开发利用中资源浪费、矿难频发等问题，就是要让采矿权人有一种归属感和责任感，通过对资源储量征收采矿权价款的方式促使采矿权人尽量提高资

源回采率,尽最大的努力将地下应挖的资源挖干挖尽,这也是有偿使用制度的推行与煤炭资源整合同步进行的原因所在,二者的主要目的是一致的。但是有偿使用的用益物权属性使采矿权人的归属感和责任感大打折扣,他们认为采矿权所指向的矿产资源的所有权并不属于自己,国家可以随时行使所有者权利,剥夺采矿权人的采矿资格。在这种思想的作用下,采矿权人一定是希望在最短的时间内以最高的效率开采资源,采富弃贫的现象也就不可避免了,实际上有偿使用制度并没有起到设想中节约资源的目的。事实也证明,在2006年矿产资源有偿使用制度实施后的三年,多数采矿权人的开采资格就被新一轮的煤炭资源整合剥夺了。

最后,山西省的矿产资源有偿使用制度并不是对矿产资源这一种物的有偿使用,而是对探矿权和采矿权这一权利的有偿使用。《山西省煤炭资源整合和有偿使用办法》虽然名称叫作煤炭资源的有偿使用,但是具体实施这一制度的办法却是政府向采矿权人征收采矿权价款。矿产资源有偿使用制度建立的基础是国家对矿产资源的所有权,以及资源的稀缺性和经济价值,并不是国家对采矿权的所有权和采矿权的稀缺性。所以矿产资源有偿取得制度具体应当体现为矿产资源价款,国家是因为出让了矿产资源才有权收取一定数额的价款。如果从这个角度理解,《山西省煤炭资源整合和有偿使用办法》中规定的采矿权价款收取标准就过低了,很难反映出矿产资源的稀缺性和经济价值。

二、社会反响问题

煤矿企业兼并重组过程中充斥着来自不同利益主体的声音,有些是支持,有些则是坚决地反对,支持者主要是从有利于山西省矿业长远发展的角度来考虑,而反对者的意见则主要集中于"国进民退"、公权侵犯私权、溢价等问题。

(一) "国进民退"的问题

这次煤矿企业兼并重组中被整合煤矿基本都是个人投资的民营煤矿,或由个人实际控制的集体煤矿,因此兼并重组方案一出,即引来了全国各方的讨伐之声,认为此次整合行为是"国进民退",有悖于《宪法》和中央政策对非公有制经济的态度,损害了非公有制经济的合法权益。

从实际情况来看,社会舆论对煤矿整合"国进民退"的指责是没有道理的,因为此次煤矿整合确定兼并重组主体的标准并不是唯成分论,不是以国有和非国有来划分兼并主体和被兼并主体,而是通过制定兼并重组主体的矿井产能来确定的,无论是国有矿山企业还是非国有矿山企业,只要企业和其矿井规模达到了一定标准都可以作为兼并主体,而且一定会成为兼并主体。

但是造成按照产能确定兼并主体就会出现"国进民退"现象的原因,是值得思考的。山西乃至全国矿山企业的结构比例基本都是国有矿山企业的产能较高,规模较大,但是造成这样的结果并不是因为国有矿山企业的所有制性质,企业性质与企业规模之间并不存在经济上的因果联系,真正的原因是我国《矿产资源法》始终坚持国有矿山企业是开采矿产资源的主体,非国有矿山企业在进入矿业市场之前就已经受到了不公平待遇,之所以产能规模较小,不是因为自身能力不足,而是《矿产资源法》规定下的先天不足使然。因此诟病山西省煤矿整合"国进民退"的人应当将矛头转向现行《矿产资源法》有关采矿主体的规定,而不是片面地将责任归咎于煤矿整合。在国家出让矿藏资源,将资源转化为资产的过程中,应当顺应矿业市场化改革的步伐,将矿藏资源通过市场行为公平地出让给符合条件的不同所有制性质的市场主体,这也是《矿产资源法》修改的重要内容之一。

(二)公权侵犯私权的问题

煤矿企业兼并重组过程中遇到的最大障碍,来自于浙商资本投资促进会上书全国人大的《关于要求对山西省人民政府(晋政发[2009]10号)(晋政发[2008]23号)规范性文件内容的合法性、合理性问题进行审查处理的公民建议书》。该建议书指责山西省政府出台以上两个法规文件和开展煤矿企业兼并重组是对在晋煤炭业浙商投资行为的侵犯,其侵犯行为归纳起来主要表现在以下两个方面:一是规定的90万吨/年单井规模过高,没有法律依据;二是政府强制性制定兼并重组方案是一种强制征收行为,于法无据,损害了投资者的利益。

煤矿私人投资者之所以极力反对煤矿整合,主要还是从其自己的经济利益角度考虑的。从并购款的组成来看,兼并主体企业要向被兼并煤矿支付两方面的款项,一是资产交易对价,二是资源价款及其补偿款。其中可以算作投资利润的只能是主体企业多补偿的50%或100%的资源价款,而山西省规定的资源价款缴纳标准按照不同煤种从每吨1.3—3.8元不等,按照3元/吨的标准计算,被整合煤矿可以得到的利润是每吨1.5—3元,这与被兼并煤矿自己开采所赚取的利润300元/吨相比相去甚远，其抵触心理也就可想而知了。

山西省煤矿整合在开展之初就确定了"政府主导、市场运作、企业主体、法律推进"的原则。从这个原则的实际运用来看，政府主导表现为宏观层面，市场运作则表现为微观层面，政府在此次煤矿整合中起到了中流砥柱的作用，这是可以理解的，如此大规模的企业兼并重组如果没有公权力的强力介入是很难推进的。

应该说此次煤矿整合是"合理不合法"，合理是因为这次整合对矿业发展问题积聚多年的山西省来说可谓久旱逢甘霖，整合之后的效果也表明它确实对山西省矿业发展格局乃至经济建设起到了明显的积极作用；不合法则是通过《矿产资源法》表现在，被兼并煤矿的信赖保护利益的确受到了损失，被兼并煤矿完全是按照政府以往核准的证载生产年限和产能来组织生产的，突如其来的兼并重组又否定了证载内容，政府当然可以用公共整体利益来抗辩信赖保护利益，但长此以往，显然有损矿业投资者的信心和整个矿业的健康发展。

煤矿整合是对过去矿政管理行为的"运动式"纠正，"合理不合法"本身也反映了现行矿业法律的不合理。我们可以不追究"原罪"，但也不可总以大规模的整合行动放任"原罪"，煤矿整合不是解决问题的根本办法，使矿业主体能够自觉地提高产能、扩大规模、防止资源浪费才是根本之道。我国的矿政管理制度首先应当将资源的所有权明确地转化为矿业企业的资产，以此为基础才能调动企业的积极性，才能将更多的社会资本吸引到矿业领域来。

（三）溢价的问题

由于在现行《矿产资源法》中采矿权不仅是行政许可权而且具有

物权的属性,被兼并企业在取得采矿权时,向政府缴纳了按不同储量的煤种从每吨 1.3—3.8 元的采矿权价款,尽管政府文件要求兼并主体企业在此基础上要多补偿给被兼并企业 50% 或 100%,但这与被兼并企业自己开采所赚取的利润还是相差甚远,在兼并主体与被兼并主体之间很难达成兼并重组协议。因此在兼并主体与被兼并主体之间,就采矿权价款的问题往往有溢价条款的规定,即在政府规定的采矿权价款和补偿比例的规定之外,采用了"溢价"这种含混不清的概念来代替采矿权价款。当然有的兼并与被兼并主体干脆直接使用了"地下储量加市场价"的办法买卖资源,如山西省乡宁县私人矿主赵某某,当年按储量向政府只缴纳了 250 万元的采矿权价款,在被国有企业兼并时,按储量资源价和市场价收取了 1.3 亿元的采矿权价款。

用"溢价"方式代替资源价款,从而补偿被兼并主体的预期利润的方法,明显是没有兼并重组政策法律依据的,因此这种方式从法制的角度来看是违法行为。省政府以法律文件的方式给予被兼并企业 50% 或 100% 的预期利润补偿,是为了避免兼并重组企业之间由于预期利润补偿问题久拖不决而影响兼并重组进度,甚至使兼并重组前功尽弃,也是为了防止一些被兼并企业趁此机会漫天要价。事实上,补偿方案出台之前,地方政府也尝试让兼并重组双方以自愿协商的方式签订兼并重组协议,但结果是被兼并企业漫天要价的现象非常普遍,达成协议的寥寥无几。

当然,从市场规律的角度看,"溢价"方式也有其合理的一面,至少体现了市场经济民事法律主体之间意思自治的原则。资产向资本的转化,是矿产资源二级市场构建的理论基础,目的是使矿产资源及其矿业权在矿业权人及其他市场主体之间自由转让，从而实现矿产资源的真实市场价值。因此从矿业市场化角度来看，被兼并企业提出"溢价"概念，其实质并没有违反市场经济规律，只是在特定历史阶段违反了相关法律的规定。但是从矿业市场长远发展的需要来看，矿产资源及其矿业权在符合有关矿业法律政策的条件下，在市场主体之间自由转让还是代表了正确的发展方向。为了避免代表正确发展方向的做法在特定条件下违法，急需在煤矿企业兼并重组这样大规模的"纠错"之后，重新构建符合市场经济发展规律的矿产资源一级市场和二级市场的法律秩序。

三、煤炭资源整合与煤矿企业兼并重组中存在的问题

山西省煤矿企业兼并重组从 2008 年至 2011 年，历时大约四年，其中 2008 年是准备阶段，2011 年是收尾阶段，煤矿企业兼并重组真正的实施阶段是在 2009 年和 2010 年，也就是说山西省煤矿企业兼并重组的实质性工作阶段只用了短短两年时间。如此大规模的企业兼并重组在两年时间内就基本完成，这在世界范围内也是极其罕见的。

这次煤矿企业兼并重组所取得的成绩已不必赘述，它直观地体现在了企业规模上：矿井数量从原有的 2 600 多座压缩到 1 053 座，70%以上的矿井产能达到了 90 万吨/年，平均产能更是达到了 110 万吨/年，矿井全部实现了机械化开采；从企业角度来看，煤矿企业主体由原来的 2 200 多家减少到现在的 130 家，形成了年生产能力达到亿吨级的特大型煤炭生产集团和年生产能力达到 5 000 万吨级的大型煤炭生产集团。这些规模效益所带来的好处则进一步表现为生产效率的提高、

资源浪费的减少和安全事故的减少等。

但是我们在总结煤矿企业兼并重组时,并不能只是歌功颂德,而忽视了期间的诸多遗憾。事实上,煤矿企业兼并重组的过程是艰辛的,决策失误比比皆是,制度建设更是众多过程中的薄弱环节,这些问题主要表现在整合速度过快、缺乏法律支持和行政权大于经营权三个方面。

(一)整合速度过快

如前所述,煤矿企业兼并重组经历了大约四年的时间,而真正进入实施阶段也仅有短短的两年时间,在此期间,2 600多个煤矿企业要完成转让意向、律师尽职调查、审计、评估、协议签订、资产转让、付款、煤矿交接,以及交接之后新煤矿的注册登记、证照换领等一系列工作。按照正常程序,这些工作在短短两年时间内是很难完成的,山西省煤矿企业兼并重组却可以基本完成,这不得不说是一个企业兼并史上的奇迹,但速度与质量在多种场合往往呈现出反比关系,当人们刻意追求速度的时候,质量就无法保证,煤矿企业兼并重组也是这样,在追求兼并速度的过程中出现了许多问题。

1. 债权债务问题

企业兼并重组中的一项重要工作是清理债权债务,现实中通过企业兼并重组侵犯债权人利益的实例比比皆是,甚至有些兼并重组就是蓄意逃避债务的方式之一。国发办 [2001]27 号文件表明:"截至2000年末,在工商银行、农业银行、中国银行、建设银行、交通银行开户的并购企业为 62 656 户,涉及贷款本息 5 792 亿元,经过金融债权管理机构认定的逃废债企业 32 140 户,占并购企业的 51.29%,逃废银行贷款本息 1 851 亿元,占并购企业贷款本息的 31.9%。在逃废债的企业中，国有企业 22 296 户，占逃废债企业总数的 69.37%，逃废金融机构的贷款本息 1 273 亿元，占逃废债总额的 68.77%；非国有企业 9 844 户，占逃废债企业的 30.63%，逃废金融机构贷款本息 578 亿元，占逃废债企业贷款本息的 31%。利用并购方式逃废债的国有企业中，中小国有企业占 86% 以上。"由此可以看出，有些企业往往会运用企业之间的兼并重组来逃避债务，损害债权人的利益。

此次煤矿企业兼并重组与一般企业兼并重组相比还有一定的特殊性，即多数中小煤矿不是严格按照公司制运营，而是个人或家族式的经营方式，煤矿的经营状况除了极个别实际控制人了解外，对外并不透明，没有健全的资产负债清单，账目不清，资料不全，煤矿对外有多少债务，兼并主体企业并不清楚，有些煤矿由于对外欠债太多，其实际控制人都不能准确地说明债务数额。众所周知，煤矿经营具有高投入、高风险、高利润的特点，对于普通个人来说，个人或家庭很难支撑一个煤矿的投资，现实中中小煤矿的实际控制人都是通过高利贷的方式获取煤矿的投资经营资本，然后再利用投资煤矿的高利润来偿还高利贷。例如，在山西的许多浙江煤老板就是向其浙江老家的村民借高利贷到山西经营煤矿，并承诺若干年之后以几倍的价格偿还借款，在煤矿经营的过程中，又想方设法通过各种渠道、各种关系借款，而这些借款一般都不会反映在煤矿账目之中。

本次山西省煤矿企业兼并重组，政府本着市场运作的工作原则，并没有强制规定企业并购的方式，于是在现实中就普遍存在两种主要的并购方式：一种是净资产收购，另一种是实物资产收购。两者在债权债务方面的主要区别是，前者的债务由兼并主体承担，后者的债务由被兼并煤矿拿到资产收购对价之后自行处理。按照常理来说，两种并购方式都是法律所允许的，在债权债务处理方面都有相应的法定方式，如果按照法律规定的程序执行并购，应当可以处理好债权债务问题。但是之前提到的本次煤矿企业兼并重组中被兼并煤矿的特殊性，导致实物资产收购方式有可能会造成债权人利益受损。原因在于被兼并煤矿拿到资产收购对价之后，按照法律规定应当启动公司清算程序，在清算程序过程中通知相关债权人行使自己的权利，如此，债权人就可以在收购资金中实现自己的债权。可是现实中被兼并煤矿的所有者或实际控制人在拿到收购资金之后，许多都没有启动公司的清算程序，而是"携款潜逃"，债权人的利益也因此无法实现。

让煤矿企业兼并重组债权债务问题更加突出的是此次整合速度过快，其原因有多种，一是煤矿企业兼并重组必然使多数煤矿要暂停煤炭生产，对于山西省这样一个以煤为基础的工业省份来说，这对经济发展造成的冲击不言而喻。事实证明，在煤矿企业兼并重组集中开展的2009年，山西省全年的GDP增速位列全国倒数第一，其余省份都达到了8%，只有山西是6%左右[①]。因此山西省需要尽量加快兼并重组的速度，减少经济发展受到的损失。二是煤矿企业兼并重组是利益的重新分配，尤其在煤炭领域，这种利益往往意味着巨大的经济利益，动辄上亿元，因此推动兼并重组工作的进行会受到来自各方的巨大阻力，最明显的就是在晋煤炭浙商上书全国人大常委会，针对山西省煤炭资

---

① 《2009年全国各地GDP数据一览　除山西外均实现保八》，载新浪财经网：http://finance.sina.com.cn/roll/20100226/08163229153.shtml，登录时间：2014年5月10日。

第二章
我国矿产资源有偿取得（使用）的实践
——以山西煤炭资源为例

源整合、煤矿企业兼并重组合法性和合理性问题的公民建议书，这一事件在当时受到了社会和媒体的广泛关注，一度使山西省的煤矿企业兼并重组困难重重，面临前功尽弃的危险。这一工作持续的时间越长，所遇到的阻力就会越多、越大，因此山西省政府需要采取"快刀斩乱麻"的工作方式，用最短的时间完成兼并重组，不让各类问题因为时间的拖延而持续发酵。三是被兼并煤矿在确定政府将下定决心把兼并重组进行到底的情况下，也不再奢望继续保持自己的煤炭生产主体资格，尽快拿到补偿款就成为他们最大的愿望，而兼并主体企业也希望用最短的时间理顺各种生产关系，恢复企业正常的生产秩序，在得到数量可观的煤炭资源和产能指标的基础上，尽快制定企业的发展规划。

在政府和企业都希望加快兼并重组进程的背景下，企业选择的并购方式也逐步偏向于实物资产收购，而非净资产收购。因为对于兼并主体企业来说，选择前者可以减少对于债权债务的法律调查和公示等一系列烦琐的程序，对于被兼并企业来说，特别是对煤老板来说，选择前者可以使其尽快拿到补偿款，还可以在违法省略公司清算程序的情况下，逃避偿还债务的责任。山西省煤矿企业兼并重组前期，多数企业都选择了实物资产收购，在有关专家的建议和劝阻下，部分企业才选择了净资产收购方式，并且及时在法定媒体公示了兼并重组事项，通知有关债权人申报债权。前述已经提到，实物资产收购应用于本次煤矿企业兼并重组的问题在于，许多煤老板拿到补偿款之后，没有选择进一步的公司清算程序，而是"携款潜逃"，在这种情况下，原煤矿债权人从原煤矿那里无法实现自己的债权，按照《公司法》的规定，兼并企业或新成立的公司有替代偿还责任，债权人可以向兼并企业或新成立的公司主张债权。兼并主体企业已经向被兼并煤矿支付了资产补偿款和 1.5 倍至 2 倍的资源价款，资金压力已经相当大了，如果再向债权人支付数额巨大的贷款，相当于兼并主体要支付双倍的补偿款。再者，兼并主体企业在完成兼并任务的同时，还要筹集资金进行煤矿的改造和基建，这又是一笔巨大的投入。对于兼并煤矿较多的主体企业来说，最棘手的问题是如何筹集到足够的资金进行兼并重组和开工建设的双重任务，而因为兼并主体企业盲目地追求速度，选择了实物资产收购的并购方式，导致资金压力无形中增加了许多。

债的相对性是传统民法理论，它的意思是债是特定主体之间根据双方约定或法律规定而产生的权利义务关系，债具有相对性，不具有对抗第三人的效力。所以债权人只能向特定的债务人主张自己的债权，无权向第三人行使自己的债权。但是在现实社会中，如果严格按照债的相对性处理债权债务关系，将会使债务人恶意利用债的相对性原则侵害债权人的合法权益。例如债务人将自己的优质资产有意转移给第三人或者债务人被第三人兼并，债务人的主体资格消灭，这样就意味着债权人的权利行使相对方也消灭了，债权将无法实现。为此，我国确立了债务随资产转移理论，在最高人民法院颁布的《最高人民法院关于审理与企业改制相关的民事纠纷案件若干问题的规定》中，明确规定了新设公司在债权债务上的连带责任。第三十一条规定："企业吸收合并后，被兼并企业的债务应当由兼并方承担。"第三十三条规定："企业新设合并后，被兼并企业的债务由新设合并后的企业法人承担。"

因此在本次煤矿企业兼并重组中，应当在兼并前和兼并中做好以下几方面的工作，来弥补由于整合速度过快而导致的债权债务问题。

首先，在兼并前要做好两方面的工作：一是兼并企业双方的律师要做好针对对方的法律尽职调查，表现在债权债务领域就是要查清对方的债权债务信息，通过其资产负债表是否存在重大合同、重大诉讼、行政处罚，是否存在欠缴的保险和税费等，来明确其潜在的债务风险。二是兼并主体企业要积极通过公示的方式通知相关债权人申报债权，这也是为了免除自己今后可能的替代偿还义务。律师虽然可以通过各种方式调查对方企业的债权债务状况，但是本次煤矿企业兼并重组有一个特点是中小煤矿较多，这些煤矿往往账目并不是很清晰，煤矿的负债数额、真假、性质（煤矿债务或个人债务）都无法完全弄清楚。因此，为了避免这些隐患，兼并主体企业有必要采取一个兜底性的方法来规避风险，这个方法就是向社会公示兼并重组的有关情况，敦促被兼并煤矿的债权人及时申报债权。《最高人民法院关于审理与企业改制相关的民事纠纷案件若干问题的规定》第三十二条规定："企业进行吸收合并时，参照公司法的有关规定，公告通知了债权人。企业吸收合并后，债权人就被兼并企业原资产管理人（出资人）隐瞒或者遗漏的企业债务起诉兼并方的，如债权人在公告期内申报过该笔债权，兼并方在承担民事责任后，可再行向被兼并企业原资产管理人（出资人）追偿。如债权人在公告期内未申报过该笔债权，则兼并方不承担民事责任。人民法院可告知债权人另行起诉被兼并企业原资产管理人（出资人）。"这条规定意味着，兼并主体企业在兼并重组之前做了公告的工作，就可以对被兼并企业的债务不负连带责任。

其次，在兼并重组协议签订的过程中，还可以加入保证金制度，即兼并各方完成兼并所需各项事宜之后，兼并主体并不将所有的交易款项支付给被兼并煤矿，而是要等到一定时间之后，如果没有债权人申报债权或其他约定事项发生之后，再将约定的保证金支付给被兼并方。各兼并主体企业一般选择20%的交易款作为保证金，但是，即使是预留如此多的保证金，也很难保证兼并主体企业可以免除债务风险，因为通过法律尽职调查报告和一些法院的裁定书可以看出，此次兼并重组有为数不少的煤矿企业的对外负债远远超过了20%的资产总额，资不抵债的现象很常见。因此债务问题还是应当立足于放慢兼并重组的速度，采取净资产收购方式，通过公示制度使兼并重组事项尽早让债权人知晓，以此来免除兼并主体企业不应当承担的"双份债务"。

2. 企业兼并重组程序问题

企业兼并重组是一个企业的资产或股权由另一个企业收购的过程，多数情况下被收购的企业将不复存在。企业正常运行的过程中，资产负债情况、资产的权属情况、经营状况、资金充裕程度等都是对外，特别是同行业竞争对手严格保密的，但是兼并重组应当建立在双方对对方的以上信息充分了解的基础上，例如收购资产的权属是否清晰，如果不清晰可能造成收购第三方资产的情况；被收购方负债是否明确，净资产额的确切数字，这些直接决定收购价格，如果收购一方或双方是国有企业，还可能会造成国有资产流失的问题。因此，在双方签订兼并重组的具体协议之前，一般会有审计、评估、法律尽职调查、经济效益分析等前期工作。兼并主体的决策层要根据对以上基础性资料的分析，来决定兼并重组的必要性与可行性，因此从一般的逻辑分析，审计、评估、尽职调查等基础性工作应当在兼并重组决定做出之前完成。

但是，本次煤矿企业兼并重组却出现了一些怪现象，有相当一部

第二章
我国矿产资源有偿取得（使用）的实践
——以山西煤炭资源为例

分企业（这些企业中有一些还是国有大型煤炭生产集团，在本次兼并重组中并购的 2 600 多座煤矿中，其并购数量达到几百座）在审计、评估、法律尽职调查、经济效益分析还没有完成的情况下，就已经与被兼并煤矿签订了兼并重组协议或股权（资产）转让协议，有些甚至早早地就将并购款支付给了对方。这种做法造成的后果是，有些煤矿收购回来之后，由于地质条件或经营能力等问题无法实现营利，有的主体企业已经支付了 80% 以上的并购款，却在之后的审计、评估和尽职调查中发现，被兼并的煤矿是一座资不抵债的煤矿，再向对方要回已付的并购款则不可能了。

为什么会出现如此低级的程序失误？难道是国有大型企业没有兼并重组的法律常识吗？显然不是，主要原因就是政府主导的大规模企业兼并重组是有时间限制的，不可能因为某个或某几个企业的兼并重组无法推进就放慢整个兼并重组的步伐，因此兼并主体企业需要想尽一切办法加快兼并重组的进度。另外还有两个辅助因素也导致了企业的抢时间行为，第一个因素是本次兼并重组兼并方与被兼并方是省政府兼并重组领导组根据一定的程序确定的，也就是说兼并主体与被兼并煤矿不可能自由选择。对于兼并主体来说，无论被兼并煤矿的要价是否合理，兼并之后的经营效益是否良好，都必须实施兼并。因此兼并主体为了加快兼并进度就选择了审计、评估、尽职调查等基础性工作与签订协议、支付并购款同时进行的方式。第二个因素是被兼并煤矿也抓住了兼并主体企业被政府要求加快进度的软肋，以拖延签订协议来争取更多的资金补偿，但是资产评估值是协议签订中并购价格的重要依据，在没有评估价格作为支撑的基础上就盲目签订协议，超评估值支付并购款就在所难免了,而兼并主体企业也只能以金钱换取时间,在并购款数额和支付方式上做出更多让步。

换一个角度考虑,如果政府不为加快兼并重组进度而要求协议签订率,兼并主体企业就可以有充分的时间和被兼并煤矿讨价还价,等待基础性工作完成之后,再确定并购价格,让并购的价格回归合理。

3.兼并主体企业的资金缺口问题

山西省耗时两年多就完成了煤矿企业兼并重组如此巨大的工程,其速度可以用"惊人"来形容,如此快的速度离不开政府的强力推动,但是作为企业来说,生产经营必须按照一定的市场经济规律来办,资金运作就是其中的重中之重。本次煤矿企业兼并重组的兼并主体主要集中于山西省的大型煤炭生产集团和煤炭营销集团等7家企业,业内人士将这7家煤炭企业形容为"5+2",即5个原有的矿务局和2个煤炭营销企业,5个原有的矿务局包括大同煤矿集团有限责任公司、阳泉煤业集团有限责任公司、晋城无烟煤矿业集团有限责任公司、山西潞安矿业集团有限责任公司、山西焦煤集团有限责任公司,2个煤炭营销集团包括山西煤炭运销集团有限责任公司和山西煤炭进出口集团有限公司。以山西省煤炭运销集团有限责任公司为例,全省2600多座被兼并煤矿,煤销集团就要负责兼并448座,以一座煤矿需要支付1亿元资源价款补偿款和资产收购价格来计算,煤销集团需要准备448亿元用于兼并重组。而且紧随整合后的煤矿基建和生产又是一笔不菲的投资,其资金压力可想而知。在笔者参与煤销集团兼并重组法律服务的过程中,听到集团领导强调最多的不是兼并重组的推进问题,而是贷款、煤矿投产和安全三个问题。贷款是最直接的解决资金短缺问

第二章
我国矿产资源有偿取得（使用）的实践
——以山西煤炭资源为例

题的办法，强调煤矿投产是因为企业不可能等到兼并重组全部完成之后再全部进行投产，一方面是同一时间段全部投产不具备资金、人才、管理等条件，另一方面是企业需要让一部分煤矿先行投产运营，赚取资金用于弥补兼并重组的资金短缺问题。最后，安全问题当然是煤炭生产企业始终强调并且警钟长鸣的事。

　　从煤矿企业兼并重组的初衷来看，使煤炭产能进一步提升，并集中于少数大型煤炭集团是合理可行的，但问题是在如此短的时间内，让兼并主体企业拿出如此巨额的兼并重组资金也是不现实的。兼并主体企业为了解决资金短缺的问题，可以说是想尽了一切办法，在实地调查中笔者发现有"以煤顶款"的办法，也有"托管"的办法，更甚者还有"阴阳协议"的办法。"以煤顶款"是兼并主体企业承诺被兼并企业，以未来生产出的煤炭用于抵顶目前的收购款，这种做法后来被兼并重组领导组明令禁止。"托管"是名义上煤矿的所有权在整合之后属于兼并主体企业，但是由于资金、人才、管理等资源的缺乏，兼并主体企业承诺新煤矿的基建和经营依然属于被兼并煤矿所有人，主体企业只是定期向经营者收取一定的管理费。这种做法与兼并重组的目的完全相悖，很容易造成安全事故和资源浪费，是煤矿整合过程中明确禁止并严厉打击的行为。"阴阳协议"则是兼并重组双方表面上签订符合相关规定的兼并重组协议用于应付主管部门的检查，而私下里又签有另外一份协议，该协议的显著特点是不符合规章和政策要求，煤矿"托管"就是许多"阴阳协议"的主要内容。由此可见，兼并重组速度过快会引发一系列的问题。

(二）缺乏法律支持

山西省煤炭资源整合、煤矿企业兼并重组的法律依据主要包括以下几个规范性法律文件：山西省政府制定的《关于加快推进煤矿企业兼并重组整合的实施意见》（晋政发 [2008]23 号）、山西省政府制定的《关于进一步加快推进煤矿企业兼并重组整合有关问题的通知》（晋政发 [2009]10 号）、山西省政府办公厅转发国土资源厅制定的《关于煤矿企业兼并重组所涉及资源采矿权价款处置办法》（晋政办发 [2008]83 号）和山西省煤炭厅编制的《山西省煤矿企业兼并重组整合规划》。从这些规范性文件制定的主体可以看出，它们基本都属于省级政府制定的规章，还有的属于职能部门制定的政策性文件。

山西省煤矿企业兼并重组是我国经济发展史上可以载入史册的最大规模的企业之间的兼并重组之一，兼并重组所涉及的煤矿产量占到我国每年煤炭产量的 1/4、全世界的 10%，其重要性不言而喻。但是如此重要的工程却没有一部法律作为支撑，甚至连一部法规都没有，这不得不说是一个重大遗憾。

兼并重组所调整的对象过于强大，煤矿企业整合之后的产业格局不容破坏和打乱，整合之后如何保障新的产业格局是摆在省政府面前的重要课题。因为但凡重大变革都是对现有利益的重新分配，是对格局的重大调整，是不会让所有人都满意的，其中有人拥护，就会有人反对。本次煤矿企业兼并重组中，有相当一部分中小煤矿企业的所有人或实际控制人对兼并重组有严重的抵触情绪，想方设法恢复原有的生产关系，于是他们想到通过司法程序推翻兼并重组的成果，而他们利用的恰恰是兼并重组的法律依据只有政府规章，而没有法规或法律。

因为根据我国现行法律，法院判决的依据只有法律或法规，规章只能作为参考依据，而不能作为定案依据，因此如果被兼并煤矿以兼并主体企业以政府规定的并购价格收购缺乏法律依据为由进行诉讼，那么法院由于无法适用兼并重组相关政策性文件作为定案依据，只能判决此次并购行为非法。可见，本次煤矿企业兼并重组缺乏法律和法规支持，不仅反映出政府依法行政的缺失，也确实在实践中遇到了制度性障碍，这种障碍有可能导致兼并重组整合被整体推翻。

（三）行政权大于经营权

山西省煤矿企业兼并重组确定的工作原则是"政府主导、市场运作、企业主体、法律推进"。但是也正是由于政府行政权的过度实施，所以忽略了对经营权的保护。

多数被兼并煤矿的所有者或实际控制人对煤矿企业兼并重组是持反对态度的，在2009年、2010年前后煤炭市场相对景气的情况下，煤老板当然会认为煤矿被兼并是政府和兼并主体企业剥夺了自己可以看得见的经济利益。从并购款的组成部分来看，兼并主体企业要向被兼并煤矿支付两方面的款项，一是资产交易对价，一是资源价款及其补偿款，其中可以算作煤老板利润的只能是主体企业多补偿的50%或100%的资源价款，（山西省政府办公厅转发国土资源厅制定的《关于煤矿企业兼并重组所涉及资源采矿权价款处置办法》（晋政办发[2008]83号）规定："被兼并重组煤矿如按照187号令规定的标准缴纳了价款，直接转让采矿权时，兼并重组企业应向其退还剩余资源量（不含未核定价款的资源量）的价款，并按原价款标准的50%给予经济补偿，或按照资源资本化的方式折价入股，作为其在兼并重组后新组建企业的股份。被兼并重组煤矿在187号令实施前按规定缴纳了价款,直接转让采矿权时,兼并重组企业应向其退还剩余资源量(不含未核定价款的资源量)的价款,并按原价款标准的100%给予经济补偿,或按照资源资本化的方式折价入股,作为其在兼并重组后新组建企业的股份。")而如前所述,煤老板所获得的资源价款补偿与其自己开矿所得利润相差甚远,抵触心理也就可想而知了。

大多数煤矿实际控制人因为前期煤炭生产赚取了大量资金,在本次兼并重组中受到的损失还可以接受,但是有相当一部分煤矿实际控制人因为煤矿刚刚完成升级改造,前期资金投入之后还没有来得及赚回成本,就赶上了本次的兼并重组浪潮。21世纪以来,山西省共进行了两次比较大的煤炭资源整合,一次是2006年开始的煤炭资源有偿使用改革,另一次就是此次的煤矿企业兼并重组。短短几年时间里就进行了两次资源整合,企业在进行了第一次升级改造之后将产能提升到了30万吨/年,还没有收回生产成本就必须进行第二次升级改造,将产能提升到90万吨/年,这部分企业是本次兼并重组的最大受害者。

煤炭资源整合之初,针对山西省煤炭资源整合的合法性和合理性问题,以某地商人为代表的山西省煤矿投资者认为此次整合侵犯了其合法私有权益,其中最有代表性的就是某省商人资本投资促进会,在自己的网站上发表的《要求对山西省人民政府规范性文件内容的合法性、合理性问题进行审查处理的公民建议书》。该《公民建议书》把几年来国家对煤炭行业的政策,与山西在此次煤炭兼并重组中所出台文件进行比较,一连提出了11个尖锐的问题。他们还将该《公民建议书》寄往国家和山西省有关政府部门,向山西省相关机构发出邀请,希望山西有关部门一并参与研讨。其中最为关键的问题是，《公民建议书》认为晋政发[2008]23号和晋政发[2009]10号文件，侵犯了中小煤矿企业的"信赖保护利益"。被整合煤矿的投资者认为此次整合侵犯了其信赖保护利益就是指国家已经赋予其采矿权，却又要在采矿权期限届满之前收回采矿权。

信赖保护利益由两部分组成，其中第二部分为信赖保护利益设置了例外，即如果因为行政许可所依据的法律、法规、规章修改或废止，使该行政许可事项不再被允许，或者行政许可所依据的客观条件发生了重大变化，行政机关为了公共利益可以依法撤回或变更原行政许可，给行政相对人造成财产损失的，应当予以补偿。虽然信赖保护利益这样的规定意味着，煤矿企业兼并重组为了公共整体利益调整产业结构，可以在给予被兼并煤矿一定补偿款的情况下，强行收回采矿资格证，但是政府在此次兼并重组中的做法也存在行政权大于经营权的嫌疑。首先，本次煤矿企业兼并重组距离上一次兼并重组时间间隔太短，给许多还处于基建阶段，或是还没有收回成本的煤矿造成了巨大损失，是严重侵犯其经营权的行为，同时也严重侵犯了其经济利益。其次，信赖保护利益的例外条款不可轻易适用，否则将会造成公权力对私权利的随意侵犯。我国《宪法》第十三条规定："公民的合法的私有财产不受侵犯。"第十一条规定："在法律规定范围内的个体经济、私营经济等非公有制经济，是社会主义市场经济的重要组成部分。国家保护个体经济、私营经济等非公有制经济的合法的权利和利益。"《物权法》第三条规定："国家在社会主义初级阶段，坚持公有制为主体、多种所有制经济共同发展的基本经济制度。国家巩固和发展公有制经济,鼓励、支持和引导非公有制经济的发展。"第四条规定:"国家、集体、私人的物权和其他权利人的物权受法律保护,任何单位和个人不得侵犯。"因此,私有产权的保护,始终是我国宪法和法律的一项基本原则和重要内容。而实现这一原则和内容,又应该尊重私权主体的意志自由,尊重私有产权的法律效力和处分权能。

  信赖保护利益的例外适用必须与相关制度相配套,其中重要的一条就是应当将信赖者的损失降到最小。本次煤矿企业兼并重组正值煤炭价格高起的阶段,被兼并煤矿当然不想在此时被兼并,如果这次兼并重组能够推后两年,一方面可以让参与2006年资源整合的煤矿企业收回成本,另一方面还可以赶上全球金融危机对煤炭生产销售领域的冲击,煤炭价格持续下跌,这样煤矿所有者和实际控制人就不会产生如此强烈的抵触情绪,政府的行政强制力也不至于如此明显地导致公信力受到质疑。

第三章

矿产资源有偿取得法律制度中存在的问题

矿产资源有偿取得法律制度中存在的问题主要体现在两个层面，一是收益与分配层面，二是法律制度层面。

第一节 收益与分配层面的问题

一、以资源税费替代矿产资源有偿取得收益的问题

我国现行法律法规实现矿产资源有偿取得，主要体现于矿产资源税费制度，其中主要税费包括采矿权（探矿权）使用费、采矿权（探矿权）价款、矿产资源补偿费和资源税。这些税费科目是国家实现矿产资源有偿取得的主要途径，但是无论税费数额还是税费性质都无法体现国家作为矿产资源所有者的身份以及矿产资源的稀缺性和经济贡献。

矿产资源有偿取得首先体现为经济概念，有偿应当满足数额的要求，应当用数量多少衡量有偿的多少，因此数额无法保证，国家的所有者身份就无法实现，有偿就是虚置。一定时期矿产资源的储量和产量是有定数的,所产生的经济效益也是定量的,那么衡量矿产资源国家所有权和有偿制度是否得到充分实现,其关键就是要看这些经济效益在国家、企业和个人之间如何分配,各主体之间的收益是最直接的量化标准。从目前我国矿产资源的利益分配比例来分析,国家收益明显偏低,矿产资源在开发利用环节中所产生的收益过多地流向了企业和个人。

第一,从采矿权(探矿权)使用费的收入来看,《矿产资源开采登记管理办法》第九条[①]规定了采矿权使用费的征费标准为每平方千米每年1 000元。以山西省煤炭资源为例,山西省六大煤田(大同煤田1 260平方千米、宁武煤田3 087平方千米、西山煤田1 853平方千米、霍西煤田6 907平方千米、河东煤田15 285.2平方千米、沁水煤田30 500.1平方千米),含煤矿区总面积达到58 892.3平方千米,2012年山西省探矿权(采矿权)使用费收入是0.817 6亿元,而山西省仅2012年一年的煤炭营业收入就达到11 870亿元[②],相比之下山西省的煤炭国家采矿权(探矿权)使用费总收入仅占一年煤炭营业收入的0.03%。

第二,从采矿权(探矿权)价款收入来看,我国的采矿权价款以省为单位制定征收标准,各省不尽相同,但差别不大。以山西省煤炭资源为例,2006年《山西省煤炭资源整合和有偿取得办法》规定了采

---

① 《矿产资源开采登记管理办法》第九条:国家实行采矿权有偿取得制度。采矿权取得费,按照矿区范围的面积逐年缴纳,标准为每平方千米每年1 000元。
② 《山西2012年煤炭销售收入突破一万亿元》,载中国证券报官方网站:http://www.cs.com.cn/ssgs/hyzx/201302/t20130218_3861228.html,登录时间:2014年5月10日。

矿权价款收取标准①，从 1.30 元/吨至 3.80 元/吨不等，2012 年山西省探矿权（采矿权）价款收入为 444.52 亿元，而且是一次性收取，与山西省 2012 年煤炭的营业收入 11 870 亿元相比，采矿权价款仅占当年煤炭营业收入的 16.8%。

第三，从矿产资源补偿费的收入来看，由《矿产资源补偿费征收管理规定》可知，开采矿产资源应当缴纳矿产资源补偿费，并按照矿产品销售收入的一定比例计征，其中煤炭的矿产资源补偿费费率仅为 1%。2012 年山西省煤炭资源补偿费收入 30.917 5 亿元，与山西省 2012 年煤炭的营业收入 11 870 亿元相比，煤炭资源补偿费仅占当年煤炭营业收入的 1.17%。

第四，从资源税的收入来看，《中华人民共和国资源税暂行条例》规定开采矿产资源应当缴纳资源税，它的应纳税额按照课税数量（纳税人开采或生产产品销售的或自用的数的应税量为课税数量）和规定的单位税额计算，其中煤炭的资源税单位税额为焦煤每吨 8—20 元，其他煤炭每吨 0.3—5 元，2011 年全国资源税总收入 599 亿元②，2012 年山西省煤炭资源税收入 41.93 亿元，与山西省 2012 年煤炭的营业收入 11 870 亿元相比占 1.58%。

---

① 山西省采矿权价款收取标准：（一）焦煤、1/3 焦煤、肥煤：3.80 元/吨；（二）炼焦配煤（瘦煤、贫瘦煤、肥气煤）：3.10 元/吨；（三）无烟煤：3.30 元/吨；（四）贫煤：2.70 元/吨；（五）优质动力煤（弱黏煤）、气煤：1.50 元/吨；（六）其他煤种：1.30 元/吨。

② 《上半年资源税实现较快增长　中国税务报：资源税改革增强地方财力效应显现》，载国家税务总局官网：http://www.chinatax.gov.cn/n8136506/n8136608/n9948163/11998967.html，登录时间：2014 年 5 月 10 日。

通过以上分析可以看出，以山西省煤炭资源的税费收入为例，国家财政从煤炭资源的销售中得到的收益是518.185 1亿元，山西省2012年的煤炭销售收入达到11 870亿元，这表明与矿产资源有关的四大税费收入占矿产资源收入的19.58%左右。但是从现行矿业税费制度体现国家矿产资源所有者收益的矿产资源补偿费来看，山西省的收益仅占煤炭销售收入的1.17%；从全国角度来看，2010年全国矿产资源补偿费收入库额为141.8亿元，[①]而2010年全国公共财政收入为83 101.51亿元，资源补偿收入仅占全国财政收入的0.17%。（2011年全国国有土地使用权出让收入33 166.24亿元，占当年财政收入103 740.01亿元的33%。）

从全国矿产资源四种税费征收的比例来看，2010年全国财政收入是83 101.51亿元[②]，其中矿产资源四种税费收入是682.94亿元，土地出让价款27 464.048亿元，这说明矿产资源四种税费仅占国家财政收入的1%，而土地出让价款就要占到全国财政收入的33%。

二、矿产资源有偿取得收益的缺失与国民分配不公的问题

国家财政收入是由政府收取的税和费、国有企业上缴的利润、向国内外举债三个部分构成，其中税费是政府以管理者的身份强制征收的，而利润和举债是国家以民事主体的身份获得的，它不仅支撑着国

---

① 《2010年度全国矿补费入库141.8亿元》，载中国政府网：http://www.mlr.gov.cn/xwdt/jrxw/201104/t20110426_846067.htm，登录时间：2014年5月10日。
② 《2010年全国公共财政收入决算表》，载：http://yss.mof.gov.cn/2010juesuan/201107/t20110720_578448.html，登录时间：2014年5月10日。

家公共事业的支出，而且调整着国民经济的再次分配。市场经济体制建立以来，国有企业上缴的利润，无论从范围来看，还是从数量来看，与计划经济时期相比，比例要小得多、少得多，因此税费收入便成了市场经济条件下国家财政的主要来源。但是我们不应忘记我国是社会主义国家，矿产等自然资源归全民所有（国家所有，国务院行使所有权），它是全民的民事权利，采矿权人获取全民所有的矿产资源当然应当向全民支付一定的对价①，即获取矿产资源及其开采权是有偿的，全民在民事所有权的基础上拥有一定的收益也是理所应当的。在这方面，针对土地资源的做法是成功的，土地使用权出让费已纳入国家财政收入，如：2011年全国国有土地使用权出让收入33 166.24亿元，占当年财政收入103 740.01亿元的33%。②相比之下，矿产资源几乎是无偿的，没有所有者收益。需要强调的是，土地资源具有可重复利用性，而矿产资源具有不可再生性，政府对国家（全民）所有的矿产资源不行使收益权简直是一种对全民的不负责任。

改革开放以来，我国国民经济得到了前所未有的迅猛发展，与此同时，民生问题与改革成果不相匹配的问题逐渐显现，因此国家适时地将发展重点转移到了改善民生上来，"十二五规划纲要"设专章阐述了改善民生和建立健全基本公共服务体系的问题，就是要让改革的成果惠及每一位老百姓。但是实现改善民生的目标，让医疗、教育、住房、养老、社会保障和社会治安、环境改善惠及所有的中国人，这

---

① 国外称为权利金，此处仅暂以对价来表示国家应当取得的矿产资源所有者收益。
② 参见财政部2011年预算执行情况报告。

些都需要大量的资金投入，因此改善民生首先遇到的问题就是能否确保资金的充分供给。延迟退休年龄近来成为社会各界热议的话题，延迟的原因大都集中于养老金缺口的问题，因此如何增加公共事业支出费用，是摆在政府面前的一个不得不解决的难题。从目前已经实施和即将实施的措施来看，国家可以通过改革税费制度增加财政收入，如资源税从量计征改为从价计征；也可以通过其他变通的方式减少公共支出费用，如延迟退休年龄。但是这些方法一方面缓解资金压力的效果有限，只是"杯水车薪"；另一方面缺少足够的理论依据，往往怨声载道。① 相对而言，由于国家在矿产资源有偿取得制度上失当，几乎没有收益，使全民所有的矿产资源零对价地流入企业甚至个人，即在"矿老板"的腰包鼓起来的同时，形成了公共事业政府缺钱，老百姓看不起病、上不起学、买不起房、养不起老，而"矿老板"有花不完的钱，连儿女婚事、老人祝寿动辄要花几千万的现象。从这一严酷的现实中，我们可以看出国家作为矿产资源所有者的有偿取得制度问题，已经不仅仅是一般的经济和法律问题，而是一个不可回避的政治问题。

第二节　法律制度层面的问题

一、与《宪法》相悖的问题

用矿产资源税费代替国家作为矿产资源所有者的矿产资源有偿取

---

① 据网上调查显示，90%以上的人反对延迟退休。（参见《"延迟退休年龄"正在研究中》，载人民网：http://politics.people.com.cn/n/2012/0711/c70731-18488709.html，登录时间：2014年5月10日。）

得收益，并不是立法技术使然，而是产品（计划）经济立法观念与《宪法》的规定相悖，与我国社会主义经济和政治体制改革脱节造成的结果。

1993年我国《宪法》第七条"国营经济是社会主义全民所有制经济，是国民经济中的主导力量。国家保障国营经济的巩固和发展"修改为"国有经济，即社会主义全民所有制经济，是国民经济中的主导力量"，第十五条"国家在社会主义公有制基础上实行计划经济"修改为"国家实行社会主义市场经济"，第十六条"国营企业在服从国家的统一领导和全面完成国家计划的前提下，在法律规定的范围内，有经营管理的自主权"修改为"国有企业在法律规定的范围内有权自主经营"；1999年我国《宪法》第六条"中华人民共和国的社会主义经济制度的基础是生产资料的社会主义公有制，即全民所有制和劳动群众集体所有制"，"社会主义公有制消灭人剥削人的制度，实行各尽所能，按劳分配的原则"增加了规定，即"国家在社会主义初级阶段，坚持公有制为主体、多种所有制经济共同发展的基本经济制度，坚持按劳分配为主体、多种分配方式并存的分配制度"；第十一条"私营经济是社会主义公有制经济的补充"修改为"私营经济是社会主义市场经济的重要组成部分"。

从《宪法》的以上修改可以看出，从1993年开始我国国民经济的主导力量已由"国营经济"改变为"国有经济"；经济体制已由"计划经济"改为"市场经济"；国有企业经营自主权已由"在服从国家统一领导、全面完成国家计划的前提下，有经营自主权"改为"在法律规定的范围内有权自主经营"；私营经济已由"是社会主义公有制经济的补充"改为"是社会主义市场经济的重要组成部分"，同时确定了"国家在社会主义初级阶段,坚持公有制为主体、多种所有制经济共同发展的基本经济制度,坚持按劳分配为主体、多种分配方式并存的分配制度"。

然而,我国1996年修改《矿产资源法》时,1994年制定《矿产资源法实施细则》时,1996年制定《煤炭法》时,1994年制定《矿产资源补偿费征收管理规定》时,1993年制定、2011年修改《资源税暂行条例》时,都忽略了《宪法》的以上规定,忽略了经济体制的变化,忽略了国有企业法律地位的变化,忽略了民营企业在市场经济中地位和作用的变化。也就是说由于这些忽略,有关矿产资源有偿出让收益权的规定,继续沿用了计划经济时代的立法观念,以低税费制度替代了国家在市场经济条件下对矿产资源有偿出让的收益。

在计划经济时代以及改革开放之初,国家的矿产资源开采利用现状是国有企业占据绝对主体地位,民营企业和个人没有开采权。现行的《矿产资源法》和《矿产资源法实施细则》仍然是这样规定的,国有企业是矿产资源开采主体,集体企业只能开采"边缘零星矿产""残留矿体",个人只能开采零星分散的小矿体或矿点以及砂、石、黏土。①

---

① 《矿产资源法》第四条第二款:国有矿山企业是开采矿产资源的主体。国家保障国有矿业经济的巩固和发展。
《矿产资源法实施细则》第三十八条:集体所有制矿山企业可以开采下列矿产资源:(一)不适于国家建设大、中型矿山的矿床及矿点;(二)经国有矿山企业同意,并经其上级主管部门批准,在其矿区范围内划出的边缘零星矿产;(三)矿山闭坑后,经原矿山企业主管部门确认可以安全开采并不会引起严重环境后果的残留矿体;(四)国家规划可以由集体所有制矿山企业开采的其他矿产资源。 第四十条:个体采矿者可以采挖下列矿产资源:(一)零星分散的小矿体或者矿点;(二)只能用作普通建筑材料的砂、石、黏土。

既然矿产资源开采主体是国有企业，国有企业开采国家所有的矿产资源获得利润后上缴给国家财政，国家对国有企业实行低税费在计划经济时代还顺理成章，但是进入 2000 年以来，矿产资源的开采主体已绝非 20 年前的状况，国有矿山企业已是具有独立利益的民事主体，民营经济实体已经大量涉足矿产资源领域，以山西省煤炭资源整合和煤矿企业兼并重组为例，2010 年完成整合后的 1053 座矿井中，国有矿井占 19%，民营矿井占 28%，混合所有制企业办矿占 53%，山西省已经形成了国有、民营并存办矿的格局，并且民营企业作为兼并主体的比例高达 30%。[1]如果国有企业和民营企业分别适用不同的税率和费率，则有悖于《宪法》规定的我国的基本经济制度，如果继续适用相同的低税费率，根据当前的矿产资源开采主体所有权性质和法律地位、利益结构，已经很难保障国家作为矿产资源所有者的有偿出让收益，即国家利益（全民利益）。因此，有人提出提高矿产资源税费标准，以此实现矿产资源国家有偿出让的收益，但是问题在于，现行矿产资源税费制度从征收性质上与矿产资源国家作为民事主体的所有权并不具有对应性，不能反映矿产资源有偿取得制度的目的，即国家作为矿产资源所有者的收益权和矿产资源的稀缺性，提高矿产资源税费征收标准只能从量上缓解现有问题，而不能从质上解决根本问题。

---

[1] 《山西煤矿重组整合方案审定完毕　民营办矿占 28%》，载人民网：http://finance.people.com.cn/GB/10251536.html，登录时间：2014 年 5 月 10 日。

二、相关法律概念不清的问题

（一）采矿权的法律属性不清

关于采矿权法律属性的问题，社会各界始终没有停止过讨论，特别是《物权法》颁布之前的一段时间，学术界和理论界围绕采矿权究竟属于物权中的何种权利的问题展开了极为热烈的讨论，归纳起来主要包括用益物权、准物权和特许物权。

用益物权说是这些学说中占据主流地位的观点，《物权法》将采矿权归于用益物权编之下，更使得该学说有了立法层面的根据。该观点认为，采矿权人并不享有矿产资源的所有权，而是"在国家所有的矿藏上依法取得经济利益，所以采矿权是一种用益物权"[①]。

但是仅以《物权法》将采矿权归于用益物权编项下，以及采矿权人不享有矿产资源所有权就认定采矿权属于用益物权，显然有些草率，而且将采矿权认定为用益物权存在许多法理方面的障碍。所有权包括占有权、使用权、收益权和处分权，传统用益物权概念与所有权的最大区别在于，用益物权人对物不具有处分权，只能通过占有和使用该物而实现一定的收益权，如果用益物权人也能处分该物，那么所有权与用益物权将不再有本质的区别，因此是否拥有对物的处分权是判定能否构成用益物权的关键。我国现行矿产资源法律规定矿产资源归国家所有，但采矿权人通过缴纳一定的税费就对矿产资源具有了实际的处分权。采矿权人不仅可以选择开采矿产资源的方式，还拥有了矿产品的所有权，甚至在符合法定条件后可以转让采矿权。无论从法理层

[①] 张可凡：《民法的应用》，人民法院出版社1992年版，第274页。

面还是事实层面分析,将采矿权归为用益物权都是站不住脚的,因《物权法》将采矿权归于用益物权编项下就机械地确定二者之间的关联性更是错误的。

准物权说是另一种采矿权法律属性的观点,这种观点认为采矿权"属于准物权"[①],可以适用物权法上关于物权的一般规定,但采矿权与传统物权还存在一定的区别,例如其包含了相当的公权色彩,因此有必要加入"准"字,以区别于传统物权。这种观点有其进步性,也存在一定的弊端,进步性主要体现在准物权中的"物权"二字,这种提法体现了采矿权的民事权利,对有效保障采矿权人的民事合法权益具有一定的作用;但这种观点的弊端也同样明显,就是没有对采矿权做出明确的定性,只是用了灵活而含糊的"准"字,以表明采矿权和传统物权的区别。

特许物权说与准物权说有相似之处,但侧重点不同,后者是强调采矿权的物权性,前者则是强调采矿权的公权性。特许物权说强调采矿权是采矿权人通过行政机关的行政许可所获得的开采矿产资源的资格。此种观点与准物权说所犯的错误是相同的,都是以偏概全,忽略了采矿权的物权属性,不利于国家作为矿产资源所有者资格的确定和保护采矿权人的民事权利。

当然,以上三种说法都是将采矿权的法律属性建立在他物权的基础之上,还有一些观点并没有从物权的角度分析,而是从公司法的角度分析,也有观点认为采矿权不是物权而是债权。

---

① 李显冬:《中国矿业法研究》,中国公安大学出版社2006年版,第106页。

（二）"有偿开采""有偿取得""有偿使用"概念待定

实现矿产资源国家收益权的本质是矿产资源不能无偿出让给开采者，而要实现有偿出让，在这一点上我国的现行法律法规和曾经执行过的法律法规都有所体现，但是体现的内容存在较大差异。我国最早明确提出矿产资源有偿开采是在1986年的《矿产资源法》，其中第五条规定："国家对矿产资源实行有偿开采。开采矿产资源，必须按照国家有关规定缴纳资源税和资源补偿费。"之后，1996年修改后的《矿产资源法》将第五条修改为："国家实行探矿权、采矿权有偿取得的制度。"这里需要注意的是两部《矿产资源法》对"有偿"的理解存在以下两方面的差异：第一，1986年《矿产资源法》取得的是"有偿开采"，1996年《矿产资源法》取得的是"有偿取得"，一词之差，含义却迥然不同，前者意味着有偿的范围仅限于开采，是对开采行为实行有偿出让，而后者并没有将有偿的范围仅限定于行为；第二，1986年《矿产资源法》规定的有偿对象是"矿产资源"，而1996年《矿产资源法》规定的有偿对象是探矿权和采矿权，从资源的有偿转变为权利的有偿，同时却并没有对探矿权、采矿权包含的内容做出具体解释，紧接着第五条第二款规定："开采矿产资源，必须按照国家有关规定缴纳资源税和资源补偿费。"事实上在法律具体实施过程中，采矿权人只是缴纳了涉及采矿行为的一系列税费就获得了采矿权，而对于矿产资源本身并没有支付任何对价。

多年来，国家有偿出让矿产资源的法律规定并没有得到有效贯彻，直到2006年国务院颁布了《国务院关于同意深化煤炭资源有偿使用制度改革试点实施方案的批复》才使人们意识到矿产资源有偿出让的重要性，该批复进一步强化了国家进行矿产资源有偿取得的决心。但是值得注意的是该批复的标题中使用了"有偿使用"的概念，却在具体内容中沿用了《矿产资源法》中的"有偿取得"，二者的区别在于后者是所有权，而前者属于用益物权。①此外，批复的标题强调矿产资源有偿使用，但设定的改革目标却是"促进煤炭资源合理有序开发和不断提高煤炭资源回采率"，这一目标与实施矿产资源有偿取得制度和实现矿产资源国家收益权毫无关系。

由此可见，国家在多个法律文件中都提到矿产资源要有偿出让，以保障国家收益权的实现，但是在具体表述上先后出现了"有偿开采""有偿取得""有偿使用"等，且表述的具体内容在性质上存在较大差异，"有偿"的概念和内容始终处于待定状态。更严重的是，在"有偿"界定不清的过程中，国家作为管理者收取管理税费的功能不断加强，以此代替了国家作为民事权利主体出让矿产资源应当收取的对价，而矿产资源本身的价值被各种税费制度所掩盖，国家收益权受到了严重损失。

（三）"资源"价款、"采矿权"价款和矿产资源补偿费概念混乱

从现行法律规定的税费名称来看，中央和地方用于实现矿产资源国家收益的税费主要有两种，一种是矿产资源补偿费，另一种是资源价款。但从实际执行情况来看，这两种税费都不能体现国家的矿产资源收益权。

---

① 王继军：《矿产资源有偿取得法律问题研究——以山西煤炭资源有偿使用为例》，第163页。

首先，矿产资源补偿费按照我国矿业法律的立法目的是作为国家实现矿产资源收益的费种确立的，但是矿产资源补偿费的用途又与国家收益目的严重不符，《矿产资源补偿费征收管理规定》第十一条规定："矿产资源补偿费纳入国家预算，实行专项管理，主要用于矿产资源勘查。"这种用途更像是行政事业专项经费，而不是国家的矿产资源收益。真正的矿产资源收益应当纳入国家的一般性财政，用于医疗、教育、养老、科技、国防等各项经济和社会事业开支。而且我国规定的矿产资源补偿费的费率标准过低，无法体现国家对矿产资源的所有权。

其次，资源价款也不能体现矿产资源国家收益。国家是在计划经济转市场经济的背景下设立资源价款的，目的是收回采矿权人无偿占有的、计划经济时期国家财政投资进行的地质勘探的成本，也就是说凡是开采国家投资勘查形成的矿产资源，无论是国有企业还是私人企业，都必须向国家缴纳资源价款，用以补偿国家在计划经济时期的地质勘查投资，而开采非国家投资勘查形成的矿产资源则无需缴纳这部分价款。但是在实施的过程中，许多省份将资源价款与矿产资源有偿取得相关联，并不分开采的是否为国家投资勘查形成的矿产资源，都要收取资源价款，用以体现矿产资源的有偿取得，例如山西省政府于2006年颁布的《山西省煤炭资源整合和有偿使用办法》中就有与此相关的内容。

而且在执行的过程中，许多法律法规又将资源价款擅自改为采矿权价款，虽然二者的执行规则相同，但含义却相去甚远，资源价款是对资源征收的价款，而采矿权价款是对权利征收的价款。这些都体现了现行矿产资源法律法规对矿产资源相关权属概念的模糊和认识的错误。

三、与市场经济体制脱节的问题

矿产资源有偿取得制度是随着我国基本经济制度的变化和经济体制的改革而逐步建立起来的，有偿取得制度产生的基础是国家出让探矿权和采矿权，因此矿产资源有偿取得制度的实施必然要求探矿权和采矿权制度与我国的公有制为主体多种经济成分并存的基本经济制度和社会主义市场经济体制相适应。1986年《矿产资源法》颁布时，我国尚处于有计划的商品经济时期，因此该法在制定的过程中，根据党的十二大报告精神，较为保守地规定矿产资源有偿取得制度、矿业权取得和流转方面的问题，还是可以理解的。但是1996年修改《矿产资源法》时，我国已经确立市场经济体制四年之久了，矿产资源开发领域的市场因素虽然在法律中没有得到充分确立，但是在现实中却早已比比皆是，整个矿业发展对市场的需求是显而易见的，在这种情况下依然坚持保守的思维方式，唯恐市场因素过多导致国家对重要矿产资源失去控制，进而对整个国民经济失去控制，这就造成了现如今矿业发展领域法律的滞后性，这种滞后性又导致矿业生产者在违法发展与合法监管之间的投机心理，矿业执法者在行使执法职能与促进矿业发展之间的摇摆不定，这种滞后性还给矿业生产者违法获取暴利和矿业执法者渎职以权谋私以可乘之机。总之，矿业发展现实与相关法律法规严重滞后导致了目前矿业领域的诸多问题，滞后的症结就在于市场经济因素在矿业法律中没有得到充分体现。《矿产资源法》缺乏市场因素主要表现在以下几个方面：

(一)采矿权人在一级市场有偿取得的权利性质不清

采矿权人在矿产资源一级市场有偿取得的权利，集中表现在探矿权和采矿权上，但是从法律角度、现实角度和形式角度分析，探矿权和采矿权的性质究竟如何，依然不清。以采矿权为例，从法律角度来看，《物权法》已经明确将采矿权归于用益物权编之下，这意味着采矿权属于用益物权；但是从现实的角度来看，采矿权人不仅获得了用益物权，更重要的是他们获得了矿产品的所有权，也就是说他们实质上获得了矿产资源的所有权，即采矿权的取得包含所有权性质；再者从形式角度来看，采矿权体现在矿业行政管理部门颁发的采矿许可证上，采矿权又是名副其实的行政机关赋予的行政许可相对权。采矿权从不同角度分析可以理解为不同的权利，这种状态无论对采矿权出让主体、采矿权受让主体，还是国家的矿业发展都会产生非常不利的影响。

(二)探矿权、采矿权转让受到严格限制

商品可以在市场中随意转让是市场机制运行的必要条件，商品正是在相互转让之中体现出它的价值，早在民国时期的矿产资源法律法规中，就明确了探矿权和采矿权的物权属性，那么既然是市场经济中的物，就应当具有其在市场中的基本属性，探矿权和采矿权的转让应当成为市场经济中矿业法律制度的应有之义。但是我国探矿权和采矿权的转让有着严格的限制，而且这种限制并不是表明什么情况下探矿权和采矿权不得转让，其余任何情况则都可以转让；而是规定了两种情况下探矿权和采矿权可以转让，其余任何情况都不得转让。这就说明我国的探矿权、采矿权转让制度是原则上不得转让，特殊情况才可以转让。

具体来说，我国的探矿权、采矿权转让条件有以下两个方面：一是探矿权的转让，这种转让较为容易，只要探矿权人已经完成了规定的最低勘查投入，就可以按照程序转让探矿权（《矿产资源法》第六条第二款："探矿权人有权在划定的勘查作业区内进行规定的勘查作业，有权优先取得勘查作业区内矿产资源的采矿权。探矿权人在完成规定的最低勘查投入后，经依法批准，可以将探矿权转让他人。"）；二是采矿权的转让，这种转让从形式上看较为复杂，即拥有采矿权的企业与其他企业发生合并，或自身发生分立时，将采矿权作为企业资产的一部分出售给其他企业，被动地使采矿权发生转移（《矿产资源法》第六条第二款："已取得采矿权的矿山企业，因企业合并、分立，与他人合资、合作经营，或者因企业资产出售以及有其他变更企业资产产权的情形而需要变更采矿权主体的，经依法批准可以将采矿权转让他人采矿。"）。

从法律条文中的规定可以看出，国家规定的探矿权、采矿权转让限制性条款，总体思想是尽量减少和防止探矿权和采矿权所有人主体发生变更，以便能更好地保障矿井不间断地稳定运行，减少不必要的停工和资源浪费。但现实中的两种情况使这一法律条文并没有得到很好的贯彻，实际上使它成为了一种摆设。一是在实际的矿产资源开采过程中，探矿权人和采矿权人会因为资金、技术等各种问题无力再经营企业，而另一部分人有充足的资金和技术实力，却没有探矿和采矿的资格，这就造成了"田非耕者之所有，而有田者不耕也"的局面，造成资源和设备、资金大量浪费。二是既然探矿权、采矿权转让成为一种现实需求，那么即使国家通过法律法规的形式禁止这种行为，也无法在实际中阻止这种行为的发生，而第六条第二款的相关内容就为有意转让和受让采矿权的人提供了一条合法的转让途径。他们可以以公司合并为名或资产转让为名，以采矿权转让为实，进行操作。从法律要件上来看，公司的合并分立或公司资产的转移，其最主要的标志就是公司名称的变化或工商登记的变更，这些行为都是形式和程序上的变化，对资产和产权的实际操作并没有有效的制约作用。

从以上事实可以看出，上述法律条文的制定并没有起到限制矿业权转让和防止资源、资金浪费的作用，反而因为条文与现实的脱节造成了探矿业和采矿业的混乱局面，根本原因就是法律条文的制定没有适应市场经济条件下的矿业运行规律。

（三）禁止将探矿权、采矿权倒卖牟利

众所周知，探矿权和采矿权是探矿企业和采矿企业最大的资产，如果一个采矿企业没有采矿权，即使其设备再先进，资金再重组，也无法将其转化为现实生产力，无法实现企业营利的目的，因此各矿山企业都将获取和保护探矿许可证和采矿许可证作为企业的头等大事。但事实上，探矿许可证和采矿许可证如果按照合法手段获取，其成本并没有现实中所体现的价值那么大，只要达到一定的资质条件就可以通过矿业主管部门的审批顺利获得。从成本上来看，根据《矿产资源法》第五条的规定，采矿权申请人获取采矿权需要付出的代价是缴纳一定数额的资源税和资源补偿费。根据《矿产资源补偿费征收管理规定》可知，开采矿产资源应当缴纳矿产资源补偿费，矿产资源补偿费按照矿产品销售收入的一定比例计征，其中煤炭的矿产资源补偿费费率仅为1%，《中华人民共和国资源税暂行条例》规定，开采矿产资源

第三章
矿产资源有偿取得法律制度中存在的问题

应当缴纳资源税,资源税的应纳税额按照课税数量(纳税人开采或生产产品销售的或自用的数的应税量为课税数量)和规定的单位税额计算,其中煤炭的资源税单位税额为焦煤每吨8—20元,其他煤炭每吨0.3—5元,如果按照每吨焦煤1 000元计算,采矿权人缴纳焦煤资源税的费用仅占到煤炭销售价格的2%。资源税和资源补偿费二者相加,仅占矿产品销售价格的3%,这说明采矿权申请人在合法手段下仅需要付出最终矿产品销售价格3%的成本支出,就可以获得采矿权。

如果法律规定禁止权利人将探矿权和采矿权倒卖牟利,会出现以下两种不好的局面:一是采矿权人通过少量成本获取采矿资格之后,在矿产品售价升高的情况下,利用二者之间的巨大差价牟取暴利,破坏正常的市场经济秩序;二是采矿权授予机关在知道采矿权人可以获得巨额暴利的情况下,就可以利用手中的权力,有选择性地把采矿资格授予那些给予其非法好处最多的人,这也是矿业领域腐败问题频发的原因之一。

无论探矿权和采矿权的权利属性如何,无论是属于用益物权、地役权还是特殊物权等,二者的物权属性已经确定无疑,其财产性属性也是受到法律承认的。既然探矿权和采矿权具有财产属性,那么如果在市场经济条件下又不允许所有权人转让该权利获取利润,又如何能体现出探矿权和采矿权的财产属性呢?立法时之所以这样规定,可能是为了防止采矿权人在取得采矿权后以更加简单的转让采矿权的方式获取利润,而非通过矿产资源开采实业获取利润,从而使国家对矿产资源的开采量失去控制。这显然是以计划经济的思维考虑市场经济的问题,在正常的市场经济条件下,某段时间矿产品的销售价格是确定的,采矿权转让次数越多，最后一手采矿权人利用该采矿权生产矿产品所获得的利润就会越小，当购买开采权所支出的成本大于矿产品销售价格时，该采矿权人自然就会停止采矿权的继续转让。事实上，法律虽然严令禁止倒卖探矿权、采矿权，可该行为还是屡禁不止。法律并没有完全禁止探矿权、采矿权转让，又没有对转让价格做出明确规定，那么通过倒卖探矿权、采矿权而牟利的行为就会层出不穷，因为这是市场经济运行规律所决定的。

第四章
对我国矿产资源有偿取得法律制度存在问题的分析

我国矿产资源有偿取得制度中存在的问题，是多方面原因造成的，其中包括认识上的偏差，与我国现实国情的偏离，也包括我国现行矿产资源有偿取得制度的构建失当等。

第一节　对国家、政府身份认识和矿产资源特征认识存在偏差

一、没有区分国家的矿产资源所有者身份和政府的矿产资源管理者身份

以矿产资源税费作为矿产资源有偿取得制度主要实现方式的问题，产生的重要原因是，没有区分社会主义国家的基本职能与政府的基本职能，即没有认识到国家是矿产资源的所有者，政府是矿产资源的管理者。由于我国曾经长期将国家职能片面定义为公权的"工具"，加之长期实行计划经济，人们头脑中几乎没有国家具有民事权利的概念。

因此,在实行市场经济后,计划经济的立法观念依然存在并影响着立法,加之世界总体态势是行政权扩大,故而在人们的潜意识中就存在政府就是国家的概念。

马克思主义关于国家与法的理论认为,国家的经济基础是生产关系的总和,其中生产资料的所有制是关键因素;政府的经济基础是税赋,不能将国家与政府的经济基础混为一谈。马克思在《哥达纲领批判》中针对拉萨尔分子混淆国家与政府经济基础性质,以累进税改革替代革命时,深刻地指出:"赋税是政府机器的经济基础,而不是其他任何东西。"[1]因此,社会主义国家不但具有公权力,还具有民事权利。它作为社会的管理者时,行使的是公共权力,根据管理的需要和管理成本,向全社会征收税费,该权力的行使机关是政府;作为全民所有物质生产资料的代表时,行使的是民事权利,根据需要对全民所有的物质资料授权政府行使控制(占有)、使用、处分和收益权。

在矿产资源领域,之所以存在以矿产资源税费作为矿产资源有偿取得制度主要实现方式的问题,与没有区分国家和政府的职能有很大关系。只有充分认识到政府在社会管理活动中是行政强制主体,国家在经济活动中对全民所有的物质生产资料享有所有权,是民事主体,有权进行收益,才能正确认识矿产资源有偿取得制度的实现方式,才能正确处理税费权与收益权的关系。

---

[1] 《马克思恩格斯全集》(第19卷),人民出版社1979年版,第32页。

二、对矿产资源在自然资源中的特殊性认识不足

自然资源包括矿产资源、土地资源、水资源、林业资源、渔业资源等，相应的，对这些资源的开发利用就会产生探矿权，采矿权，取水权，使用水域、滩涂进行养殖捕捞等的权利，这些权利有一个统一的称谓叫作准物权，"准物权不是属性相同的单一权利称谓，而是一组性质有别的权利的总称。按照通说，它由矿业权、水权、渔业权和狩猎权等组成"[①]。由于这些权利所指向的对象都是自然资源，因此法律法规都是笼统地将这些权利集合在一起加以保护，例如《物权法》规定："依法取得的探矿权，采矿权，取水权和使用水域、滩涂从事养殖、捕捞的权利受法律保护。"

但是从权属客体的物理性质来看，矿产资源具有不可再生性，开采后即不存在，因此将属于开采者的物确定为用益物权（他物权）显然是不科学的，"皮之不存毛将焉附"。矿产资源采矿权的确定沿用了土地使用权的办法，殊不知土地的物理属性与矿产资源是不同的，它可以重复使用，而矿产资源不能再生。因此，以非矿产资源类资源的确权保护方式适用于矿产资源的确权保护方式是完全错误的。国家在开发利用非矿产资源类资源时可以设定使用权，因为国家出让这些资源的使用权，无论是实际处分还是法律处分，都不必然导致这些资源的灭失，也不会导致国家对其所有权的丧失。但是矿产资源则不然，国家在矿产资源上设定采矿权并出让之后，即意味着相应矿产资源的所有权归采矿权人所有。虽然地下矿产资源

---

① 崔建远：《准物权研究》，法律出版社 2003 年版，第 20 页。

的所有权归国家所有，采矿权人只是拥有矿产资源中经过采掘转变为矿产品的所有权，没有被采掘的矿产资源依然属于国家。但是现实当中往往经过开采的区域，即使国家对没有开采到地面的矿产资源依然拥有所有权，该部分矿产资源也无再次开采的可能，国家对该部分矿产资源的所有权只是徒有虚名，并无实质的价值意义。因此，从矿产资源有偿取得角度来看，采矿权人对矿产品拥有的所有权，其实就是对相应区域的矿产资源拥有的所有权。那么，将矿产资源的出让界定为有偿"使用"，显然与矿产资源的不可再生性相悖。同样一个物体，转让所有权与转让使用权的对价差别巨大，往往转让所有权的价格要远远高于转让使用权。因此，了解矿产资源在自然资源中的物理属性对理解和实施矿产资源有偿取得制度至关重要，而我国现有法律法规是以出让矿产资源使用权为名，做出让矿产资源所有权之实，在这个过程中国家制定的相应对价极低，国家的收益权损失严重。

三、忽视了国家作为矿产资源所有者的国民收入初次分配权

按照马克思主义劳动价值理论，矿藏处于待开采状态时是劳动对象，而开采成为矿产品之后，就成为劳动产品，进入下一个生产环节之后，就会转化为生产资料，进而矿产资源就成为生产要素的一种。我国《宪法》规定了现阶段我国的分配制度是"坚持按劳分配为主体、多种分配方式并存"，其中就包括按生产要素分配，国家作为矿产资源的所有者，实行矿产资源有偿出让，理应以矿产资源作为生产要素参与国民收入的初次分配，而政府征收各种矿产资

源税费的行为是国家参与国民收入的二次分配。矿产资源作为国有资产，要实现保值、增值和收益，显然最有效和最合理的方式应当是国家出让矿产资源时需收取的矿产资源权利金，而不仅是国家作为管理者收取的各种税费。

从收益权的角度来看，国家行使国民收入初次分配权，是民事所有者应当享有的法定权利，如果国家放弃初次分配权，就意味着放弃了收益权，从而也放弃了矿产资源出让的有偿性。国家对国民经济二次分配权的设置主要是为了调节收入差距，实现实质公平，如果国家在调节国民收入二次分配中设法实现收益权，就会存在与民争利的嫌疑。综上所述，国家实现矿产资源有偿出让，收取矿产资源权利金是参与国民收入初次分配，收取采矿权使用费、资源税等税费是参与国民收入的二次分配，二者功能不同，前者是为了实现民事收益权，后者是为了实现行政管理权，不能以后者的方式实现前者的目的。

从宏观调控角度来看，虽然国家在参与国民收入初次分配时，收取矿产资源权利金的主要目的是实现收益权，但同时也存在对国民经济进行宏观调控的目的。经济运行和收入分配合理与否，不仅是国家调控二次分配的责任，初次分配时就应当尽可能在要素分配中实现公平，只有在初次分配中打好基础，才有进一步调控二次分配的可能性。目前，国家以几乎零对价的方式将矿产资源出让给采矿权人，显然在国民收入初次分配中就没有做到合理公平，尽管在二次分配时尽量弥补调控，但终究不能避免矿产资源领域的分配不公问题，以至于出现政府没有钱供百姓养老，而"矿老板"却在无尽地挥霍钱财的现象。

因此，国家有必要以矿产资源作为生产要素参与初次分配，对经济运行状况和国民收入进行调节。

第二节 现行矿产资源有偿取得制度脱离了我国的现实国情

一、缺乏对中国特色社会主义理论的正确理解，盲目照搬外国的做法

出现以矿产资源税费作为矿产资源有偿取得制度主要实现方式的问题，其中一个原因就是，在矿产资源立法时，忽略了其与根本大法——《宪法》的相关规定相悖，另一个很重要的原因就是，没有从中国的实际国情出发，没有正确理解具有中国特色的社会主义理论，盲目照搬外国的矿产资源立法案例。美国和我国在矿产资源禀赋上有许多相似之处，因此多数人在借鉴国外发达国家的矿产资源制度时，都以美国为借鉴对象，认为美国的矿产资源制度较为健全，是我国改进相关制度的标杆。但是这些分析忽视了两国矿产资源相关立法的前提存在的巨大差异，美国是典型的适用土地所有制的国家，这类国家的矿产资源所有权依附于土地所有权，即土地所有权人当然地成为土地之下的资源的所有权人。由于美国的土地分属于联邦、州、私人和印第安人，因而矿产资源也分属于联邦、州、私人和印第安人，特别是开发较早的东、中部地区，普遍存在矿产资源私有的状况；而我国法律规定，矿产资源所有权属于国家，即全民所有。矿产资源所有制的差异决定了两国的矿产资源制度存在差异的合理性。美国在矿产资

第四章
对我国矿产资源有偿取得法律制度存在问题的分析

源私有制大量存在的情况下,逐渐形成了通过相对资源租(红利)[①]和绝对资源租(权利金)实现矿产资源有偿取得的制度设计,之所以使用"租"的概念,就是因为矿产资源与土地有着紧密的联系;但是我国的矿产资源与土地是完全分离的,完全照搬美国的资源租制度存在先天的不合理性。由于私有矿产资源的大量存在,美国特别重视相对资源租及各种税费收入,以此实现国家对矿产资源的收益权,但是我国是社会主义国家,矿产资源属于全民所有,国家行使收益权的方式不必局限于依据管理权收取的用于弥补社会管理成本的各种税费,而是可以代表全民以民事主体的身份收取矿产资源权利金,以此来实现矿产资源的有偿出让,从而实现收益权。

邓小平指出:社会主义的本质就是解放生产力、发展生产力,消灭剥削、消除两极分化,逐步实现共同富裕。我国目前处于社会主义初级阶段,解放和发展生产力是我国的第一要务,同时不能忽视消灭剥削、消除两极分化,实现共同富裕的社会主义基本目标。因此,我国在社会主义初级阶段的基本经济制度,给予了市场主体以共同、平等发展和多样化分配的机会和体制,但是社会主义的基础经济制度没有变,矿产资源归国家(全民)所有的制度没有变,因此我国对矿产资源的立法,不能仿照资本主义国家关于矿产资源的立法,只注重通过收取相对资源租

---

① 相对资源租是国家为了调节级差收益,根据资源价值的不同而收取的费用,其变化幅度较大,采矿权人需要在获得采矿权前一次性缴纳;绝对资源租是为了体现资源的耗竭性而收取的费用,其变化幅度不大,采矿权人可以取得采矿权之后逐年缴纳。(参见潘伟尔:《论我国煤炭资源采矿权有偿使用制度的改革与重建(中)——我国煤炭资源采矿权有偿使用制度与美国的比较》,《中国能源》2007年第10期,第23页。)

和税费或用矿产资源税费来实现矿产资源有偿出让，而应当在收取矿产资源税费的同时，赋予国家以所有者的身份来行使收益权。

二、对矿产资源的价值和价格认识不足

（一）没有正确理解矿产资源价值和价格的关系

矿产资源的价值和价格之间的关系直接影响矿产资源有偿取得制度，影响矿产资源所有者的收益。现行《矿产资源法》受计划经济观念的影响，在矿产资源价值和价格的关系问题上，存在两方面的认识误区：一方面是错误地认为由于矿产资源没有凝结人类劳动，没有价值，因而也没有价格；另一方面是过多地注意了矿产资源的价值，而忽视了矿产资源的价格，进而忽视了矿产资源的使用价值和供需关系对价格的影响。

马克思主义劳动价值论是理解和分析矿产资源价值和价格关系的理论基础。

首先，在价值和价格相互影响的关系上，马克思指出："价格形式不仅可能引起价值量和价格之间即价值量和它的货币表现之间的量的不一致，而且能够包藏一个质的矛盾，以致货币虽然只是商品的价值形式，但价格可以完全不是价值的表现。因此，没有价值的东西在形式上可以具有价格。在这里，价格表现是虚幻的，就像数学中的某些数量一样。另一方面，虚幻的价格形式——如未开垦的土地的价格，这种土地没有价值，因为没有人类劳动物化在里面——又能掩盖实在的价值关系或由此派生的关系。"[①]马克思的这段话告诉我们，价值和

---

① 〔德〕马克思：《资本论》（第1卷），人民出版社1975年版，第120—121页。

第四章
对我国矿产资源有偿取得法律制度存在问题的分析

价格之间存在相互影响的关系，价值会对价格产生一定的影响，但是价格也有其相对独立性，没有价值的东西同样可以形成价格。

这一观点反映在矿产资源上，应当是矿产资源的形成虽然没有凝结人类劳动，没有价值，但是完全可以形成价格，矿产资源的所有者完全可以依据矿产资源的价格实现其所有权中的收益权。

其次，在物的经济属性上，马克思认为："消耗在商品上的人类劳动，只有消耗在对别人有用的形式上，才能算数。但是，这种劳动对别人是否有用，它的产品是否满足别人的需要，只有在商品交换中才能得到证明。"[①]这也就是说人们或市场对一个物的经济属性的评价，往往很少涉及凝结在该物中的人类劳动——价值，而是会更多地关注该物的价格，以及影响价格的使用价值和供需关系。市场就是供需相遇的场所。市场经济不断发展使得供需关系超过价值，成为影响商品价格的主要因素，商品价格制定者会随行就市地根据商品市场供需关系随时调整商品的价格，很多情况下商品的价格会大幅偏离商品的价值。人们在选择商品时关注更多的是商品对自己的有用性，即商品的使用价值；同时为了投资，人们也会关注该商品未来的使用价值和市场供需关系。

然而，我国现行矿产资源法律制度在矿产资源经济属性的问题上，受计划经济时期政府定价和物价波动较小的影响，忽视了价格在矿产资源经济属性中的重要作用，对矿产资源所有权收益，给予足够的重视。当市场经济取代计划经济成为我国宪法确立的经济体制时，矿产资源

---

① 〔德〕马克思：《资本论》（第1卷），第104页。

的价格实现了突飞猛进的增长,但是国家在矿产资源有偿取得制度上的缺失,使国家在矿产资源价格飞涨的过程中,损失了大量的所有者收益。

因此,在矿产资源价值和价格关系的问题上,我们应当正确理解马克思主义劳动价值论,不要因为矿产资源没有价值就否认矿产资源价格的形成,要认识到价格相对于价值的独立性,甚至背离价值而呈现出的迅速增长的特性;同时还要认识到使用价值和市场供需关系对矿产资源价格产生的巨大作用。进而在此基础上认识到,矿产资源价格中蕴藏着巨大的经济利益,其中有相当一部分应当属于矿产资源所有者,矿产资源有偿取得制度是合理实现矿产资源所有者收益的主要制度。

(二)低估了我国矿产资源的使用价值和价格

从新中国成立至今,我国逐步从一个农业国发展成为现在的工业国。1949年,毛泽东在西柏坡做报告时指出:"中国现代性的工业,占国民经济10%左右,农业和手工业占90%左右。"如今工业经济对我国GDP的贡献率已经超过50%。在这个过程中,矿业发展也保持了同样的增长势头,矿业对工业经济发展的支持也是最为突出的。特别是改革开放以来,我国的矿产资源生产量和消费量步入快速增长期,原煤产量从1978年的6亿吨增长到2013年的37亿吨,增长了6倍多;钢铁产量从1978年的3 000万吨增长到2012年的7亿多吨,增长了23倍多。而且从全球范围来看,我国的煤炭和钢铁等主要矿产品,许多都占到世界产量的一半以上,这与改革开放之初的情况,形成了鲜明的对比。同时,矿产品的价格在不断攀升,矿产品价格在工业生产成本中的比重也在不断增加,例如,目前火力发电的燃料成本已经占整个运行成本的70%—80%,这在改革开放之初是不可想象的。由此可见,矿产资源对目前我国经济发展的重要性不言而喻,其使用价值和价格的不断攀升成为影响我国经济发展走向的重要因素。

但是,目前我国矿产资源的使用价值和价格的不断攀升是相关矿产资源法律制度制定时始料未及的,立法者低估了矿产资源的使用价值和价格,因而也忽视了国家作为矿产资源所有者,可以在矿产资源出让中合理取得的巨大收益,使得矿产资源有偿取得制度迟迟不能落实,将本应由全民共享的矿产资源收益让给了个别矿老板,造成分配不公及一系列经济和社会问题。

第三节 矿产资源有偿取得制度构建的失当

一、忽视了矿产资源收益权是所有权的权能之一

所有权是一种民事权利,它不仅能够通过法律赋予社会的个体,也可以通过法律赋予社会的整体。矿产资源的所有权就是通过《宪法》《物权法》和《矿产资源法》赋予了全民。《宪法》第九条规定"矿藏、水流、森林、山岭、草原、荒地、滩涂等自然资源,都属于国家所有,即全民所有";《物权法》第四十五条规定"法律规定属于国家所有的财产,属于国家所有即全民所有。国有财产由国务院代表国家行使所有权;法律另有规定的,依照其规定";第四十六条规定"矿藏、水流、海域属于国家所有";《矿产资源法》第三条规定"矿产资源属于国家所有,由国务院行使国家对矿产资源的所有权"。

收益权是所有权的权能之一,我国《物权法》第三十九条规定"所

有权人对自己的不动产或者动产,依法享有占有、使用、收益和处分的权利"。国家作为矿产资源的所有者也应当享有对矿产资源的占有、使用、收益和处分的权利。所有权能够明确物的归属,具有定纷止争的作用,但是明确物的所有权并不是为了调整物权关系,而是为了对物进行更好的开发和利用,产生更多的经济社会效益。《物权法》第一条就阐明了制定本法的目的——确立物权关系,包括明确物的归属、发挥物的效用和保护权利人的权利,第二条又提到《物权法》的调整对象是因物的归属和利用而产生的民事关系。我国《宪法》《物权法》和《矿产资源法》明确国家对矿产资源的所有权,其作用是明确矿产资源的归属问题,更多地侧重于保护国家的静态安全。但是国家在矿产资源方面应当得到的利益,远远不止一个归属性的问题,而应当更多地体现在所有权背后的收益问题上,即"发挥物的效用和保护权利人的权利",确定国家作为矿产资源民事主体的所有权制度的主要目的就是实现矿产资源的国家收益权。

市场经济条件下,物的所有权中占有、使用、收益和处分等各个权能可以相对独立,并分属于不同的权利人。所有权人可以同时享有所有权中的四项权能,也可以通过让渡其中的一些权利实现所有权利益最大化,自然经济向商品经济的发展以及商品经济向市场经济的发展,就是伴随着所有权人从重视使用权能向重视收益权能的转变。当代社会,所有权逐渐演变为一种观念性的权利,这种观念性主要表现在人们更加重视物的收益和处分权能,而不是物的占有和使用权能,事实上最能体现所有者身份的也是处分和收益权,而非占有和使用权。国家对矿产资源拥有无可争辩的所有权,这是宪法、法律和法规都明确规定的，国家有关矿产资源的一切权利都必须坚持这一核心原则，矿产资源的收益权也必然建立在国家作为矿产资源民事主体的所有权的基础上。但是国家对矿产资源的所有权不能仅体现于政策与法律，还要体现于国家对矿产资源的合理开发和利用的重视，而矿产资源合理开发和利用语境下的国家，作为民事主体的所有权，就应当强调国家对矿产资源的收益权和处分权，而非占有权和使用权，收益权是国家作为矿产资源民事主体的所有权经济利益的集中体现。

二、没有体现国家在国民经济中的矿产资源民事主体身份

国家不仅拥有公权力，同时也是矿产等自然资源民事权利的享有者。我国现行的矿产资源有偿取得制度过多地强调了国家的公权力介入，没有体现国家作为矿产资源所有者相应的民事权利。目前国家就矿产资源征收的四项主要税费科目，其课税对象和计算方法存在差异，但是无一例外都是运用国家强制公权力（政府行使）而收取，用途也主要是为了补偿国家维护矿产资源开发利用秩序过程中的管理成本支出。国家对矿产资源的所有权不能仅在公权力上得以体现，还要在民事收益权上行使，这部分收益虽然是国家以民事主体身份获取的，但从这些收益的用途来看，依然体现了我国国家为全体人民服务的本质属性，因为这些收益并没有被某些个人或集团占有，而是全部上缴国库后，由国家统筹安排用于公共事业。

但是，国家以民事主体身份参与国民经济建设不只是为了取得收益权，同时也是为了对国民经济进行宏观调控。西方自由资本主义时期，国家奉行的经济政策是放任自流，提倡政府只扮演一个"消极守

夜人"的角色，不要过多地干预经济。托马斯·潘恩就认为"管得最少的政府就是管得最好的政府"，经济发展基本依靠市场主体之间遵守民商事法律制度的自由竞争，在竞争中提高生产效率。但是世界经济发展到今天，政府仅以"消极守夜人"的角色参与经济管理，显然已经不能顺应当今的经济发展潮流了，而且还会导致市场因竞争过度而产生不正当竞争行为，因竞争不足而产生垄断行为，这两种行为对一国经济的消极影响不言而喻。首先是生产效率降低，物价飞涨，之后就会出现经济崩溃，当矛盾无法调和时便只能是以战争的方式重新建立经济秩序。因此，政府必须在经济领域中有所作为，以更加积极的姿态参与和干预国民经济，实施宏观调控，采取相应措施，反不正当竞争，反垄断，以求经济在总体运行中保持平稳的态势。当然，政府干预和参与经济的手段应当按照一定的规律进行，否则会使本就偏离正确轨道的经济状态走向畸形，这也是经济法[①]产生的原因。目前我国的矿产资源相关产业出现了许多混乱的现象，较为典型的就是资源收益分配的问题，国家即全民所有的矿产资源，其开采收益却最终被企业和少数个人占据，这是对我国社会主义分配制度的严重挑战。国家以民事主体身份代表全民实现矿产资源收益权，是理顺分配秩序的必然选择，是国家参与经济，实现经济宏观调控的重要手段。一般来说，国家以公权力干预经济，实施宏观调控的主要手段是税收政策，政府可以通过调整税率来提高和降低某项产业的生产成本，以此完善国家宏观产业结构，还可以实施税费优惠政策来推动某类企业或产业

---

① 经济法是国家干预经济和参与经济的法律规范的总称。

快速发展，短期内形成优势。但国家对经济实施宏观调控的手段不局限于以公权身份干预经济，还可以表现为以民事主体身份参与经济。干预经济是以市场管理者的身份直接调控经济，参与经济则是以市场主体的身份间接调控经济，现在世界各国都非常重视国家以民事主体身份间接调控经济，因为后者相较于前者手段更为温和，且效果也很明显，国家以矿产资源所有者的身份有偿出让矿产资源，实现矿产资源收益权，就是参与经济、实施宏观调控的重要手段，如对应收的资源价款可以根据市场变化进行增加、减免等。

  税收制度的功能之一是对国民经济进行宏观调控，但税收本质功能还是利用国家公权力（政府行使）参与国民经济的二次分配，筹集社会公共事业的资金。在我国的市场经济条件下，仅仅依靠税收支撑庞大的国家公共事业开支显然是不够的，而通过增加税收收入的方式来增加政府财政收入，无形之中又会给企业和老百姓造成不适当的经济压力，因此国家财政收入的方式除税之外，还包括费、利和债。其中利和债就是政府财政的重要组成部分。以矿产资源为例，矿产资源权利金的数额巨大，仅煤炭资源一项预计年收入就将达到数万亿元。更重要的是，国家收取矿产资源权利金具有合理的理论依据，因为该项收入是国家作为矿产资源所有者应当享有的收益，是国家行使民事权利的自然结果，而非征收税费等行使行政权力的强制结果，会避免行政权力强制措施下的不满情绪。因此，矿产资源出让价款是国家实现矿产资源所有者收益权的最有效途径，也是增加公共事业支出费用的有力措施，而以增加税收的方式保障国家收益权，实现方式本末倒置，且效果甚微，甚至会引起民怨。

三、将采矿权这种行政许可权叠加成民事物权

按照现行制度，矿产资源有偿取得存在的基础是采矿权人获得了采矿权，但多年来采矿权的法律属性问题却始终处于待定状态，没有一个得到普遍认可的观点，其原因在于，采矿权本身确实包含了多种权利属性，呈现出多元化的特征。采矿权人一旦拥有了某片区域的矿产资源采矿权，就可以依自己的意思表示占有和使用该片矿产资源，同一片区域的矿产资源不得同时设定两个采矿权，这种支配性和排他性决定了采矿权具有一定的物权属性；采矿权人还可以将评估后的采矿权作价出资，获取相应的股权，因此采矿权还具有一定的财产权属性；但是采矿权人取得采矿权之后，并不意味着对相应的矿产资源具有绝对的权利，矿产资源的国家所有性质和战略意义，使国家必须对采矿权人的权利行使有所干预，这样，采矿权的公权性就拥有了存在的必要。从我国目前法律规定中有关物权的种类分析，没有一种物权能够涵盖采矿权的全部基本属性，但是物权法定原则要求物权的种类只能由法律做出规定，个人不能创设物权，《物权法》第五条对物权法定原则有明确的规定："物权的种类和内容，由法律规定。"如果非要套用一种物权来界定采矿权的法律属性，在现有物权体系中是很难实现的。

出现以上两难境地的原因是，没有将采矿权中的两权区分对待。《矿产资源法实施细则》中明确了开采权的定义是"在依法取得的采矿许可证规定的范围内，开采矿产资源和获得所开采的矿产品的权利"。这个定义非常明确地阐明了采矿权所包含的两个权利，一个是采矿权人从行政机关获取的开采矿产资源的行为权，另一个是获取矿产品的所有权，前者表现为一种纯粹的行政许可的行为，后者则表现

第四章
对我国矿产资源有偿取得法律制度存在问题的分析

为纯粹的民事行为。长期以来,我国将本应独立存在的两权合并为一权,是无法对采矿权的法律属性进行准确界定的症结所在。而这种做法所造成的弊端不仅表现在使采矿权的法律属性长期处于悬而未决的状态,更重要的是使采矿权人获得矿产品所有权的事实被政府的行政许可行为所掩盖,国家进而以零对价的方式出让矿产品所有权,这就导致国家的矿产资源收益权无法得到实现。

我国长期以来实现国家的矿产资源所有权和有偿取得制度的方式只有一种——出让采矿权,国家有关矿产资源的一切权利的实现都是以出让采矿权为基础的,然后国家通过收取各个环节的税费实现收益权。这种思路从法律逻辑和经济收益角度分析并没有错,但问题是相关配套税费制度与该思路脱节,不能实现国家的收益权。采矿权人通过受让采矿权拥有了两方面的权利,相应的,国家在给予其这两方面权利的同时也应当取得两方面的收益,即通过给予采矿权人开采矿产资源的行为权,并且长时期承担一定的管理责任,收取包括采矿权取得费、采矿权价款、资源税、资源补偿费在内的管理税费收益;通过给予采矿权人相应矿产品的所有权,收取相应的矿产资源权利金收益。但是由于对采矿权法律属性没有区分对待,导致国家只是注意到政府公权力管理矿产资源出让的行政权力,忽视了国家作为民事权利主体出让矿产资源收益权的实现。总之,国家收益权在采矿权所包含的两种权利中都要有所体现,其中国家给予采矿权人获取矿产品所有权时应当收取的权利金,才是国家收益权的最主要方面,我国目前的做法却是丢掉了出让矿产资源收益的主要部分,用次要部分增加采矿权人的负担。

四、矿产资源有偿取得后的物权属性不清

按照《物权法》的规定，采矿权属于用益物权，相应的，采矿权人应当取得的是矿产资源的用益物权，即采矿权人有权利使用采矿权所标定的矿产资源。但事实并非如此，采矿权人不仅拥有开采矿产资源的权利，更重要的是还拥有经过开采矿产资源形成的矿产品的所有权。也就是说，采矿权人名义上获得了矿产资源的用益物权，实质上却拥有了矿产资源的所有权，这就造成了采矿权人有偿取得矿产资源之后，矿产资源的物权属性含糊不清，法律规定与实际情况相互矛盾。

有偿取得之后，矿产资源物权属性的含糊不清造成了显而易见的负面影响，对矿产资源的出让方和受让方也都造成了不利影响，使二者在矿产资源一级市场中的关系无法理顺。

首先，矿产资源所有权人的收益权受到损失。所有权与用益物权各自包含的权能各不相同，用益物权只是所有权四项权能中的一项，这也决定了权利人所能享受的权益也存在较大差异，通常情况下所有权人能够享受的权益应当明显大于用益物权人。因此，如果国家出让的是矿产资源的所有权，就应当获得更多的收益；如果国家出让的是矿产资源的用益物权，其收益就会明显少于出让所有权所获得的收益。现行《物权法》规定国家出让的是矿产资源的用益物权，相应的，国家为此而得到的收益就非常有限，但事实上，国家出让的是矿产资源的所有权，由此国家就在矿产资源一级市场损失了巨额的所有者收益。

其次，采矿权人以受让用益物权的名义，在现实中却得到了矿产资源的所有权，这是以"合法"手段"盗取"了全国人民宝贵的矿产资源，造成的结果是国家从法律层面可以随时行使矿产资源所有权，

收回采矿权人的开采权和拥有矿产品的权利,采矿权人则是想利用这种千载难逢的不定期的"盗取"时机,以最快的速度"盗取"尽可能多、尽可能好的矿产资源。于是就产生了私挖滥采、矿难频发、腐败等现象,由此看来,矿业领域中的种种问题,其根源之一就是采矿权的物权属性不清。

第五章
国外矿产资源有偿取得制度及其对我国的启示

国外发达资本主义国家很早就实行了矿产资源有偿取得制度，这与这些国家较我国更早进入市场经济有关，也与资本主义生产关系有关。但是并不是所有实行市场经济体制的资本主义国家都具有相同的矿产资源有偿取得制度，这还与各国不同的资源禀赋以及特殊国情有关，当然一个国家不同时期的矿产资源有偿取得制度也是不同的。我国现代矿产资源制度始于清朝末期，是在充分借鉴国外先进矿产资源制度的基础上建立起来的，之后逐渐结合我国的实际国情对矿产资源制度进行了数次修改和完善。新中国成立后的矿产资源制度制定依然借鉴了国外的有关制度，但是在借鉴的过程中，由于对国外矿产资源制度的认识偏差和对我国特殊国情的重视不足，出现了这样和那样的问题，所制定的矿产资源有偿取得制度也并不能适应建立在我国国情基础上的矿业发展需要，因此在研究我国矿产资源有偿取得制度的时候，有必要对国外矿产资源有偿取得制度进行进一步的理解和研究，结合我国的实际国情，发现现有法律在借鉴方面的失误之处，构建适合我国的矿产资源有偿取得制度。在国外矿产资源有偿取得制度中，应当选择与我国资源禀赋、经济发展对矿产资源需求相当的国家进行比较研究，为此笔者挑选了美国、澳大利亚和俄罗斯的矿产资源有偿取得制度进行对比研究。

第一节　世界矿业立法的三次革命

世界矿业的发展壮大与工业对世界经济发展的影响息息相关，迄今为止人类经历了三次工业革命，分别是18世纪60年代至19世纪中期的第一次工业革命（人类进入了蒸汽时代），19世纪下半叶至20世纪初的第二次工业革命（人类进入了电气时代），第二次世界大战之后的第三次工业革命（人类进入了科技时代）。工业规模的发展壮大必然要求工业原料种类和数量的持续增加，因此三次工业革命对工业原料——矿产资源的供应提出了越来越高的要求，促使世界矿业在全球范围内迅速发展。经济基础决定上层建筑，三次工业革命也催生了矿业立法的三次革命[1]，只是由于法律的滞后性，使三次矿业立法革命相较于三次工业革命总是落后一个时代，因此我们可以看到，三次矿业立法革命分别开始于19世纪下半叶、二战后和经济全球化开始时。

---

[1] 郗伟明：《矿业权法律规制研究》，中国人民大学博士学位论文，2011年，第93页。

第五章
国外矿产资源有偿取得制度及其对我国的启示

一、第一次矿业立法革命

（一）经济发展对第一次矿业立法革命的影响

第一次矿业立法革命始于19世纪下半叶第一次工业革命结束时，止于第二次世界大战前。第一次工业革命中最为人熟知的标志性成果是瓦特改良的蒸汽机，蒸汽机被广泛应用于工业生产的各个领域，它的出现和大量使用使人类生产生活的动力由原来的人力、畜力、风力、水力转变为蒸汽动力。因此整个社会人们有意识无意识地夸大了蒸汽机的发明，忽视了蒸汽机的动力来源，从根本上说，第一次工业革命的变化是动力来源的变化，以及与之相匹配的工业材料的变化，前者的代表是煤，后者的代表是钢铁。一般认为，促成工业革命技术革新的三要素包括煤、钢铁和蒸汽机，其中蒸汽机又是煤和钢铁结合的产物，因此第一次工业革命从根本上说是得益于矿业发展中煤和铁的广泛应用，以及一定的冶炼技术。

第一次工业革命的发展促使工业社会对煤炭和钢铁的需求量持续增加，最为典型的是工业革命的起源地和最先完成地——英国。英国是当时世界工业程度最发达的国家，也是经济技术发展最先进的国家，与之相应的是，英国的煤和铁产量比世界同时期其他各国的煤、铁总产量还要多，1800年英国的煤产量就达到1 200万吨，进而1861年上升为5 700万吨，铁产量于1800年达到13万吨，进而1861年上升为380万吨。

工业经济的迅猛发展，以及工业产值在国民经济中的贡献值不断增大，使人们开始意识到工业发展所需要的工业原材料和能源对一国经济发展的重要性，因此如何满足经济发展对工业原材料和能源的需求量就成为了关键。从经济发展的历史规律来看，对一般经济领域来说，

195

快速扩大该领域生产规模,快速提高生产力最好的方法,就是减少行政管理等对其发展制定各种规则的公权干预,并且给予市场主体充分的资源支配权,包括自然资源、人力资源和社会资源。矿业领域也不例外,第一次工业革命要求矿业迅速发展,最直接的要求就是找到可供开采的足够的矿藏资源,并将其尽可能多地开采出来,国家出台各种政策鼓励市场主体,包括企业和个人,运用各种方法探矿、采矿,总体保证探矿人和采矿人能够以较低的成本赚取较多的利润,调动其开发矿产资源的积极性。当然这种做法造成的结果是探明资源储量与开采数量不成比例,往往是探明较多的资源储量只能开采出其中较少的一部分,而这一部分也通常是矿质较好或更易开采的。因为矿业权人向国家支付较低成本甚至以零对价的方式就可以很容易地得到大片矿产资源,因此他们通常也不会特别计较矿产资源的回采率,一般只需开采被发现资源储量中很小的部分,就可以实现获取巨额利润的目的了。这与我国矿老板高消费现象有些相似之处:一是矿业权人付出较小代价就可以获取相当数量的宝贵的矿产资源;二是造成矿产资源的大量浪费和生态环境恶化问题;三是所处时代背景都是工业大发展时期,整个国家对矿产资源的需求量很大,矿业市场处于周期性发展的高峰期;四是很少将得来相对容易的矿业利润转化为企业再生产的资本,而是多用于个人高消费。

(二)民事法律对第一次矿业立法革命的影响

为了满足日益增长的煤和铁等矿产资源的需求,较早进入工业革命的西方资本主义国家,纷纷以立法的方式鼓励国民勘探开采矿产资源,而当时正值传统民法三大基本原则"所有权绝对""契约自由"和"过

第五章
国外矿产资源有偿取得制度及其对我国的启示

错责任"在这些国家盛行和完善的时期,尤其是"所有权绝对"原则适应了当时鼓励国民勘探开采矿产资源的时代要求。

传统民法的体例、原则和制度中,有许多都是直接来源于罗马法。德国著名法学家耶林曾经说过:"罗马三次征服世界,第一次是以武力,第二次是以宗教,第三次是以法律,而第三次征服也许是其中最为和平、最为持久的征服。"这充分说明了罗马法对后世法律制度的影响之深远,而事实上,罗马法中的许多制度、观念,如人人平等原则、公平至上的法律观念等已经超越了时空界限,成为永恒的法律价值,并最终促使法国等国家在全面继承罗马法的基础上,形成了大陆法系。罗马法对后世法律制度的影响非常广泛,其中当属私法体系最为珍贵。罗马法中的私法体系是建立在简单商品经济基础上的、最为完备的法律体系,它包含了简单商品经济运行过程中最关键的物权制度、买卖借贷等契约关系和财产流转关系,以至于20多个世纪之后的私法体系依然不能对它做出任何实质性的修改,它成为了私法体系建立的基础。

罗马法中的许多法律都是第一次工业革命时,国家迅速发展生产力的重要制度支撑,包括物权制度、契约制度等,对于矿业发展来说,罗马法中所倡导的"土地吸收资源"的体例是发展矿业最为关键的制度,被许多资本主义国家所采用。相关国家均将土地中所包藏的矿产资源纳入到土地所有者的土地所有权中进行利用与保护,地表权与地下权完全统一,相关法律包括1880年英国的《不列颠采矿条例》和1872年美国的《通用矿业法》等。许多大陆法系的国家也采用了土地所有权及于地下矿产资源的立法体例,这在《拿破仑法典》(法国)、《德国民法典》中均有所体现。

(三)第一次矿业立法革命的特征

第一次矿业立法革命是西方发达资本主义国家在自由资本主义时期,在第一次工业革命的发展中进行的矿业立法体系构建,是世界经济由农业经济向工业经济转化过程中,矿业立法从无到有的创设过程。因此,其中所体现的一些法律制度促进了当时的经济发展,但是也有许多待完善的地方。

1.地表与地下矿产资源所有权的一致

第一次矿业立法革命中的相关制度采用了罗马法民事规则中的"土地吸收资源"原则。这一原则的适用所带来的好处是显而易见的:一是可以使土地所有者天然地拥有相对应的地下矿产资源,使该部分矿产资源以最简单的方式确认其所有权人,为下一步尽快勘探开采创造了条件;二是在矿产资源勘探开采的过程中不可避免地会遇到土地使用的问题,这种问题无论在过去还是现在都是矿产资源开发利用中最难解决的问题之一,因为矿产资源的开发利用必然会影响到土地资源的开发利用效率,对土地所有权人和使用权人造成实质的利益侵害,这也是为什么各国矿业法都会对矿产资源开发利用、使用和租赁土地专门做出规定,甚至设专章或专门单独立法,但是如果将土地所有权与其之下的矿产资源所有权合二为一,就会使问题迎刃而解。

当然,"土地吸收资源"原则在土地可以私人所有的西方资本主义国家中适用,所带来的结果是矿产资源的所有权会有一部分归于私人,这部分矿产资源的多少要视土地私有的多少而定,这意味着一则矿产资源的收益也有相当一部分归于私人,而无法归于全民,二则也削弱了国家控制矿业发展的权利。这两方面的问题所带来的弊端在第一次工业革命之后逐渐显现，特别是第二方面的问题，对国家管理者的触动极大，也成为日后第二次矿业立法革命的重点。

2. 矿产资源所有权的绝对性

国家鼓励私人拥有矿产资源，并允许其充分行使自己的所有权，体现了当时矿产资源所有权的绝对性。私人拥有矿产资源并不能使其想当然地将地下矿产资源变为财富，而要看国家对于探矿权和采矿权的态度，以及探矿权、采矿权与矿产资源所有权之间的关系。如果国家采取的态度是允许矿产资源所有权人任意行使其探矿权和采矿权，那么该所有权人就可以较低成本勘查和开采矿产资源，从而获得较为丰厚的利润；反之，如果国家法律规定探矿权、采矿权与矿产资源所有权分离，私人虽然拥有矿产资源所有权，但并不当然拥有其探矿权和采矿权，或者矿产资源所有权人虽然拥有探矿权和采矿权，但是行使该探矿、采矿权还要受到国家的种种限制和监督管理，那么矿产资源所有权人的资源变财富的过程依然不能做到意思自治，而要受到种种限制。在这方面，第一次工业革命以及第一次矿业立法革命时，自由资本主义时期的西方国家的相关制度基本采取了放任矿产资源所有权人充分行使自己所有权的态度，这里的充分行使表现在民事所有权权能中的占有、使用、收益、处分各个方面。特别是在使用和收益两方面，矿产资源所有权人对探矿权和采矿权拥有几乎完全的支配权利，而且其采矿获取的大部分收益都归其个人所有，国家仅得少部分或是干脆不分任何收益。例如，1872年美国的《通用采矿法》就规定，个人发现矿产资源后，只要在地面上做出一定的圈地标识，就拥有了该片矿产资源的所有权，以及继续勘探和开采这里的矿产资源的权利，美国政府对开发者提出的唯一条件就是,每年用于该片土地及矿产资源的开发费用不得少于 100 美元,勘探和开采这里的矿产资源无需向政府缴纳租金和权利金。①

国家让矿产资源所有权人充分行使自己的权利,减少国家公权力的干预,其好处是可以充分调动个人探矿和采矿的积极性,迅速增加整个国家的矿产资源储量,为工业发展提供源源不断的充足的资源供给量。但是这种做法就如同自由资本主义经济时期自由放任的宽松经济政策一样,其带来的弊端也会随着自由经济发展的深入而逐渐显现。私权与公权之间具有天然的对立性,公权强大时必然会侵犯私权,而削弱公权也是为了释放私权。但是在现实中不存在公权越大越好的情况,也不存在私权越大越好的情形,公权与私权的力量对比程度达到合适的比例是最关键的,而这种比例也不是一成不变的,它会随着不同经济发展时期的到来而有所差异:在资本主义发展初期,需要鼓励市场主体加强竞争,以提高个体生产力,增加整个社会生产力时,私权绝对的重要性就显得非常重要,这一时期的公权与私权力量对比态势是私权大于公权;但是当私权过于膨胀,私权之间的市场竞争已经过于激烈,甚至出现了垄断行为和不正当竞争行为时,私权绝对的消极意义就凸显出来,公权干预私权就体现出其必要性,因此这一时期的公权与私权之间的力量对比态势,应当较自由资本主义时期有所转变,公权力会有所扩大,但公权力的扩大并不意味着要使公权强于私权,而是依然要以私权竞争为基础促

---

① 国土资源部地质勘查司编:《各国矿业法选编》,中国大地出版社 2005 年版,第 1164 页。

第五章
国外矿产资源有偿取得制度及其对我国的启示

进经济发展,公权力只是要适当地加强干预和参与经济的程度,将私权之间的竞争重新拉回到合理范围之内。

具体来说,矿产资源所有权人过分无限制地行使自己的权利,在自由资本主义后期逐渐凸显了其不适应性。首先,矿产资源所有权人在矿业开发初期,为了发现更多的资源储量和开发更多的矿产资源,赚取更多的矿业利润,一般会尽可能地发现资源,并将这些资源用最快捷的方式开采出来,转化为利润和货币资本;但矿业发展到一定程度,矿产资源所有权人已经积累了相当的资本时,就会寻求矿业生产之外的利润获取途径,例如将发现的矿产资源储量储备起来,不及时开采,减少工业市场的矿产资源供给量,以此提高单位矿产品的价格。这种做法对私权主体来讲,无疑是降低生产成本提高效益的好方法,对整个社会经济效益来讲,却是致命的打击,它会导致矿产品价格与其价值的关系扭曲,由于矿产品是各行各业的上游产品,它的供需价格的变化会对整个经济发展态势产生严重影响,所以矿业发展到一定程度的所有权绝对化,是政府需要干预抵制的。其次,矿产资源所有权绝对,使矿产资源的私权性膨胀,社会性削弱,事实上随着世界经济的发展,私权绝对逐渐受到挑战,人们已经开始意识到任何事物和商品都有其私权性,也应当有其社会性,而且其社会性变得越来越强。矿产资源的私权绝对与其他事物相比最突出的特点是,它会使矿产资源所有权人任意使用和处分自己所有的资源,宝贵的矿产资源会因为矿产资源所有权人的开采方式不当而被大量地浪费,而矿产资源的这种宝贵主要体现于其社会公共利益范畴下的宝贵,矿产资源所有权人的私挖滥采,表明其断然不会明白矿产资源的真正宝贵意义。

总之，民法原则中的"所有权绝对"和矿业法中的土地及于地下矿产资源的原则共同作用，使英国、美国等较早进入工业革命的资本主义国家的矿业发展进入了快车道，这一阶段的矿业立法，重在激励创造财富和市场竞争，鼓励探矿与采矿，矿产资源的有用性与经济价值受到了充分的重视，法律旨在维护所有权人意志在矿产资源利用中的核心地位，因而激发了私人开发矿产资源和利用矿产资源的积极性，但这两个原则的适用随着市场经济发展的深入也带来了巨大的消极影响。

二、第二次矿业立法革命

第二次矿业立法革命始于第二次世界大战结束，止于20世纪80年代末90年代初冷战结束。这一时期矿业法律制度的突出特点是"土地中心主义"被"矿业中心主义"所代替，私人的矿业权利受到来自国家公权力的限制，矿产资源更多地被国家控制。

（一）经济发展对第二次矿业立法革命的影响

第一次矿业立法革命中的各国矿业法律，总体上适应了自由资本主义时期的经济发展要求，与传统民法三原则相吻合，鼓励并放任市场主体追逐市场利润的本性，在这一时期国家对私人参与经济发展采取了放任的态度，一方面承认私人拥有矿产资源所有权，另一方面鼓励所有权人充分利用自己的所有权去追求尽可能多的市场价值，因此这一时期自由资本主义国家的矿业得到了突飞猛进的发展，保障了完成工业革命对工业原料的需求。

第一次工业革命的完成使各国经济得到了突飞猛进的发展，也使得许多西方资本主义国家由农业国转变为工业国，工业产值渐渐成为经济发展的主导力量。与此同时,各国的矿产资源需求量也在迅速增加,由于第一次矿业革命中的有效法律制度使私人发现的众多矿产资源储量在粗放式的开采手段下消耗殆尽,许多矿产资源丰富的国家原以为本国拥有取之不尽、用之不竭的矿产资源储量的观念,也在粗放式开采资源与井喷式资源需求的双重作用下,悄然发生着改变,人们开始意识到以现有技术条件和持续经济发展速度来判断,可供人类开采的矿产资源是极其有限的,必须采取有效措施改变现状。经过分析人们发现,造成矿产资源短缺的原因正是当初引以为豪的"土地中心主义"和"所有权绝对原则",这两项原则的适用使矿产资源的所有权和使用权更多地落入私人手中,国家对其地下的矿产资源缺少必要的控制和监督。也就是说矿产资源的私权属性被过分扩大,社会属性却被忽视了,而当时各国出现的矿产资源短缺等矿业问题,也应当归因为对矿产资源的社会性重视不够,因此解决这些问题的关键就是如何改变"土地中心主义"与"所有权绝对原则",以及向哪个方向改变。

(二)民事法律制度的变化对第二次矿业立法革命的影响

第二次矿业立法革命是随着民事法律制度的变化而发生的,最为突出的表现是传统民事法律三原则中所有权绝对受到了挑战,人们开始怀疑所有权绝对原则,并通过立法和实践对其做出了实质性修改。与此同时,矿产资源所有权绝对原则也同其他所有权一样受到了挑战,矿产资源所有权人不再对其所有的矿产资源拥有无限制的权利。

1. 近代民法三原则的变化

近代民法三原则,即所有权绝对原则、契约自由原则、过错责任原则,对自由资本主义时期世界经济的发展起到了基础性的促进作用,它们使人们摆脱长期以来封建制度统治下的人身依附关系有了充足的理由，也为资本主义市场经济条件下的生产力释放奠定了基础。但是随着工业革命的深入和各国工业的大发展，社会上出现了一些由所有权绝对等因素造成的经济发展瓶颈，人们开始怀疑私权绝对指导下的民法三原则的合理性，试图通过新的法律规范对这些原则加以制约，并引入新的民事法律制度。

（1）所有权绝对的限制

① 所有权绝对原则的历史贡献

所有权绝对原则是工业革命以来资本主义获得突飞猛进发展的基础性原则，它激发了所有权人对所有物的开发利用热情，充分实现了所有物的使用价值。所有权绝对是指所有权是神圣不可侵犯的，属于天赋人权的一种表现形式。所有权绝对原则中的"绝对"表现为以下三方面的特性：所有权绝对不可侵犯、所有权绝对自由性和所有权优越性。[1]所有权绝对不可侵犯，也即所有权神圣不可侵犯，是指所有权人对其所有物拥有排他性的专项权利，任何人不得以任何理由侵犯所有权，所有权是天赋的，因此不能因任何人为的其他理由而被侵犯。所有权绝对自由性，是指所有权人享有对所有物包括占有、使用、收益、处分在内的一切权能，只要是有关所有物的一切权利，或是派生于所有物的一切权利，都归所有权人享有，而且这种享有是排他性的享有。所有权的优越性，是指所有权与其他权利相比，或发生冲突

---

[1] 温丰文：《现代社会与土地所有权理论之发展》，台湾五南图书出版公司1984年版，第14—16页。转引自刘美希：《论近代所有权绝对原则遭遇的现代挑战》，《法学论坛》2006年第1期，第64页。

第五章
国外矿产资源有偿取得制度及其对我国的启示

时，法律必然要保障所有权的实现优先于其他权利，哪怕其他权利要为此做出牺牲，例如当使用权与所有权发生冲突时，则意味着所有权大于使用权，只要所有权人要实现所有权，使用权人不可以使用权的实现作为抗辩来阻止所有权的行使。所有权的优越性重点表现在它的处分权上，即所有权中的占有、使用、收益这三个权能不得对抗处分权。随着经济的发展，人们越来越注重物的使用价值，所有权中四项权能也表现出分属于不同权利主体的趋势，一个物的占有、使用、收益和处分权能可以分属于不同的主体，所有权人可以出让物的占有权、使用权和收益权，但如果想维持自身的所有者地位，则必须保留对物的处分权，当所有权人决定处分该物时，其他权利拥有者必须服从于物的处分权。

所有权绝对原则在法国的《人权宣言》和《法国民法典》中表现得尤为突出，《法国民法典》也因此成为了那个时期各国民事法律效仿的对象，被广泛传播。《人权宣言》第十七条规定："财产是神圣不可侵犯的权利，除非当合法认可的公共需要必需，且在公平而事先补偿的条件下，任何人的财产不得受剥夺。"这是《人权宣言》在世界上第一次以宪法的形式确定了私有财产神圣不可侵犯的原则。《法国民法典》第五百四十四条规定："所有权是指以完全绝对的方式享有和处分物的权利……"这是《法国民法典》在世界上第一次以制定法的方式确定了所有权绝对原则。《法国民法典》第五百四十五条规定："非因公益使用之原因且事先给予公正补偿，任何人不得受强迫而让与私有权。"

②所有权绝对原则的历史局限性

马克思指出:"在每个历史时代中,所有权以各种不同的方式在完全不同的关系下面发展着。"①"这说明所有权属于历史的,而不属于逻辑的范畴"②,也就是说所有权制度所包含的内容并不是一成不变的,在不同历史时期,人们对所有权有着不同的理解,社会对所有权也有不同的理解。所有权绝对原则对于近代资产阶级革命前后的,志在推翻封建统治和压迫、解除宗教束缚、释放个人本位的人们来说,的确起到了基础性的推动作用。但是所有权绝对原则对私权的绝对保护只适用于自由资本主义时期,那时人们通过维护和充分实现自己的私权自治,目的是追逐更多的利润,以每个人对每个物的充分利用,实现社会总体生产效率的提高。但是当经济发展到出现垄断之后,人们实现利润的方式发生了变化,或者说不再以物尽其用的方式实现利润最大化,所有权对整个社会财富的积累起到了负面作用,所有权人通过无节制地行使所有权,给自身带来超额利润的同时,也给所有权相对人带来了损害,这种损害不仅体现在私人层面,还体现在社会整体生产力上。

所有权绝对原则之所以在资本主义初期能够发挥积极作用,主要是因为它承认了民法所确立的人格权,即承认了市场参与者的主体地位,使更多的人成为独立的市场主体;同时承认市场主体对自己的财产拥有所有权,可以通过行使这种所有权来实现追逐财富的目标。而

---

① 《马克思恩格斯全集》(第4卷),人民出版社1958年版,第180页。
② 刘美希:《论近代所有权绝对原则遭遇的现代挑战》,《法学论坛》2006年第1期,第65页。

第五章
国外矿产资源有偿取得制度及其对我国的启示

市场经济的运行模式又鼓励市场主体以其财产所有权参与市场竞争,从而实现自身私权的扩张,拥有更多物的所有权。社会总体生产力的进步也正是在众多市场主体私权不断扩张的过程中得以实现的。

但是私权的扩张是有限度的,当私权扩张到一定程度时,就会造成对其他市场主体利益的损害,也会造成整个社会生产效率的下降。例如,自由资本主义发展到一定程度之后就进入垄断资本主义,在垄断资本主义发展时期,垄断组织会利用自身的市场垄断地位,随意抬高商品价格,操纵商品的市场价格,但价格的抬高并不会引来正常市场经济条件下的需求量减少,因为相关市场内已无现实竞争对手可以对该垄断组织造成实际威胁。垄断行为的出现使社会商品供给量相对过剩,之所以是"相对"过剩,是因为不是商品供给量已经足够满足所有社会成员的消费需求,而是高昂的商品价格使多数消费者望而却步,真正有消费能力的消费者群体数量急剧下降,造成了商品供给量的相对过剩。在这个过程中,商品的生产数量和生产能力并没有得到显著提高,社会生产率没有提高,因而市场主体遭受损失的同时社会整体利益也在遭受损失。

因此,所有权绝对原则发展到一定程度就会成为制约生产力发展的障碍。一方面拥有生产资料的人可以坐享其成,没有生产资料的人却要为生存付出更多努力;另一方面,拥有众多生产资料的人只拿出一部分用于生产也可以得到富足的生活,另一部分生产资料则被荒废掉了。这导致一方面广大富有者田连阡陌,任意使田地荒芜,坐拥广厦万间任其房屋空虚;另一方面广大的贫苦劳动者无田可耕、无屋可住。①所有权绝对原则在当时已经严重制约了社会经济的发展，造成贫富悬殊过大，人们创造财富的规则看似公平，但是整个社会的实质公平已在所有权各项权能的绝对行使中损毁殆尽，所有权的支配者可以利用自己的经济优势地位任意对所有权相对的不特定多数人进行欺压。"一则不利他人，一则不利于社会经济，凡此皆所有权绝对原则，有以致之。对此原则若不加以修正，则后果不堪设想，于是所有权社会化之思想乃应运而生。"②

③限制所有权绝对原则的理论依据

19世纪末，人们开始发觉所有权绝对原则在市场经济领域的弊端日渐显现，这种以个人本位主义和私权绝对为基础的所有权原则使社会的总体利益受损，而且还给不特定多数人带来危害，因此人们开始重新审视所有权制度的作用和目的，以及应当如何行使等问题。这些审视主要表现在以下两个方面：所有权的社会性、所有权的经济性。③

第一，所有权的社会性。所有权绝对原则是私权绝对的重要组成部分，也是个人本位主义的具体体现，但是随着经济的发展，人们发现所有权的行使权虽然属于个人，但其影响力却远远超过个人的范畴，而扩展到权利相对人、不特定多数人，甚至是整个社会。因此，个人行使所有权时就应当对所有权影响范围内的所有结果负责，即对其他社会成员负责，所有权因而就具有了社会性。所有权社会性，是指所

---

① 梁慧星、陈华彬：《物权法》，法律出版社1997年版，第4页。
② 郑玉波：《所有权社会化》，《民商法问题研究》（二），台北三民书局1979年版，第102页。
③ 刘美希：《论近代所有权绝对原则遭遇的现代挑战》，第65—67页。

有权从传统的排他的、不受干预、不受限制、完全由个人支配的、以所有为中心的权利，转变为负有社会责任、受到社会公共利益限制、强调社会利用，并兼顾个人利益和社会利益的权利。所有权的社会性使所有权不再具有"绝对"的含义，当出现某些情形时，国家或社会其他成员可以限制所有权的行使，以此保障大多数人的利益。对所有权的限制主要体现在以下两个方面：一是社会性，二是法定性。

社会性对所有权的限制表现在，所有权行使的根据不能像之前那样只考虑所有权人的意志，还必须考虑社会公共利益。如果所有权人行使自己的所有权不会对社会公共利益造成负面影响，那么所有权就不会受到法律的限制；否则，法律就会限制所有权的行使，可能会将所有权行使权能限定在一定的范围内，抑或是不允许所有权人在此种情况下行使所有权。

所有权的社会性观念受到了功利主义公平观的影响。功利主义公平观是西方世界影响深远的一致伦理学派，又被称为最大幸福主义，它的代表人物是18世纪末的英国哲学家、法理学家、经济学家杰里米·边沁（1748—1832）。边沁以英国近代经验论传统为基础，以人对"苦乐"的体会为出发点，将伦理思想融于社会制度与法律制度之中，以"最大多数人的最大幸福"为根本道德原则，提出了著名的功利主义原则。边沁认为，正像自然界的发展要遵循规律一样，人的发展也有规律。若能够掌握这个规律，人生就会得到改善。他断定，人类受制于"苦"与"乐"的统治，[①]只有这两个主宰才能让我们清楚应当做

---

① 〔英〕边沁：《道德与立法原理导论》，时殷弘译，商务印书馆2000年版，第11页。

和不应当做的事情。边沁的功利主义思想主要表达了以下三个方面的内容：

首先，人类行为的是非、善恶标准建立在能否获得快乐与幸福之上。功利原理被边沁视为评判社会制度的唯一可接受的终极标准。从人性出发，凡是能够减轻痛苦、增加快乐的，在道德上就是善良，在政治上就是优越，在法律上就是权利。功利就是一种外物给当事者求福避祸的那种特性。如果当事者是个体，功利原理就是用来增进他的幸福的；如果当事者是社会全体，功利原理就是追求社会幸福的。在边沁看来，评判行为善恶的标准是行为本身引起苦乐大小的程度。社会是由个体构成的团体，社会全体的幸福由作为社会分子的个体的幸福集合而成。衡量社会幸福则以最大多数人的最大幸福为标尺。

其次，任何人都不会通过牺牲自己的幸福来增加别人的幸福。不同于英国资产阶级革命时期权利至上的观念，边沁主张通过权威的力量协调和处理社会与个人的关系。他主要从三个角度予以说明：第一，个体追求自己幸福的行为以不损害他人的幸福为前提。边沁主张国家通过立法和管理来协调和处理个人追求幸福与损害他人或社会幸福的矛盾。主要是通过制定刑罚来制裁破坏他人或社会幸福的行为。第二，社会舆论对协调这种矛盾也有很大作用。第三，同情心是化解矛盾的最直接、最简单的手段，因为每个人都有同情心，国家应当积极地、广泛地培养这种好的倾向。

最后，利益与幸福是统一的。个体利益就是个体的幸福，社会利益就是社会大多数人的幸福。个体生存需求的无限性和可分配资源的有限性之间不可避免的矛盾，导致个体利益与社会利益的矛盾亘古存在，如何处理两者的关系，始终是伦理学研究的难题。面对这个问题，边沁认为社会利益是组成社会的所有个体的利益的总和，如果不关注个体利益，而空谈社会利益则毫无意义，毕竟个体的幸福才是具体的。基于这一点，边沁主张实现社会利益这一终极目标，必须以追求个体的利益为动机和手段。个体在实现自己利益的同时，也增加了社会全体的利益。因此，只要个体利益实现最大化，则必然实现社会利益最大化，但在个体追求自己的利益时，必须以不损害他人或社会的正当利益为标准。

由此看来，边沁功利主义公平理论的核心是为社会谋取福利。对于一个社会来说，一个行动、措施或者政策的正确与否要看它是否有助于增进全体人民的总幸福。因此，政府的职责就是通过求乐避苦来增进社会的幸福，如果组成社会的个人是幸福和美满的，那么这个国家就是幸福和昌盛的。①

法定性对所有权的限制表现在，所有权虽然反映了人类与财产之间天然的关系，但是这种关系并不是与生俱来的，而是必须经过法律确认的，在法律规定物的所有权之前，任何人都不可能对该物拥有所有权。这种观点其实是间接地否定了天赋人权进而天赋物权的理论，既然所有权人对物的所有权都要由法律来确定，那么所有权人究竟对物享有怎样的所有权，权限有多大，以及如何行使，都要由法律来规定。

这种观念在那个时代被人们普遍接受之后，也逐渐取代了所有权

---

① 黄秀华：《发展与公平：中国社会发展的历史抉择》，中国社会科学出版社2010年版，第41页。

绝对原则,被写入法律成为了那个时代的主流思想。就像《法国民法典》是所有权绝对原则的典型一样,1900年颁布的《德国民法典》中有关所有权制度的规定也是典型,并逐渐被各国立法所效仿。《德国民法典》虽然也规定了法律保护所有权制度,因为那是市场经济的基础,但是与《法国民法典》中的表述相比,已经发生了很大变化,不再出现"绝对""神圣不可侵犯"等代表绝对性质的字眼,转而做了较多限制所有权任意行使的规定,这些规定主要体现在以下几个方面:第一,所有权必须在法律规定的范围内行使,否则就是滥用权利,并违背了"公序良俗";第二,所有权人行使自己的所有权时,不得损害第三人的利益;第三,所有权人行使所有权时必须考虑社会整体的利益,甚至为了社会公共利益可以牺牲个人利益,例如:土地所有人对于他人在地下或高空所为的干涉,无任何利益者,不得禁止;第四,所有权的行使要以发挥物的效用为最终目的,例如第九百零四条规定:"在他人为防止当前的危险而进行必要的干涉,而其所面临的紧急损害远较因干涉对所有人造成的损害为大时,物的所有人不得禁止他人对物的干涉。"[①]

人类社会从农业社会发展到工业社会,再到信息社会,社会分工越来越细化,人与人之间的关系也越来越密切,这种密切关系表现为人与人之间的交易范围和交易数额越来越大,而交易的扩大则主要是因为社会分工越来越细,使得人与人之间的依赖性也进一步加强。农业社会时期,人们通过自己的农业劳动,以及简单的、为数不多的贸易就可以满足自给自足的生活,也就是说自己所需的大部分用品都是

---

① 朱淑丽:《近代民法三大原则的变迁》,《人民法院报》,2006年6月23日,第B303版。

通过自己的生产活动就可以满足的；但是现代社会中，人们所需的生活用品几乎很少是由自己的生产劳动直接获得的，而是通过具有专业性的劳动，生产出社会产品与社会其他成员进行交换，甚至自己的劳动只是生产一种产品的一个零件的某一个环节。由此看来，现代社会人与人之间的关系非常密切且异常复杂。这种复杂的人际交往关系也带来了物权关系的复杂性，人们在行使所有权时不再是个人范围内的事，而是会对社会其他成员行使权利产生影响的事。

另一方面，工业社会和信息社会的发展使公共产品和准备公共产品成为人们生存和发展的必需品，这些公共产品涵盖了国防、环境、交通、水利、科学、教育、文化、卫生、福利、救灾等各种公共设施和公共事业，这些公共基础设施的建设和公共事业的开展，都离不开政府组织和社会组织，也免不了与私人利益发生交叉和冲突，当社会公共利益与私人利益发生冲突时，个人本位社会的私权利益至上原则逐步被社会本位社会的比例原则所取代，例如行政法上信赖利益保护原则例外条款的适用。信赖保护利益，是指当个人对行政机关做出的行政行为已产生信赖利益，并且这种信赖利益因其具有正当性而得到保护时，行政机关不得撤销这种信赖利益。但是如果因为行政许可所依据的法律、法规、规章修改或废止，使该行政许可事项不再被允许，或者行政许可所依据的客观条件发生重大变化，行政机关为了公共利益可以依法撤回或变更原行政许可，给行政相对人造成财产损失的，应当予以补偿。由此可以看出，法律对个人利益的保护是在保护公共利益的前提下才得以实施的，当公共利益和个人利益发生冲突时，通常情况下会牺牲个人利益而保全公共利益，只是要给予个人一定的补偿。

第二，所有权的经济性。所有权是法律上对物的归属的界定，这种界定是在一切物上权利发挥作用和有效利用物的前提条件。换一个角度来看，所有权的以上特性意味着如果一个人享有该物的所有权，就将有机会享有利用该物或不利用该物所带来的一切好处，这种好处会随着不同主体与客体条件的变化而变化，甚至有时它所带来的好处是无法想象的，特别是在所有权绝对原则盛行的年代，人们更加看中物的所有权归属，即预期利益，而非所有权能够带来的现实利益。

但是这种所有权观念在20世纪初发生了变化，人们不再单纯地追求所有权的归属，转而更加关注物的使用权，如何能够享有该物的使用权即用益物权，并能通过行使用益物权赚取更多的经济利益，变得更加重要，也就是说所有权的归属在现代社会已经不是那么重要了，关键是要看所有权人能够从中获取多少经济利益。

这种观念不但存在于个人，也存在于国家层面。经济危机和社会动荡使国家意识到，实行无限制的产权制度最终是为了更好地实现物尽其用，提高生产效率，但当经济发展到垄断阶段时，无限制的产权制度非但没有做到物尽其用，反而使生产效率降低，资源大量浪费，因此必须对所有权的行使加以限制。那么如何加以限制，限制的程度又应当如何才最合适呢？判断标准就是对所有权的限制能否使所有权人更好地利用该物，使该物发挥出其应有的经济性。

受上述观念的影响，法律理念也在悄然发生变化，典型的变化是法学与经济学的结合，形成了"经济分析法学"。经济分析法学发端于美国，目前已经成为法学研究或者经济学研究的重要学派。由于这

第五章
国外矿产资源有偿取得制度及其对我国的启示

种学派是法学与经济学结合的产物，所以从法学的角度来看，它是用经济学方法来分析法学问题，可以称为"经济分析法学"；从经济学的角度来看，它是结合法律价值观来分析经济问题，因此可以称为"法经济学"。

原来的法学研究主要集中于运用法哲学理论中的公平、正义、自由、秩序、权利、义务等法律价值理念来分析社会中人与人之间的行为关系，并认为人与人之间的关系只能用这种抽象的概念进行评价，无法定量分析；与之形成鲜明对比的是，经济学作为解决如何提高生产效率的学科，它要解决的问题是如何有效利用资源并增加社会财富的总量，因此其研究的核心是效率，研究的方法是定量的数据分析。但是随着经济生活中法律的作用越来越大，人们开始意识到经济学与法学很难各自单独研究，法学研究可以利用定量分析的方法，而经济学研究也需要以法律价值观明辨是非。从经济分析法学的角度来看，法律作为调整人与人之间关系的一种行为规范，也可以理解为是对社会稀缺资源的分配方式，它告诉我们如何运用法律价值中的公平、正义、自由、秩序来使社会资源合理分配和利用，而以上价值实现的途径和判断标准则需要借助经济学中的效率等经济概念进行分析，因此我们注意到现代社会中的法律价值与传统法律价值相比，不仅包括公平、正义等，还加入了效率等经济学概念。

在"经济分析法学"流派观念的影响下，传统的所有权绝对原则受到了严重挑战，因为所有权的行使必须符合效率价值观的要求，所有权制度从产生之初到自由资本主义时期将其绝对化，都是为了降低交易成本和增加物的利用效率，如果所有权制度不再能起到这样的作用,甚至开始产生负面效应,那么这种制度也就失去了存在的意义,至少我们应当怀疑这种制度存在的合理性,并对其加以修正。

事实上,经济分析法学逐渐成为显学之后,法学家们开始对天赋所有权产生怀疑,试图用经济学的核心方法——实证分析的方法,来解释所有权的起源问题,具有代表性的是考特和尤伦的契约论、波斯纳的效率激励说和科斯的交易成本论。[①]契约论认为,所有权是个人与整个社会的其他成员之间达成的契约,通常情况下社会其他成员由政府或其他公权力机关来代表,当一个人对某一特定物拥有了所有权时,就意味着政府等公权力及其制定的法律承认该所有权的合理性和合法性,当该所有权受到侵犯时,该所有权人可以要求公权力和法律帮助自己维护所有权的合法权益,而公权力和法律也应当给予所有权人肯定性的回复。[②]效率激励说认为,所有权制度能够激励人们对物的有效利用,增加社会投资,这和我国改革开放以来进行的经济体制改革取得的良好效果一样,承认市场主体对物的长时期有效占有能够保证人们长时期的投资得到持续回报;反之,如果国家和法律不能有效保护所有权,造成的结果是他人或公权力可以随时侵犯人们投资于某物而得到的劳动成果,久而久之,投资人也就失去了投资的信心,放弃投资并开始采取相同的方式去侵犯他人的劳动成果,如此,人们恐于投资的心态将形成恶性循环使社会的生产力退步,短期行为将成为主流

[①] 刘美希:《论近代所有权绝对原则遭遇的现代挑战》,第67页。
[②] 〔美〕考特、尤伦:《法和经济学》,张军等译,上海人民出版社1997年版,第129—139页。

生产方式。[1]科斯的交易成本论认为,交易成本是获得准确市场信息所需要的费用,以及谈判和经常性契约的费用。也就是说,交易成本由信息搜寻成本、谈判成本、缔约成本、监督履约情况的成本、可能发生的处理违约行为的成本构成。这些成本在每一笔市场交易中几乎都要发生,那么怎样才能降低这些费用不菲的成本支出呢?通过分析,科斯认为这些成本支出可以分为若干交易类型,每一种类型都具有相同或相似的交易成本,那么如果可以在相同交易类型中建立一种无限期的、半永久性的层级性关系,或者通过将资源结合起来形成像企业那样的组织,就可以减少市场中转包某些投入的成本,这种持久性的组织关系就是制度,包括法律、契约、政策等。由此我们可以看到,科斯在进行经济学分析时,用到了大量的法律概念,他所提出的减少交易成本的方法也是通过法律、契约等法律方式实现的,这说明经济和法律的融合已经成为一种趋势,经济问题需要法律方法解决,法律问题也需要经济方法的分析。

所有权的社会性和经济性表明,所有权虽然属于私权和法学范畴研究的问题,但仍不可忽视其社会性特征和经济分析的方法,更进一步证明所有权传统民法理论中的天赋人权和天赋所有权,只是一种特定历史条件下的口号式的宣传工具,所有权的真正起源应当通过借鉴经济学中的实证分析方法进行科学的推理判断。所有权的社会性和经济性也表明,所有权制度不是目的,而是手段,也就是说所有权制度

---

[1] 〔美〕波斯纳:《法律的经济分析》(上),蒋兆康译,中国大百科全书出版社1997年版,第39—93页。

形成的哲学基础，不是私有制本身，更不是天赋，而应当是所有权工具主义。因此，所有权绝对原则作为满足社会生产力发展要求和提高经济效益的工具已经不能适应时代的发展，需要对其进行适用范围和适用程度的限制。

（2）契约自由的限制

① 契约自由原则的历史贡献

契约自由原则是传统民法三大原则之一，是意思自治这一民法最高行为准则的直接体现。契约自由思想最早可以追溯到罗马法时期，当时的罗马帝国皇帝查士丁尼编写的《法学阶梯》中，就包含有契约自由的思想，罗马法中的契约自由思想，为现代民事法律制度的形成和发展奠定了理论基础。①资产阶级的成长发展需要充分竞争和自由平等的土壤，而契约自由原则恰恰为资产阶级提供了这样的生存和发展土壤，因此当时的主要资本主义国家都将这一原则通过法律的形式固定下来，这直接体现于《法国民法典》，以及之后的《德国民法典》。契约自由原则最先被法律确立下来是在《法国民法典》中，"《法国民法典》被公认为是明确规定了契约自由的第一部近代民法典"②。马克思称之为"典型的资产阶级社会的法典"。"《德国民法典》在各方面都做好了发扬和完善自《法国民法典》问世后一直为法学理论所宣扬的意思自治精神的准备。"③契约自由的核心是意思自治，英国人

---

① 马俊驹、陈本寒：《罗马法上契约自由思想的形成及对后世法律的影响》，载《罗马法、中国法与民法法典化》，中国政法大学出版社1995年版，第341页。
② 傅静坤：《二十世纪契约法》，法律出版社1997年版，第4页。
③ 同上书，第10页。

阿蒂亚认为，契约自由应当包括两方面的内容，一是契约是当事人相互同意的结果，二是契约是当事人自由选择的结果。[1]这意味着契约的意思表示自由需要具备两方面的条件，一是意思表示自由，二是意思表示方式自由。意思表示自由是指契约订立主体的意思表示应当由自己完全决定，不受他人干扰，而且这种意思表示自由及于契约中的所有内容，具体包括缔约意思的自由、选择缔约相对人的自由、决定契约内容的自由、变更和解除契约的自由、选择裁判方式的自由、选择使用法力的自由等等。[2]意思表示方式自由是指契约订立主体采用何种方式订立契约由双方决定。

契约自由原则之所以能够广泛适用，是因为人们从公平的角度进行考虑。不同时期、不同社会、不同领域、不同人群，对公平的理解都有所差异，人们很难对某一事物划定一个客观的公平标准，那么如何使市场中交易双方的交易结果最大程度地体现公平呢？人们发现交易双方的交易方式最为关键，通常情况下，通过充分竞争所得出的结果是最真实、最公平的，法律赋予契约双方充分的缔约自由，让双方在充分的竞争博弈中寻求到最佳的利益契合点，以此达成双方都能接受的结果，在这个双方意思表示真实的情况下，通过动态的博弈过程实现公平。

② 契约自由原则的历史局限性

"向来为人们所崇尚的契约自由从一开始就存在某些缺陷"，"它

---

[1] 〔英〕阿蒂亚：《合同法概论》，程正康译，法律出版社1982年版。
[2] 秦文芳：《契约自由与社会公正的冲突与平衡——我国合同法中契约自由原则的勃勃生机》，《电子科技大学学报》（社科版）2003年第5卷第3期，第108页。

很少注意到缔约人之间的不平等关系"。①按照契约自由理论，对契约的双方来说，确实可以最大限度地实现可接受的公平，但是这种理论设想需要两个理论前提：契约主体地位平等和交易市场完全自由。契约主体地位平等，包括契约双方的经济实力、社会地位、对交易标的的需求程度等诸多方面的平等；交易市场完全自由，则要求交易双方不受来自市场其他因素包括政府公权力的干扰。事实上，理论中的两个前提条件很难在现实中得到满足，交易双方的地位总是存在或多或少的差异，交易市场也不可能完全自由。在资本主义发展初期，市场主体之间的差异较小和市场交易处于规模较小的初级阶段导致交易信息相对平等，交易双方的经济、社会、法律地位也相对平等，契约自由的两个理论前提的缺陷并没有充分暴露。但是从19世纪末开始，西方资本主义国家已经经过了多年的自由资本主义经济的发展，市场主体在优胜劣汰中逐渐完成了生产资料的整合，垄断组织开始不断形成，自由资本主义逐渐向垄断资本主义转变，在20世纪最终形成了垄断资本主义，并开始向深层次的垄断发展。在垄断资本主义社会中，市场主体不再是单个的自然人，而主要是公司、企业和垄断组织，而且市场主要被一些垄断组织所控制。具有垄断地位的经济主体在经济交往中处于强势地位，由它们控制着市场供需关系和经济走势，并且垄断主体与非垄断主体之间的差距越来越大，标榜为实现社会公平最有效方式的契约自由原则不再是中小企业维护自身利益的有效手段，相反成为垄断主体损害社会弱势群体利益扩大垄断优势的"挡箭牌"。契

---

① 〔英〕阿蒂亚：《合同法概论》，程正康译，第8页。

约自由此时已经不是维护社会公平的制度保障,相反成为了阻碍社会实质公平的负面力量。"此外,合同的法律效力与公正或社会效益之间也存在着发生矛盾的可能性,这表现为:合同订立后,在其履行期间,完全可能由于经济形势的动荡,特别是由于货币贬值而导致的价格上涨,而使原来合理的合同丧失其平衡。"[1]

③限制契约自由原则的主要表现

从本质上来说,契约自由原则的适用与限制反映了形式公平与实质公平的关系。契约自由原则更多地考虑了形式公平的要求,即人们判断是否实现了契约自由,主要是从契约订立的主体、内容、方式等形式角度考虑,只要订立契约时的各种形式反映了契约各方的自由意志,那么这份契约就是公平的,而且也当然意味着履行契约的结果是公平的。这种观念在自由资本主义时期是大致可以实现的,因为订立契约各方的实力相当,形式公平通常情况下会带来结果的公平,但是垄断组织的出现打破了这一规律,力量对比悬殊的契约各方虽然在订立契约时形式公平,却往往会导致结果的不公平,即无法带来实质公平。事实上,即使是将意思自治作为立法根本的法国民事法律,也不免会根据实际情况做出有异于契约自由原则的规定:"1968年1月3日的法律就其所订合同因合同损害而无效的被保护的成年人的范围,做了新的具体规定。按这一规定,下列三种人所订立的合同可因合同损害而被撤销:处于司法保护下的成年人(《法国民法典》第491-2

---

[1] 尹田:《契约自由与社会公正的冲突与平衡——法国合同法中意思自治原则的衰落》,载梁慧星《民商法论丛》(第2卷),中国社会科学出版社1994年版,第263页。

条第2款）；独立实施未经财产管理人参与的行为的财产被管理的成年人以及未经法官同意而独立实施行为的受监护的成年人（《法国民法典》第510-3条）。"[1]特别是20世纪前半叶爆发的世界经济危机，使人们对公平的理解发生了巨大变化。人们发现社会公平不仅是形式公平，还包括实质公平，二者之间存在正相关的联系，但在很多情况下也不尽然。形式公平是实质公平实现的有效途径，但追求形式公平并不能保证同样实现实质公平，实现实质公平还需要其他条件，如市场交易相对方的充分可靠、交易各方信息对称等。契约自由理论只是形式公平，随着契约主体地位的严重不对称，契约自由这种形式公平不再具有现实意义。

基于以上原因，相继进入垄断资本主义的国家开始考虑对契约自由原则进行限制，并将其在法律中实现。这些限制主要体现在以下几个方面。

第一，有关契约方面的法律规定中减少任意性规范、增加强制性规范。任意性规范的减少和强制性规范的增加，意味着订立契约主体不能充分行使自己的自由权，法律已经将契约中的有关内容相对固定。一般法律对契约自由的限制不是平等地针对契约各方，而是有选择性地加以限制，通常情况下，会将限制对象确定为社会中具有强制性、垄断地位或具有公共事业性质的组织。例如，法律会对邮政、电力、煤气、自来水等提供公共产品或准公共产品的行业进行控制，控制的

---

[1] 尹田：《自由与公正的冲突——法国合同法理论中关于"合同损害"问题的纷争》，《比较法研究》1996年第3期，第288—289页。

范围包括其价格、服务区域和产品质量等，目的是保证这些大众必需的产品能够稳定供应，不因消费群体的贫困而无法享受这些产品。法律还会对医疗、教育等公益性行业的契约行为做出限制性规定，要求其不得对受众群体进行选择性服务，只要人们提出合理的医疗和教育要求，该机构就必须为其提供服务。[①]以上是对承诺方提出的强制性规定，还有一些强制性规定是对要约方提出的，最为典型的例子是交通法规中关于交强险的规定，无论当事人是否愿意缴纳保险，交强险是必须缴纳的。当然法律做出强制性规定的同时也保留了一些契约方的权利，虽然法律规定市场主体必须订立某些契约，但允许市场主体有选择契约相对方的权利，例如虽然法律规定交通工具必须缴纳交强险，但也允许市场主体选择不同的保险机构投保，以此保持保险行业在一定范围内的竞争态势。

第二，在普通商业企业中广泛适用"标准契约"。标准契约又称格式合同，是指契约一方或行业组织制定的固定格式的契约，适用于市场中不特定多数人的契约形式。格式合同的出现是对科斯的交易成本理论的有效实践，目的是减少交易成本，提高经济效益。标准契约的优势是免去了烦琐的订约过程，提高了订约效率，但提高效率的同时也限制了订约方订约自由的权利，忽视了不同契约主体之间的差异。因此这种契约方式通常只适用于数额不大但频率较高的交易行为，例如公交车公司与乘客之间订立的运输合同，公交车公司运送乘客的行为具有标的数额小但频率较高的特点，如果每一位乘客的每一次乘车

---

① 王利明、崔建远：《合同法新论总则》，中国政法大学出版社1996年版，第105页。

行为都要与公交车公司订立运输合同，那么订约成本与契约履行费用之间就不成正比，是极大的浪费。

标准契约的执行往往与听证、政府介入、保险等联系在一起。这是因为标准契约一般都是由一方设定契约内容，另一方的订约权利受到限制，因此需要有另外一种力量对设定契约一方形成相当的制衡，听证、政府介入、保险制度的引入就起到了制衡作用。例如，公交车公司作为具有公共事业性质的单位，其所制定的运输契约一般要经过听证程序，充分听取乘客对运输提出的要求，之后还要经过政府作为公权力一方的代表的批准，方能实施。另外有些标准契约还附带保险条款，目的是保护标准契约相对方的利益遭受损失时，可以及时得到相应的赔偿或补偿。

第三，限制垄断组织的契约自由。20世纪初，自由资本主义国家开始纷纷向垄断资本主义转变，托拉斯、辛迪加、康采恩等各种形式的垄断组织层出不穷，垄断组织的出现破坏了原有市场主体之间的平等关系，随之而来的是契约自由原则对现实市场经济关系的不适应。垄断企业与小企业、消费者之间的力量对比悬殊，契约自由职能保证契约各方的形式公平，而无法保证实质公平。垄断组织利用自身在市场中的强势地位，订立契约时提出各种苛刻的条件，小企业和消费者面对这些条件也只能选择被动接受，表面上看垄断企业并没有违背市场规律进行强买强卖，但客观上在它们之间已经形成了实质性的强买强卖。

面对交易相对方出现的不均衡现象，公权力不得不通过法律的方式强制性限制强势一方一定的契约自由权利，以此将契约各方订立契

第五章
国外矿产资源有偿取得制度及其对我国的启示

约时的地位和履行契约的结果重新拉回到实质性的均衡状态中。经济体规模较大、垄断影响力较大的国家是美国，相应的，公权力介入私人之间的契约关系，维护市场实质公平做得较好的国家也是美国，世界上的第一部反垄断法就是美国的《谢尔曼法》。美国限制契约自由的做法主要包括以下四个方面：第一，制定产品质量标准，防止不正当竞争行为盛行导致市场主体之间恶性竞争，使产品的质量无法保证而损害消费者的利益；与此同时规定卖方的瑕疵担保责任，保护消费者的利益。第二，将格式合同制定和履行过程发生的责任更多地推向制定合同一方，主要表现在制定合同的一方负有提请对方注意免责条款的义务。第三，规定某些条款虽然是双方合意但依然无效的情况，例如故意或重大过失的责任不得免除。第四，如果当事人对合同条款的理解发生争议，应当做出对制定合同一方不利的解释。

第四，国家针对特殊行业制定了大量的强制性规范。契约自由是以契约各方的意思表示自治为基础的，当市场主体能够将自己的意思充分自由地转化为契约内容时，才可称之为契约自由。自由资本主义时期，国家对市场采取放任态度，允许市场主体按照自己的意思参与市场竞争，国家不会对其行为采取过多干预，只有其行为触犯了刑事法律时，司法机关才会介入干预，如果仅是经济领域的行为，哪怕是在当事人看来已经严重违背了公序良俗原则或已经对正常的市场秩序构成威胁，国家也不会出面干预。这种思想遵循了亚当·斯密的分工理论、分配理论、货币理论、价值论等一系列市场自由竞争理论，目的是保持市场主体之间纯粹的市场竞争态势，防止公权力的不当干预破坏市场价值规律。

但是随着经济的不断发展和经济全球化的影响，经济体中某些重要的领域会对一国经济产生颠覆性的影响，甚至会威胁到一国政权，这些领域包括军工、金融、证券、劳资关系等。军事安全是国家免受侵略的最直接保障，需要国家直接控制军工产品的研发、生产、销售等，即使某些国家的军工生产、研发环节由私人企业完成，也不可能摆脱国家的严格控制，至少在军工产品的销售上国家是必须严格把控的；金融与证券越来越影响到一国经济的走势，在世界范围内，金融企业总是与国民经济基础行业息息相关，甚至会掌控一国经济的命脉，例如，世界主要矿业集团的发展壮大历程就是与金融机构不断合作深化的过程，几次世界性的金融危机也表明金融动荡对一国经济的影响很大；各国政府一向对劳资关系都非常重视，都制定了《劳动法》《劳动合同法》等维护劳动者合法权益的法律，对企业用工的时间、强度，劳工的工资待遇、福利、保险等做出了强制性规定。

（3）过错责任原则向无过错责任原则的转变

① 过错责任原则的历史贡献

有权利就有义务，有义务就有责任。私权自由指导下的所有权绝对原则与契约自由原则受到限制的同时，民事关系中的归责原则也在发生变化，这种变化就是过错责任原则向无过错责任原则的转变，当然这种转变是发生在一定范围内的，从整体上来看，过错责任原则依然是民事法律的基础性归责原则。

过错责任原则是民事法律关系中侵权责任中的基本原则，是指行为人的行为对他人造成损害，并且该行为人有过错或者过失，就应当承担相应的损害赔偿责任；反之，如果行为人的行为没有过错，或者受损害方无法证明行为人有过错，那么行为人就没有义务承担损害赔偿责任。这一原则意味着有过错或过失是行为人承担赔偿责任的必要条件。过错责任原则源于民事法律的重要渊源罗马法，罗马法中最早的成文法典《十二铜表法》就采用过错责任原则，并且还出现了有关过失的规定，其中第8表第10条规定："烧毁房屋或者堆放在房屋附近的谷物堆的，如属故意，则捆绑而鞭打之，然后把他烧死；如为过失，则责令赔偿损失，如无力赔偿，则从轻处罚。"第8表第24条规定："杀人的处死刑；过失致人于死的，应以公羊一只祭神，以代表本人。"[①] 作为大陆法系国家，法国、德国继承了罗马法中有关过错责任的原则，而《法国民法典》和《德国民法典》在大陆法系民法中具有基础性和引领性的地位，因此从19世纪初开始，过错责任原则就在大陆法系国家取得了主导性的地位，甚至在英国也得到了广泛应用。1804年《法国民法典》第1 382条规定："任何行为人致他人受到损害时，因其过错致行为发生之人，应对该他人负赔偿之责任。"第1 383条规定："任何人不仅对因其行为造成的损害负赔偿责任，而且还对因其懈怠或者疏忽大意造成的损害负赔偿责任。"[②]《德国民法典》第823条第1款规定："故意或者过失不法侵害他人的生命、身体、健康、自由、所有权或其他权利的人，对他人负有赔偿由此而发生的损害的义务。"第2款规定："违背以保护他人为目的的法律的人，负有相同的义务。依法律内容，即使无过失仍可能违背此种法律的，只有在过失的情形，

---

① 周枏：《罗马法原理》，商务印书馆1994年版，第35页。
② 罗结珍：《法国民法典》，中国法制出版社1999年版，第20页。

才发生赔偿的义务。"①

②过错责任原则的历史局限性

过错责任原则是民事法律归责原则的基础，但是与契约自由原则相同，随着经济发展到一定程度，城市工业化程度越来越高，过错责任原则设计之初的社会经济基础已经发生了变化，出现了通过过错责任原则处理问题难以实现社会实质公平的情况，例如空气污染、水污染、自然灾害、产品瑕疵等。这些问题的共同特点是：

第一，损害行为持续时间较长，损害结果与损害行为并不是同时发生。某些工业活动对生态环境的破坏要持续相当长的时间，甚至有些工业活动已经终止，但其所造成的破坏效果却在之后的很长一段时间才会被人们发现，例如工业生产释放出的烟尘、二氧化硫等污染物，其在大气中的浓度是很低的，在某一较短的时间内，如一年、两年，人们吸入这些污染物不会使身体发生明显变化，因而人们也不会注意到它对人体的危害，时间久了，才会诱发各种严重疾病，但是因为其持续时间较长，受害者很难证明疾病与污染物之间存在必然的联系，当然也无法使其承担过错责任。

第二，损害结果严重。适用无过错责任中的许多行为都会给相对人带来严重的损害，这些严重的损害有些表现为对个体造成了难以挽回的损失，例如会导致某个人身患难以治愈的疾病而失去生命；有些则表现为对不特定多数人造成了不可估量的损失，如工业生产造成的环境污染会对污染范围内的成千上万的居民带来影响，近些年来我国

---

① 杜景林、卢谌：《德国民法典》，中国政法大学出版社1998年版，第41页。

华北地区持续出现的雾霾天气给人们的生产生活造成了许多危害，对于这些危害，工信部等有关部门已经明确表示与工业污染有关。[①]这些污染行为所造成的损失是非常严重的，据亚洲开发银行和清华大学联合发布的《迈向环境可持续的未来：中华人民共和国国家环境分析》报告显示："中国的空气污染每年造成的经济损失，基于疾病成本估算相当于国内生产总值的1.2%，基于支付意愿估算则高达3.8%。"[②]如果按照2012年我国国内生产总值52万亿计算，1.2%意味着我国空气污染造成的经济损失已经达到6 240亿元，3.8%意味着我国空气污染造成的经济损失已经达到19 760亿元。

第三，损害行为主体没有违反法律。民事法律主体与行政法律主体的最大区别之一是，二者的行为依据不同，民事法律主体应当遵循"不抵触"原则，即只要法律没有禁止的行为都可以做；行政法律主体应当遵循"根据"原则，即只有法律赋予其行使该行为的权力时才可以做。民事行为的"不抵触"原则从归责原则的角度分析意味着，只要行为人做出非法律禁止性的行为，就不应当对该行为承担不利后果。但是无过错责任原则打破了这一原则，它正是在行为人没有法律禁止性规定的情况下，依然要求行为人承担损害赔偿责任，这是无过错责任原则与过错责任原则的主要区别之一。

第四，损害行为的发生多数是由技术缺陷所致，但是按照当时的

---

① 郭丽君：《工业排放对雾霾天气影响几何》，载光明网：http://www.gmw.cn/ny/2013-01/24/content_6497401.htm，登录时间：2014年5月10日。
② 《去年空气污染损失近2万亿 雾霾倒逼环保业提速》，载中国网：http://finance.china.com.cn/stock/bkjj/20130116/1239952.shtml，登录时间：2014年5月10日。

技术力量一般都难以发觉或无法防范。民事法律"不抵触"原则的适用，从某种意义上说是鼓励民事主体的创新行为，甚至可以说是在鼓励民事主体"钻法律的空子"。如果行为人发现某项行为虽然侵害了他人的利益，但是该行为并不是法律禁止的行为，并且可以为自己带来利益，那么按照现行法律就应当承认该行为的合法性，行为人也不必为此承担损害赔偿责任。但在现实中有许多侵害行为并不是行为人故意或过失为之，而是因为按照当时的科技水平，行为人已经尽到相当的注意义务，依然无法阻止侵害行为的发生。对此行为，按照过错责任原则，行为人就不必承担损害赔偿责任，但是一项侵害行为必须有人承担相应的责任，行为相对人无论从法律层面还是从道义层面都不应当承担该责任，那么侵权后果的发生毕竟是行为人的行为所致，尽管其已经尽到了相当的注意义务，因此由其按照无过错责任原则承担相应的损害赔偿责任更为合理。例如，根据中国社会科学院2013年年初发布的《中国汽车社会发展报告2012—2013》预测，到2013年一季度，我国的汽车保有量将破亿。①中国汽车保有量的增加使汽车安全隐患出现的几率也大大增加，近些年来汽车召回的事件频频出现，所有汽车出现安全隐患的原因都不是汽车厂商故意或过失为之，他们已经尽到了注意义务，只是因为当时的技术条件还不足以使汽车厂商在车辆研发定型之前，发现所有安全隐患。按照过错责任原则，汽车厂商不应当对此承担损害赔偿责任，但是目前全球的通行做法都是由汽车厂商

---

① 张翼、陈恒：《中国汽车梦五味杂陈 私车过亿"惊喜"还是"惊吓"》，载中国网：http://www.12365auto.com/news/2013-02-20/20130220131054.shtml，登录时间：2014年5月10日。

免费召回汽车进行维修或更换,这种做法的依据正是无过错责任原则。

现实社会中存在的无过错责任侵权行为主要包括以下几种:环境污染侵权行为、缺陷产品侵权行为、高危作业侵权行为、地面施工侵权行为、因建筑物等物件引发的侵权行为、饲养动物引发的侵权行为、国家机关工作人员执行公务引发的侵权行为、法人工作人员的侵权行为和无民事行为能力人或限制民事行为能力人的侵权行为。这些无过错责任必须具有以下构成要件:第一,损害事实客观存在。责任认定的目的是确定承担赔偿责任的主体的赔偿数额,如果没有损害事实当然就无需赔偿,因此无过错责任的适用基础必须有损害事实的客观存在。第二,有法律的明文规定作为适用依据,同时其免责事由也需法定。过错责任原则依然是民事法律归责原则的基础,因此如何适用无过错责任原则就必须有法律的明文规定,即在法律没有特别规定的情况下适用过错责任原则,只有在明确规定适用无过错责任原则的情况下才可以适用,否则过错责任与无过错责任将发生混淆,无法区分。第三,侵权行为与损害事实之间存在因果联系。因果联系是任何法律关系都必须要满足的前提条件,需要强调的是,虽然无过错责任原则要求侵权行为人对自己的免责事由承担举证责任,但并不意味着无过错责任将适用举证责任倒置,侵权行为与损害事实之间的因果联系依然需要受害方举证证明,以此启动侵权行为认定程序。第四,行为人没有过错或过失。行为人没有过错或过失是无过错责任原则区别于其他归责原则的首要一点,在认定责任时,行为人和受害人都无需证明行为是否具有过错,即使行为人证明自己已经尽到相当的注意义务,没有过错或过失,也不影响其承担相应的赔偿责任。

以上是传统民事法律三原则在资本主义经济发展到一定阶段时做出的限制性调整，这些限制从根本上说都是对民事法律私权自治的限制。之所以要对私权自治进行限制，主要是基于以下两方面的原因：一是国家利益，二是社会利益。限制私权自治以维护国家利益，是指国家的经济安全、政治安全、文化安全、国防安全等方面应当优先考虑，当个人利益与国家利益发生重大冲突时，应当以国家利益为重；限制私权自治以维护社会利益，是指大多数人的利益总是比个人利益更为重要，当二者发生冲突时，应当维护大多数人的利益。当然需要说明的是，从宏观和长远角度考虑，维护国家利益、社会利益与个人利益之间，不存在根本性的冲突，法律维护国家和社会利益，正是为了更好地维护个人利益，这里的国家和社会并不是脱离了个人的单独组织，而恰恰是无数个人组成的代表无数个人利益的组织。

这里用大量篇幅分析传统民事法律三原则的转变，是因为这一转变顺应了当时的经济发展规律，对当时整个社会关系和经济关系产生了基础性的深远影响，如今矿业立法中的行政许可制度正是受其影响而确立，是限制私权自治在矿业领域的表现。

2. 第二次矿业革命的特征及民事法律制度变化对其的影响

从历史贡献来看，自由资本主义经济对提高世界社会生产力起到了无与伦比的作用，马克思说："资产阶级在它不到一百年的阶级统治中所创造的生产力，比过去一切世代创造的全部生产力还要多、还要大。自然力的征服，机器的采用，化学在工业和农业中的应用，轮船的行驶，铁路的通行，电报的使用，整个大陆的开垦，河川的通航，仿佛用法术从地下呼唤出来的大量人口，——过去哪一个世纪料想在社会劳动里蕴藏有这样的生产力呢？"①这也正是指自由资本主义时期所爆发出的强大生产力。我们在马克思的这段话中也隐约看到矿业在其中发挥的巨大作用，"机器""轮船""铁路""自然力的征服"，所有这些都是矿业自由发展的直接体现。但是自由放任的矿业发展制度也不可避免地带来了许多问题，例如，私人对以较低成本换取的宝贵矿产资源并不珍惜，往往会采取掠夺式的开采方式，而且在缺乏国家资金技术支持和政策推动的前提下，个人所有的矿山企业很少有技术装备升级换代的动力，当技术条件无法跟进时，资源回采率也必然无法保证，因此这一时期缺乏国家干预的私人采矿行为造成了大量的资源浪费；再者，当时国家没有强制性的环境保护法律制度，矿山企业掠夺性的资源开采之后，不承担复垦矿山的责任，给当地的环境造成了很大破坏。

随着自由资本主义经济发展由巅峰转向衰落，资本主义国家也开始意识到以自由放任为主要治理方式的自由资本主义经济已经不能适应经济发展的要求，必须有一个强有力的政府来主动干预和参与经济主体的市场行为，防止竞争过度导致的垄断行为和不正当竞争行为，甚至全球范围内的经济危机、政治动荡和战争。在这种治国理念转变的背景下，传统民事法律制度也在悄然发生变化，其突出特点就是传统民事三原则不再被人们严格遵守。

第二次世界大战结束之后，各国多进入了战后恢复建设阶段，大力发展工业，因此对矿产资源的需求量迅速增加。为了在短时期内

---

① 《马克思恩格斯选集》（第1卷），人民出版社1995年版，第277页。

恢复工业经济,各国普遍采用的方法是公权力的介入,以国家控制矿产资源为主要手段,由国家力量引领经济发展。因此各国矿业发展的总体思路是宏观层面国家制定详尽的发展计划,微观层面国家对矿山进行国有化改造,或者由国家出面组建大型的矿业垄断集团。这一时期西方发达资本主义国家的做法是组建大型的矿业集团公司,并使其迅速壮大,用以迅速恢复矿业经济发展。同时,金融资本与矿业公司合作程度加深,矿业公司通过金融公司的强大资本力量迅速扩大企业规模,而金融公司则通过矿业公司迅速控制世界矿业市场,以此控制世界经济的命脉。许多发展中国家在这一时期相继摆脱了殖民统治,宣布独立,独立之后的发展中国家在稳定国内政权之后,必然会首先发展本国经济,"从历史和政治角度看,新独立的国家一旦实现政治上的独立,对自然资源的永久主权就成为其获得经济自主权的必然要求"[①]。因此,这些国家控制矿业的主要手段是将主要矿山国有化,当然这些矿山既包括本国的矿山,也包括殖民地时期西方发达资本主义国家遗留下来的矿山企业,有些国家会采取赎买、谈判等较为民主的政策将这些矿业收归国有,也有的会采取较为专制的手段将这些矿山直接收归国家,不给予任何补偿。总体上,这一时期各国的矿业政策表现为"削弱私权自治,增强国家控制"。

"削弱私权自治,增强国家控制"与当时的经济发展需求有关,同时也是民事法律变化对矿业领域造成的影响所致。这一时期民事法律变化主要体现在传统民事三原则的变化,即对所有权绝对、契约自

[①] 陈丽萍:《国际矿业政策与立法的变迁》,《地质通报》2009年第3期,第298页。

第五章
国外矿产资源有偿取得制度及其对我国的启示

由和过错责任原则的限制，正是在削弱私权自治的同时增强了国家控制，保障了国家利益和社会整体利益。这一时期矿业制度的变化主要表现为"地权中心主义"向"矿权中心主义"的转变、矿产资源由国家控制并开始实行矿产资源有偿使用、规范矿业市场行为、金融对矿业的扶持、提高矿工待遇等。

（1）"地权中心主义"向"矿权中心主义"的转变

"地权中心主义"向"矿权中心主义"的转变，是这一时期矿业制度的最大变化。所有权绝对原则限制观念，直接影响到土地所有权人的行为范围。在所有权绝对年代，土地所有权人不仅拥有地表所有权，而且还享有地表之下的矿产资源所有权；随着所有权绝对原则受到限制，土地所有权人的所有权范围也在发生变化，他们的土地所有权只包括地表所有权，而不再包括矿产资源所有权。私权自治原则开始受到国家公权力的挑战，私人新近获得土地所有权之下的矿产资源所有权被国家通过法律的形式所有。例如，德国《联邦矿山法》规定，土地所有权不包括可开采之矿藏，除少数特定种类的矿产资源之外，其他矿藏都归国家所有；而且只有通过法定程序取得国家的许可，才可以取得勘探和开采矿产资源的权利。矿藏所有权人，并不能取得相应范围的土地所有权，而是可排斥土地所有人之权利，土地所有权人对此有容忍之义务。[①]这里的"少数特定种类矿产"主要是指土、砂石等一般建材类矿产。

---

① 〔德〕鲍尔、施缔尔纳：《德国物权法》（上册），张双根译，法律出版社2004年版，第683—684页。

"矿权中心主义"的利用模式，实现了地表与地下资源所有权的分离，也实现了无论其上土地所有权归属于何人，国家成为法定矿产资源所有者的法定事实，因为各国立法确立土地与矿产资源所有权分离的同时，还规定矿产资源属于国家所有。例如，法国《矿业法》把矿藏分为露天矿和地下矿，地下矿属于国家，土地所有权人无权开采，露天矿属于土地所有权人，但也必须通过国家的授权许可才能获得开采权和转让权；①智利《矿业法典》规定，国家对矿产资源享有绝对的、排他的、永久性的所有权；俄罗斯《矿业法》明确了矿产资源开发、利用和支配由俄罗斯联邦和俄罗斯联邦主体共同管理，规定："在俄罗斯联邦领土边境内的矿产，包括地下矿产资源、能源和其他原料是国家所有。资源的开发、利用和支配问题由俄罗斯联邦和俄罗斯联邦主体共同管理。"②虽然各国法律规定稍有差异，但任何人欲勘探、开发矿藏，均需要经国家授权许可，则是"矿权主义"利用模式所共通的。蒙古、墨西哥、阿根廷、土耳其等国均采这一模式。智利《矿业法典》规定："国家对于矿藏享有绝对的、排他性的、不可剥夺的和不因时效而消灭的所有权。"阿根廷《矿业法》与《阿根廷民法典》规定："矿藏是属于国家或省的私人物品，不论其位于何处……矿产形成与其所在的土地相区别的一种产权，但适用共同所有规则；个人通过法律许可获得无限期的矿产权。"土耳其《采矿法》规定："所有矿产归国家所有并由国家控制。矿产不属于其被发现地区的土地所有者。"我

---

① 吴一鸣：《不限嗣继承地产权》，载：http://www.docin.com/p-637232457.html，登录时间：2014年5月10日。
② 国土资源部地质勘查司编：《各国矿业法选编》，第523页。

国也是采取矿产资源国家所有权模式。唯一与其他国家不同的是，由于国家制度的区别，我国的所有权主体只能是抽象统一的"国家"（全民所有），而不能按照各级地域（联邦、州、市镇等等）层次享有不同的所有权。

这些国家与地区土地所有权人可以是国家、集体或私人，但矿产资源所有权基本上都属于国家。在这种矿产资源所有权制度下，国家既享有所有权人之名，也行使所有权之实。政府直接控制作为经济命脉的矿产资源。它一方面是税收的征收者，另一方面是探矿权、采矿权的许可人，同时还是矿产资源勘探与开采的监管者，主导着矿产资源的开发利用。

（2）国家对矿业权的控制

国家对矿业的控制不仅表现在对矿产资源所有权的控制，还表现在对矿产资源勘探权和开采权的控制。西方发达资本主义国家很早就将矿产资源所有权与矿业权（探矿权和采矿权）分开了，但这里的很早是相对我国的矿产资源法律制度而言的，事实上矿产资源所有权与矿业权相分离是民事法律制度中所有权绝对原则受到限制之后才逐步确立下来的。第二次世界大战之后，虽然各国的国家矿产资源所有权制度都在通过法律的形式加以确立，以便增强国家对矿业的控制力，但是法律制度应当防止朝令夕改，一项关系所有权的法律制度的修改无异于一场革命，特别是作为工业经济基础性原料的矿产资源，其所有权法律制度的修改必然会对一国经济造成颠覆性的影响，甚至会影响政权，因此各国，特别是二战前后政权并未发生变革的发达资本主义国家，在进行矿权国家所有制的改造时，一般都会尊重已经实施较长时间的矿业法律的效力。这就意味着原来已经实行了"土地中心主义"的土地，其地下矿产资源依然归土地所有人所有，国家可以争取的新增土地之下的矿产资源储量并不会太多。以美国为例，国家开始意识到控制土地及地下矿产资源之后，发现可供取得的空白土地资源已所剩无几，因此美国的土地所有权属大致分为四类：第一类是联邦政府的公有土地；第二类是州政府土地；第三类是私有土地；第四类是印第安人保留地。在这四类土地中，联邦政府的公有土地只占全国土地资源的 1/8，这也就意味着国家通过土地所有权获取地下矿产资源的数量非常有限。

在此情况下，国家通过掌握矿产资源所有权控制矿业的手段非常有限，还需要寻找其他方法实现控制目标，这种方法就是矿业权制度。矿业权包括探矿权和采矿权，指无论是国有矿产资源、州属矿产资源，还是私人所有的矿产资源，其勘探和开采都需要国家的授权许可，在授权和许可的过程中，矿业权人需要向国家缴纳一定的税费。无论矿产资源的所有权归谁，这些资源只有被勘探并开采出来才具有实际的使用价值，虽然地下资源的所有权可以在市场中交易，即具有一定的价格，但是如果市场主体认为这些资源无法勘探或开采，即使其储量再大，在市场交易中也不会产生任何价格。因此，掌握了探矿权和采矿权就是掌握了矿产资源的市场价值。国家正是看到了这一点，以法律的形式规定了探矿权和采矿权的性质是一种行政许可权，属于政府所有。这样国家就不但取得了矿业控制权，还取得了相应的税费权益。例如美国矿业法律法规规定：一切为供市场销售而开采的矿产资源、进行原矿初级加工和销售矿产品的矿业公司和个人，无论其采矿授权形式、开采规模和矿产资源价值如何，都需要缴纳权利金。

限制民事所有权在矿业领域，不仅体现在所有权主体的范围，即国家开始通过法律取得大量的矿产资源所有权，而且还体现在所有权延伸出来的权利中，即探矿权和采矿权。即使矿产资源所有权属于私人，该私人也不能当然拥有矿产资源的探矿权和采矿权，也就是说没有国家层面的许可，私人无法将其所有的矿产资源直接转化为经济收益；另一方面如果私人想通过转让矿产资源所有权来获取收益，也必须接受国家有关矿产资源二级市场的相关法律法规的制约。

（3）规范矿业市场行为

自由资本主义时期，国家倡导市场自由竞争，市场主体可以依意愿进行市场行为，只要该行为不违反刑事法律原则，国家一般很少对其进行干预。但是垄断资本主义发展以来，特别是二战之后，世界各国都普遍认识到自由竞争的市场环境不能是无节制的，否则就会产生各种破坏生产经营的行为，包括垄断行为和不正当竞争行为等，这些行为，发展到一定程度就会发生经济危机，第二次世界大战的根源就是经济的垄断。因此，国家需要对经济实施有效干预，规范市场主体的行为，使其朝有利于国家和社会整体利益的方向发展。

过度膨胀的民事私权自治原则同样对矿业发展产生了消极影响，私人掌握大量矿产资源所有权之后，可以随意处置地下资源，造成资源的浪费或影响经济发展进程。例如，在许多国家，私人虽然由于历史原因掌握了大量的矿产资源，但是真正将这些矿产资源转变为对工业发展有用的矿产品，需要进一步勘探和开采等的大量投资，这些投资数额往往并非矿产资源所有者个人能够承担的，因此面对丰富的地下资源，资源所有者可能仅会采取简单粗放的生产方式，开采地质储量中的极少数资源，浪费其余大量可采资源；矿产资源所有者还有可能根据市场行情，故意囤积大量可采资源却不进行开采，造成市场矿产资源供给量不足而价格持续走高，由于矿产资源属于市场产品供应链中的最初级一环，因此矿产品市场价格走高会直接影响到整个社会其他产品的价格也走高，从而影响到整个国家经济的持续平稳发展。如果按照民事法律私权自治的原则，私人矿产资源所有者的上述行为无可厚非，自己所有的资源是否投入市场、如何使用，当然完全由其决定，他人包括公权力都无权干预。但从整个国家经济发展的角度来看，矿产资源所有者的上述行为的确没有使宝贵的矿产资源达到物尽其用，造成了大量浪费。从社会整体利益来看，虽然任何物都应当有其所有者，所有者对该物享有完全的支配权；但是任何物也都存在一定的社会性，不同时期物的社会性有所差异，物本身也因其效用体现了不同的社会性，如果物的所有人对物的支配严重违背了该物的社会性，社会就有权对所有权人的支配行为做出干预。矿产资源的所有权虽然可以归私人所有，但矿产资源的形成绝不可能是因为某个人，它是几亿年地质运动形成的，因此它应当属于整个社会。而且如果私人对其所有的矿产资源做出违背经济发展规律和社会整体利益的利用方式，受损失的也绝不可能只是个人。矿产资源的社会性较其他经济对象更为突出，法律对私权自治的限制应当涉及矿产资源，使其更好地为全社会、全人类服务。

山西省煤炭资源整合和煤矿企业兼并重组就是国家规范市场行为的重要举措，企业的经营规模本是由企业自己决定的，当企业资金雄厚时，可以扩大生产规模，当企业只为获取小额利润时，也可以将生产规模限定在一定范围内。但是在矿业领域，企业规模并不是完全由企业自己决定，企业当然可以扩大生产规模，但是最小也不得缩小到国家法律和政策规定的准入门槛。正如山西省煤矿企业兼并重组，山西省政府为山西省域范围内的煤矿企业制定的最低产能是90万吨/年，低于这个产能原则上是不符合生产资格的。为矿山企业设定产能最低标准并不是山西省的专利，历史中各国都在不断提高矿山企业的产能门槛，这与矿产资源开采特性有密切联系，小产能意味着资源浪费、矿难等问题。进入二级市场，国家依然要对矿业权转让设定各种指标，规范其交易行为，例如对交易主体的经营范围的资格要求、交易之后矿山的产能要求等等。

私权自治赋予了市场主体经营自由权，但对私权自治的限制则意味着对市场主体经营自由权的限制。在矿产资源一级市场，国家通过规范私人矿业企业的主体资格，使其行为必须符合国家和社会的整体利益；同样在矿产资源二级市场，国家依然要干预市场主体之间的市场交易行为，同样是为了维护国家和社会的整体利益。

（4）金融资本对矿业的扶持

马克思认为：资本是可以带来剩余价值的价值，它在资本主义生产关系中表现为一种特定的政治经济范畴，体现了资本家对工人的剥削关系。资本在资本主义生产关系中表现为一种剥削关系，但并不意味着资本仅可以出现在资本主义社会，也不意味着只要是有资本发挥作用的地方就一定有剥削。我国是社会主义市场经济国家，不存在资本主义生产关系中的剥削关系，但是我国的社会主义市场经济发展同样需要资本的运作，尤其是矿业发展。改革开放之初，计划经济观念的长期影响，以及人们对资本概念的认识偏差，导致社会主义市场经济中的资本力量始终没有得到有效发挥，这在矿业领域表现得尤为突出。金融资本不能较为畅通地进入矿业领域，使矿业发展无法迅速提升规模，发挥规模效益，这在很大程度上影响了我国的矿业现代化进程，使其相较于其他矿业发达国家，无论是在矿业经营理念、矿业规模还是矿业效益、全球控制力上，都处于明显的落后地位。

发达矿业国家则不同，早在第二次矿业立法革命期间，这些国家就认识到金融资本对矿业发展的重要性。矿业具有投入高、利润高和风险高的"三高"特点，三者之间存在紧密的关系，只有投入高才能实现利润高，而利润高与风险高往往是并存的，当企业生产利润非常可观时，也意味着高风险的存在。矿业市场形势可能随时会急转直下，让矿业企业陷入经营困难，纵观世界矿业历史，矿业市场的周期性规律是清晰可见的。在"三高"特点中，投入高是任何矿业企业都必须要面临的问题，而且这个问题会随着矿业发展的不断深化而逐步扩大，原来建设一个矿山企业只需要几百万就能够完成，现在则动辄就要十几亿、几十亿，因此矿业企业融资难的问题就成为企业发展首先要解决的问题。为了解决这一问题，从第二次矿业革命期开始，发达矿业国家的矿业企业就开始寻求与金融资本的合作，而这种合作并不只是矿业企业单方的行为意愿，同时也是金融资本寻求的发展模式。矿业金融资本是指银行资本和矿业资本相互渗透而形成的最高形态的垄断资本，它的主要组织形式是金融资本集团，即通常所说的财团。金融资本的运作基础是公司股份制，即金融资本通过投资占有各行各业的股份，将金融资本渗透到国民经济的各个方面，由此金融资本就控制了比自身资本大几倍甚至几十倍的他人资本。例如，美国的摩根财团，人们称其"钢铁大王"，就是因为摩根财团将其掌握的金融资本大量投资于钢铁产业，控制了美国甚至全球其他国家的钢铁市场。除此之外，"石油大王"洛克菲勒财团通过金融资本实现了对全球石油市场相当份额的控制，日本的三井财团广泛涉足煤炭工业和商业，住友财团在有色金属工业也拥有很高的地位。

  发展中国家在第二次矿业革命时期，也注意到资本对本国矿业发展的重要性，只是由于本国经济缺乏强大的金融财团势力，其解决资本不足问题的方式往往是通过立法给予矿业发达国家的矿业企业国民待遇，甚至超国民待遇，以吸引这些企业向本国投资，开发本国矿产资源。但是由于大多数发展中国家过去都受到了发达资本主义国家的殖民统治，或在二战中受到了侵略，因此对待曾经的敌人也会显出谨慎和不信任，多数发展中国家在引进国外资本的时候并不会给予他们单独掌控国内矿产资源的机会，而是规定外资必须通过该国国内法人投入，即外国公司必须通过合资等方式成为该国国内法人后，才可将资本投入矿业。例如，巴西曾通过修宪和法案的方式，对外资公司进入巴西做了限制，其中规定外资公司必须把控股的资本转让给巴西公司，只能与控股的巴西公司进行合资。

  前面提到，这一时期整个经济发展所表现的民事法律关系的特点是，强调国家对市场的控制力，限制私权在市场中的自治活力，该特点在矿业发展上的突出表现就是国家财团主导成立大型矿业公司。市场主体迅速壮大规模最好的方法，无疑是得到国家财政的支持，一个国家在较短时间内迅速成立若干个具有世界竞争力的跨国垄断企业最好的方法，或许也是唯一的方法就是利用国家的财政成立国有企业。在第二次矿业革命时期，为鼓励本国矿业企业迅速成长，甚至参与全球资源分配，许多国家和政府都纷纷成立专门的机构，并由政府投资组建大型矿业集团。例如，韩国于1967年成立了大韩矿业振兴公社，该公社是一家隶属于韩国商业工业能源部（MOCIE）的大型矿业开发国有企业。韩国政府最初投资了10亿韩元用于公司成立，此后逐年增加。最初该公司主要业务是开发韩国国内的矿产资源，1975年之后，该公司在韩国政府矿业振兴计划和韩国海外矿产资源开发基本计划的支持下，将业务推向国际市场，实施"走出去"战略参与国际矿产资源分配。[①]再比如日本，一个矿产资源匮乏的国家，其经济发展所需矿产资源几乎全部依赖于国外进口，二战之后为了迅速恢复国民经济，它于1963年成立了日本金属矿业事业团，服务于面向海外矿业投资的企业，该事业团成立时为政府全额拨款，注册资本2亿日元。该事业团用政府提供的补贴费，在国外可能储存有大型优质矿床的地区进行区域地质调查，将查明有望的矿床赋存区，再交矿业公司继续进行勘查。其补贴标准是：钻探和坑道工程补贴1/2；地质、地球物理和地球化学调查补贴2/3；矿业公司进一步找矿时，可通过海外经济合作基金会获得政府贷款；日本企业与外国公司合作进行地质调查也可以获得政府资助。[②]

---

① 姜雅：《大韩矿业振兴公社的运用模式及其对我国的启示》，《国土资源情报》2009年第5期，第22—26页。
② 辛亮：《日本的全球资源战略》，《中国冶金报》，2003年11月26日，第T00版。

总之，第二次矿业立法革命持续的几十年，是世界矿业发生深刻变化的几十年，也是民事法律制度中限制私权自治观念对矿业发展产生深度影响的几十年。从宏观经济层面来看，二战之后的发达国家和发展中国家都在谋求各自的发展，力图在世界经济发展版块中找到各自的位置，政府作为国家公权力的代表起到了主导本国经济向前发展的作用；从法制层面来看，由于经济向国家垄断等更深程度的发展，表现为民事法律制度中所有权绝对、契约自由和过错责任原则受到了广泛限制，法律价值观发生了深刻变化，人们意识到以私权自治为基石的民事法律关系，同样不可忽视对国家利益和社会整体利益的重视，否则国家和社会利益无法得到保障的同时，个人利益也要受损；从矿业立法层面来看，各国对矿业发展的重视程度逐步加深，以国家财政和政策支持的矿业企业组织形式开始成为主导各国矿业发展的趋势，其中发达国家的矿业企业受到了掌握国家经济发展命脉的金融资本的支持，具有垄断形式的跨国矿业巨头成为这些国家矿业发展的主体力量，并主导了全球矿产资源的分配，发展中国家则是通过灵活的税收、财政和货币法律政策，大力吸引国外矿业资本投资，在保障本国矿业和经济主权安全的条件下，以矿业经营权换取经济大发展。具体到矿业立法制度，第二次矿业立法革命主要表现在"地权中心主义"到"矿权中心主义"的转变，国家增强对矿业发展各个环节的控制力，包括对矿产资源所有权的控制、对矿业权的控制、对矿业市场行为的控制等。

三、第三次矿业立法革命

第三次矿业立法革命始于20世纪末21世纪初，这一时期世界经济发生了深刻变化，原来美苏争霸下的世界格局，逐渐向多元化方向发展，突出特点是在经济全球化浪潮的推动下，世界经济资源开始在全球范围内分配。矿产资源作为经济资源的重要组成部分，受到了世界各国的格外关注，谁占有了世界矿产资源，谁就掌握了经济发展优先权；谁有效掌握了矿产资源的价格话语权，谁就掌握了利益分配权。在新的矿业世界格局面前，各国都通过修改本国的矿业法律法规努力适应这种变化，并试图从中掘取更多利益。

（一）经济发展对第三次矿业立法革命的影响

第三次矿业立法革命是世界经济全球化浪潮下的变化，也是各国适应经济全球化的产物，期间经济危机的发生对各国矿业立法产生了深刻影响。

1. 经济全球化对第三次矿业立法革命的影响

经济全球化最早是由特·莱维于1985年提出的，国际货币基金组织在1997年发表的《世界经济展望》中，曾对经济全球化做过如下定义："全球化是指跨国商品与服务交易及国际资本流动规模和形式的增加，以及技术的广泛迅速传播，使世界各国经济的相互依赖性增强。"美国全球化理论权威哈佛大学肯尼迪政治学院院长约瑟夫·奈曾经说过："全球化到底是什么？我认为它实际上意味着相互依存。"在国际货币基金组织给定的经济全球化的定义中，遗憾地缺少了对矿产资源全球化的足够重视。从经济全球化快速发展的30年可以看出，多数发达国家和发展中国家都得到了经济全球化所带来的好处，不过经济全球化的概念是发达国家首先提出的，它们当初在酝酿和提出这一概念时，也并没有预料到这一均衡结果的发生，因为发达国家理想

第五章
国外矿产资源有偿取得制度及其对我国的启示

中的全球化应当是披着合法、合理、互利共赢的外衣，而实为对发展中国家实施经济侵略的最新手段而已。全球化意味着各国之间经济的相互依赖，但在这种依赖中应当区分谁为主导，谁为附属，毫无疑问经济全球化是发达国家为主导的全球经济资源的再分配，其中矿产资源的再分配就是经济全球化的重要组成部分。

世界上多数发达国家，除美国之外，都是矿产资源相对匮乏的国家，如欧洲和日本（即使是矿产资源储量非常丰富的美国，也不是依赖开采本国的矿产资源，而是力主对世界其他国家矿产资源的控制）。但是这些国家的经济发展并不是依靠对矿产资源依赖较小的劳动密集型产业，而是依靠对矿产资源依赖性较强的冶金、装备制造等产业发展起来的，因此如何满足这些产业对矿产资源的需求量，就成为这些发达国家首先需要解决的问题。解决问题的方法只有一个，就是以资本输出的方式控制发展中国家的矿产资源。经济全球化中的相互依赖关系在矿业领域的突出表现，就是发达国家对发展中国家矿产资源和人力资源的依赖以及发展中国家对发达国家资本和技术的依赖，其中以发达国家通过资本输出控制发展中国家的矿产资源最为明显。

发达国家以资本输出控制发展中国家矿产资源的载体是跨国矿业公司。据统计，世界上的大部分矿产资源都是由大型的跨国矿业公司控制的，大约有150家跨国矿业公司控制着全球矿产品产量的85%，剩余的15%则是由900个公司控制，1995年世界排名前10位的矿业公司占有矿产品市场份额的23%，到2008年这一比例就增长到了35%。跨国公司不但控制着矿产资源储量和矿产品产量，更重要的是还控制着矿产品价格的话语权。其原因是跨国矿业公司已不是原来单纯从事矿产资源勘探开发的公司，其很多利润都来源于资产和资本的运作，与金融资本的结合使大量金融投机资本进入了矿业市场，不断推高矿产品价格。以铁矿石为例，必和必拓、力拓和淡水河谷国际三大矿业巨头控制着全球铁矿石的35%，控制着海运铁矿石市场的58%。自2002年以来，三大铁矿石供应商不断推高铁矿石价格，使其连续多年出现大于50%的涨幅，2008年更是迫使中国企业接受了达到96%最高涨幅的惊人谈判价格，粗略估算，2002—2010年，中国为此累计多支付了7000亿元人民币。在那些铁矿石价格持续走高的年份里，同样是钢铁产量大国的日本却很少听到强烈抵制的声音，其原因就在于日本钢铁企业虽然在这场铁矿石上涨浪潮中损失巨大，但是在整个澳大利亚的各个矿区中，均能看到新日铁、三井物产、住友商事、伊藤忠等日本公司的身影，它们虽然在本国很难获得矿产品，却在世界多处控制着上游矿产资源产业。仅三井物产一家日本企业就在澳大利亚、巴西、印度等主要矿产品生产国的7座大型铁矿山或铁矿企业中占有大量的股份（其中在澳大利亚罗布河铁矿中占有33%的股份，在Mt Newmen、Yandi、Goldsworthy、POSMAC中均占有7%的股份；在巴西CVRD中占有15%的股份；在印度Sesa Goa中占有51%的股份，取得了控股权），因此日本钢铁企业受到的利润损失在上游铁矿石的利润中得到了弥补。由此可以看到，在经济全球化中，发达国家的资本输出对本国经济发展的帮助是不可小觑的。

基于经济全球化对世界矿产资源利益格局的重新调整，各国的矿业立法也都在发生变化。发达国家的矿业立法主要围绕如何提升本国矿业垄断企业的资本实力进行，目的是进一步通过资本输出的方式控制全球矿产资源，进而通过主导全球经济发展走势，调整全球产业布局，巩固发达国家的经济发展优势地位。发展中国家在这场经济全球化浪潮中，应该说是处于被动接受的地位，但被动地位并不妨碍其以经济全球化为契机发展本国经济，当然这种发展主要依托向发达国家出让本国矿业权来实现，还有一些矿产资源相对匮乏的发展中国家和地区，也可以在经济全球化步伐中找到本国或地区的位置，如被称为"亚洲四小龙"的新加坡、韩国、中国香港和台湾地区，就是在全球产业布局中找到了出口加工这种非常适合其发展的劳动密集型产业。

2. 经济危机对第三次矿业立法革命的影响

20世纪末以来，世界范围内发生过三次规模较大、影响较广的经济危机，分别是20世纪90年代初以日本经济崩溃为代表的世界经济危机、1997年的亚洲经济危机（"亚洲金融风暴"）和2007年发生的美国次贷危机引发的全球经济危机。这三次经济危机的共同特点是以金融危机为主要表现形式，经济危机发生地的股市、汇率震荡，从而影响到其他实体经济。因此，从主要表现上看，有些人认为经济危机产生的根源是各国货币政策或金融政策失误，但事实并非如此，金融危机或经济危机背后的根源与能源危机有着紧密的联系。以2007年美国发生的次贷危机为例，从表面上看，次贷危机发生的原因是金融监管制度的缺失，即金融机构，特别是美国华尔街的投机者，找到美国法律制度的漏洞，弄虚作假，欺骗大众；或者说是美国近30年来的新自由主义经济政策导致国家对金融市场乃至整个市场经济的失控。具体原因表现在：一是美国政府为推动经济增长，寅吃卯粮，鼓励民众提前消费；二是美国民众中的主体部分——中产阶级的收入不升反降,助长了超前消费;三是金融业缺乏监管,引诱民众以非理性的方式超前消费或入市投机。但当我们将目光向前推移数十年就会发现,美国之所以会采取较为宽松的金融财政监管政策,并不是空穴来风,其原因恰恰是2000年左右全球包括能源价格在内的矿产资源价格大幅上涨,2001年国际油价升至每桶30美元,是1998年的两倍,为避免20世纪70年代和20世纪90年代的三次石油危机,各国都采取了相应的措施刺激本国经济发展,美国就是在那次石油上涨中实行了扩张性的货币政策,从2001年5月到2003年6月短短两年间,美联储连续13次降息,将联邦基准利率从6%下调到1%,创下了1958年至此的历史最低。与此同时,世界其他国家和地区也纷纷采取同样的做法试图刺激本国经济的发展,日本中央银行的基准利率降到0.1%,创下了日本历史最低水平,欧洲央行则是将基准利率从4.75%下调至2%。[1]如此宽松的货币政策和货币整体流动性的增加,虽然暂时延缓了经济下滑的趋势,但也带来了股市的抬高、房价的抬高和油价的继续升高,如此繁荣的市场形势让金融资本更加活跃,人们纷纷放贷投资。但是在资本主义市场经济条件下,政府的货币政策和其他财政政策的力量毕竟有限,当经济形势继续恶化时,政府也无法控制局面,于是便出现了金融危机触发的全球经济危机。因此,经济危机的根源在于能源危机,在世界已经进入信息社会的当代,矿产资源依然表现出它主导世界经济走向的强大力量。

---

[1] 张永胜:《世界经济危机从根本上来说是能源危机 根本出路在于大力发展新能源》,载:http://www.doc88.com/p-605926607879.html,登录时间:2014年5月10日。

第五章
国外矿产资源有偿取得制度及其对我国的启示

在几次经济危机之后,人们逐渐意识到控制能源市场的平稳走势,是防止经济危机的关键,同理,谁能控制世界能源市场,谁就能掌控本国经济走势,防止其陷入经济危机的危害之中,为此各国开始了对本国矿业立法的新一轮修改。在第二次矿业立法革命中,各国注重国有资本力量对矿业的支持,取得了初步成效,尤其是矿业国有化浪潮以来,各国都发现了大量可供开采的大型矿床,但是经济危机的到来使原本应当进入开采阶段的矿产资源开发由于缺少国家资本的进一步注入而被迫放缓,许多国家求助于世界银行和国际货币基金组织,对方给出的破解之道是国有企业私有化。有些国家在国力确实无法支撑的情况下,修改矿业立法鼓励私人企业进入矿业领域以缓解矿产品供给压力。除此之外,世界主要矿产资源供应国并没有因为矿产品价格的上涨而增加矿产品供给量,以争取更多利益,相反,它们为了维持矿产品价格持续走高的态势,或保持矿产品供给量不变,或相应减少,特别是石油生产国,他们出售石油的主要目的是还清美元债务和维持外汇平衡,当石油价格突破一个临界点时,他们就会考虑维持总贸易额不变,因而会将石油产量保持在一定范围内。比如世界主要石油出口国俄罗斯,在 2011 年石油价格暴涨的情况下,国内的石油与天然气凝析油开采量只增长了 1.3%,出口量反而下降了 1%。[①]世界矿产品供应量的减少使各国都意识到资源的宝贵,因此可持续发展在各国法律和文件中被更多地提及,世界矿业进入了有意识的可持续发展阶段。

---

① 刘晓盼:《全球经济危机的根源是能源危机——兼谈对当前能源问题的三点思考》,载求是理论网: http://www.qstheory.cn/lg/clzt/201110/t20111013_116420.htm,登录时间:2014 年 5 月 10 日。

（二）第三次矿业立法革命的特征

经济全球化为各国相互了解提供了有利条件，同时也使矿产资源和不同产业在全球进行分配，全世界各国分工合作的趋势更加强烈。在此背景下，一方面，各国都在寻求适合本国经济发展实际的矿业政策，它们的矿业法律制度和政策更加理性，呈现出多元化的趋势。另一方面，发展中国家工业进程不断加快，规模不断加大，世界矿产品需求量不断提高，再加上环境污染、生态破坏问题严重，人们开始意识到矿业可持续发展的重要性。

1. 矿业立法的多元化

矿业发展的多元化是指各国根据本国不同的国情背景和在国际生产环节中的地位，制定出适合本国实际情况的矿业发展计划，并通过立法的方式付诸实施。21世纪以来，经济全球化趋势在世界各个地区开始显示出影响力，各国在经济、科技、文化方面的联系越来越紧密，在发达国家主导下的全球产业分工开始影响到各个国家的经济政策，为了在世界经济体系中谋求发展机会，各国纷纷根据本国经济发展状况和现有条件制定出相应的发展计划，其中矿业发展计划就是其重要组成部分，因此也就出现了矿业发展多元化的现象。

矿业资本输出国的矿业企业继续谋求与金融资本的合作，试图通过企业规模和资本充足率来继续控制世界矿业市场。20世纪90年代以来的几次大范围的经济危机，给世界矿业市场带来了严重的冲击，经济走势的下滑明显影响到矿产品的需求量，世界各国都出现了矿业公司减产或矿山倒闭的现象。而且矿业经济本身就存在周期性，当经济危机到来时，它恰好处于矿业市场低位运行的阶段，在经济危机与

第五章
国外矿产资源有偿取得制度及其对我国的启示

矿业自身周期的叠加影响下,矿业发达资本主义国家的矿业实体出现了运行艰难的状况,这种状况也迫使它们开始谋求矿业实体之外的运营方式,即矿业实体与金融资本联合,并向国外发展中国家进行矿业资本输出。

20世纪的大部分时间,世界矿业市场经历了一个前所未有的高速发展时期,其发展态势可以用"高歌猛进"来形容,尤其是二战之后的世界工业经济大发展时期,矿产资源价格更是长期处于高峰。但是,经济发展和矿业发展的周期性决定了这种状态不可能一直维持下去,自20世纪80年代开始,矿业发展出现了低潮期,随之而来的是一种有关经济增长方式的假说。①这种假说认为,从20世纪末开始,世界将进入科技高速发展时期,各种新技术、新材料将层出不穷,当时的一些新材料已经表现出较传统金属材料明显的优越特性,例如轻型材料的运用、高强度航天材料的运用和纳米材料的运用等,这种变化会使应用于专门部门的传统金属材料需求量大幅下降。同时,工业在全球经济中比重的逐渐下降,以及服务业的兴起,有可能使发展中国家不经历工业化国家在发展中对矿产资源的高强度消耗阶段,也可以实现现代化。但是这一假说被中国等发展中国家的强劲发展势头和对矿产资源的高消耗量所否定。人们开始重新定义矿产资源对一国经济发展的重要性,工业发展阶段和资源的高消耗阶段是一个大国必不可少的发展阶段。将20世纪50年代的日本和六十七年代的中国台湾地区、

---

① 朱丽丽:(译自芬兰地质调查局材料)《全球矿业形势展望(至2030年)》,《地质调查动态》(2011年合订本),中国地质调查局发展研究中心,第5页。

韩国的经济发展态势与中国相比，显而易见的是，不但前者的发展轨迹被重演，就连对矿产资源的需求量也是如此。对全球经济增长方式假说的否定使发达国家开始重新审视本国的矿业发展计划，以加拿大为代表的发达国家重新认识到矿产资源的重要性，纷纷制定相关政策鼓励本国矿业的发展：一是加大矿产资源勘查投入，为进一步开采增加储备资源；二是放松对矿业用地准入的限制；三是制定矿业开发的优惠政策。

发展中国家在第三次矿业立法革命中呈现出两方面较为矛盾的特征：一方面是为发展本国矿业尽力引进资本，一方面又为维护本国矿业企业的利益而对国外矿业资本进行限制。总体上，发展中国家就是在引进矿业资本与限制国外资本之间寻求平衡，从政策上则表现为对引进国外矿业资本的摇摆不定。例如，矿业大国巴西在其不同时期的法律中，反映了对国外矿业资本态度的摇摆不定，1967年的巴西《宪法》第二十一条规定："润滑油、液体或气体燃料以及电的生产、进口、流通、销售和消费，对上述这些活动的任何一种只征税一次，不准再对它们征收另一种税。""法律上列举的国内各种矿产的采掘、流通、销售或消费，对上述这些活动的任何一种只征税一次，并遵守上段最后的规定。"这说明1967年的巴西《宪法》是鼓励引进国外矿业资本的。但是，巴西在1988年对《宪法》进行了一次修改，主要对外资公司进入巴西做了限制，在矿业方面，为限制外资公司开矿也通过了一个法案，外资公司必须把控股的资本转让给巴西公司，只能与控股的巴西公司合资。这一规定对矿业资本引进产生了不利影响，1982年巴西引进的矿业外资达到80万美元，而8年之后的1990年却只有8万美元。

为改变这一状况，巴西于 1995 年恢复了 1967 年《宪法》中鼓励引进外资的规定。

其他发展中国家在第三次矿业革命初期，也颁布各类法律法规鼓励引进矿业外资，通常的做法是对外资实行国民待遇或超国民待遇，减少对外资管理的限制，简化矿业权申请程序，对矿业各项税费实施减征或免征。客观上，这些法律法规的确为发展中国家的矿业发展争取到了难得的发展机遇，使其国民经济进入了发展快车道。但是矿业快速发展也不可避免地出现了许多经济和社会问题。首先，矿业实体规模做大之后，利益的蛋糕也在变大，如何将做大的蛋糕公平分配就成为发展中国家面临的现实问题。大多数发展中国家为了发展矿业，通常都会出台各项优惠政策鼓励社会资金投资矿业，一些私人投机商就会从中获利，形成一部分矿老板群体，这部分人赚取矿业超额利润的原因不是善于经营，而是依仗特定时期的国家优惠政策，而且由于矿老板群体的形成而加剧的发展中国家的贫富差距，造成了国家两极分化严重，民众的不满情绪逐渐高涨。总之，在矿业收益分配问题中，由于先前的优惠政策使矿业收益过多地倾向于矿业开发主体，而且这些主体中有许多是私人，矿产资源的所有者——国家的收益没有得到保障，即全民的矿产资源收益没有得到保障，本应属于用于改善全民福利的矿产资源国家收益被少数人占有，造成社会分配不公。在这些发展中国家中，印度尼西亚和非洲等国家都因此而爆发了严重的社会冲突。其次，发展中国家对发达国家的巨大矿业开发优惠政策，使矿业利益过多地流向了发达国家，发展中国家的经济虽然得益于这些矿业优惠政策，也取得了难得的发展机会，但同时也损失了较多利益。

当本国矿业主体企业发展到一定规模后，本国国民开始反思优惠政策继续实施的合理性问题，并考虑用发展壮大的本国矿业企业取代国外矿业企业来开发本国矿产资源的可行性，因此在经济利益驱动下的矿业民族主义倾向逐渐盛行。例如巴西、委内瑞拉、玻利维亚、赞比亚都呈现出这样的趋势。

2. 矿业的可持续发展

21 世纪以来，世界各国都开始重视经济可持续发展的重要性，可持续发展的基本涵义是既要满足当代人的需求，又不对后代人满足其需求的能力构成危害的发展。经济可持续发展包括方方面面，其中矿业的可持续发展就是经济可持续发展的重要组成部分。

随着世界各国都进入工业化发展阶段，以及世界人口的迅速增加和世界城市化进程的加快，全球对矿产资源的需求呈现出前所未有的增长态势。以第三次矿业革命以来全球能源消耗量为例，1900 年全球能源消耗达到 102.569PWh，2000 年增长到 117.687 PWh，2008 年就达到了 143.851 PWh。[①]美国能源情报署预计，到 2030 年全球能源消耗量将比 2003 年增长 71%。[②]对矿产资源如此高强度的消耗，改变了人们最初关于地球上的矿产资源是取之不尽、用之不竭的想法，使人们转而开始意识到如果按照现在对矿产资源的消耗量和浪费量，人类

---

① 《世界能源消耗量》，载：http://baike.baidu.com/link?url=wkdp0yynqFFrZ6itMFYIF5iMkufTosWwh8XiFURuUL5PF9KVk5M0acDYFulyQSY9jnPGUA6xliLXp21ZDzK0Kq，登录时间：2014 年 5 月 10 日。
② 《能源情报署：预计 2030 年全球能源消耗量增长 71%》，载新浪财经：http://finance.sina.com.cn/forex/forexroll/20060621/0114755679.shtml，登录时间：2014 年 5 月 10 日。

第五章
国外矿产资源有偿取得制度及其对我国的启示

很快就将面临矿产资源危机。因此,各国都提出了矿产资源可持续发展战略,一方面是加大资源勘查力度,发现更多的可采矿床;另一方面是调整产业结构,提高资源利用效率,保护环境。

矿业可持续发展对于各国来说应当包含两方面的含义:一是从国家层面控制本国矿业发展的总体走势,制定国家矿业长期发展的战略规划;二是关注矿业开发利用所带来的日益严重的生态环境和各种社会问题。

除少数资源相对丰富的国家之外,对于全世界大多数国家来说,经济发展总量的不断增加和国民对矿产资源需求量的不断增加,使其必须考虑资源供给安全问题,即满足现有经济发展需要的同时,还要保障未来经济发展所需的资源供应,因此宏观矿业经济战略就显得尤为重要,国家要从更长远的角度来考虑国家矿业安全,减少私人矿业主体的单纯牟利行为对矿业长期发展的不利影响。一般情况下,政府都要根据本国经济发展趋势和世界经济全球化影响的大背景,制定本国矿业发展战略,其中包括矿业开发利用的底线、矿业开发利用方向、产业结构调整计划、国内急缺和市场需要的矿产品种类和数量、限制开采的矿产品种类和数量、国际当前和未来一段时期的矿业走势等问题;对于有些矿业需求量较大的国家,还要考虑如何壮大本国矿业企业并"走出去"参与国际矿业市场分配的问题。

长期以来,特别是第二次矿业立法革命以来,世界矿业大发展的同时,人们开始意识到矿产资源开发给生态环境造成的严重危害,因此在第三次矿业立法革命中,各国都有意识地在矿业立法中加入保护生态环境的条款,特别是发达国家对矿业企业的环境保护要求非常严格。以美国为例，1969年美国曾出现过两次影响较大的、由石油开发过程中的油气泄漏造成的大面积海洋污染事故，因此联邦政府之后对矿产资源开发中的环境问题格外重视，并制定相关法律以便尽量避免类似事件的再次发生，法律规定在开发前都要由矿业、环保等多个部门对矿业开发可能造成的环境污染进行严格评审，并引入公众参与评价环节，直到各方均满意或形成一致意见后，方能进行开发。一般一项矿产开发项目都要经过以下三个程序：首先，开发者要提交开发区域的环境影响报告，该报告中要说明开发可能对相关区域造成的环境影响，并将采取何种措施进行防治。其次，政府要将开发者提交上来的环境影响报告向开发影响区的当地政府和民众公布，征求意见；开发者要根据当地政府和民众的意见对环境影响报告做出修改，之后再次向当地政府和民众征求意见，并根据意见对环境影响报告再次做出修改，直到针对民众的问题都能提出有效解决的办法。最后，环境影响报告还要征求农业部、林业部等相关部门的意见。一般一份环境影响报告的最后通过要持续4—5年的时间，如果所有程序都进行完毕后，依然未能就报告的内容达成一致，可以提交内政部裁定。[1]

矿业大国澳大利亚也非常重视矿业开发中的环境保护问题，在澳大利亚生态持续发展工作组撰写的《生态持续发展的最终报告——矿业部分》中有一段话，阐述了澳大利亚理解的国民经济、矿业与环境保护之间的关系："矿业和矿产加工工业是澳大利亚出口收入的主要来源，对澳大利亚人的物质和非物质生活做出了很大贡献。大部分澳大利亚的消

---

[1] 国土资源部地质勘查司编：《各国矿业法选编》，第1166页。

费品是由矿业部门产品制造而成的，或用矿业部门的产品包装的。矿业也是区域发展和就业的重要基础。矿业对澳大利亚人未来的总体幸福能做出何种贡献取决于多种因素，包括就业水平和矿业的经济及环境行为，也取决于矿业如何积极地对待实现生态持续发展的要求。近年来，许多重要的矿业企业大大改进了他们的环境行为。"这段话说明很早以前，澳大利亚就已经认识到矿业开发引入环保要求，不是纯粹从环境保护角度考虑的，环境状况已经影响到矿业开发的经济效益，如果澳大利亚忽视环境保护而仅从经济效益考虑矿业开发问题，那么长期发展下去，环境恶化必然对矿业开发造成负面影响，人们的环境保护观念应当从矿业开发创造效益的窠臼中扭转过来，意识到环境保护依然可以创造效益，或者说它是工业创造效益的重要保障。澳大利亚在对待矿业开发与环境保护孰轻孰重的问题上，很早就已经将环境保护置于矿业开发之前了，例如澳大利亚1981年《矿业法》第六条规定："本法案要依照1971年颁布的《环境保护法案》来解决和编制，因为本法案颁布开始生效的意图即是如果本法案的规定与《环境保护法案》早期制定的规定不一致，本法案中与《环境保护法案》规定相抵触的内容将被视为无效。"

　　第三次矿业立法革命发生于经济全球化背景之下，与前两次矿业立法革命不同的是，本次立法革命不是全世界统一潮流主导下的矿业制度调整，而表现为各国不同的发展路线。前两次矿业立法革命受民事法律制度的影响，分别表现为私权自治主导下的矿业开发自由化特征、国家公权力主导下的矿业开发社会化特征；第三次矿业立法革命受发展中国家崛起和全球产业分配格局的影响，各国的矿业立法呈现出多元化发展趋势，不同国家根据本国经济发展状况和实际需要制定了不同的矿业制度,发达国家以矿业资本输出为主,主导全球矿业生产,发展中国家以引进国外矿业资本培植本国矿业经济为主,但不同时期各国的矿业政策又有所调整。另外,在矿业生产规模日益扩大、环境恶化的背景下,各国开始意识到矿业可持续发展的问题。到目前为止,第三次矿业立法革命依然在进行之中,当发展中国家已经赶超发达国家,或新的矿产资源种类的出现足以改变现有矿产品利用格局时,新一轮的矿业立法革命可能会再次出现。

四、三次矿业立法革命对矿产资源有偿取得制度的启示

（一）矿产资源取得方式从无偿到有偿是发展趋势

目前大部分国家的矿产资源取得方式都采取了有偿,但是在人们最初开始利用矿产资源时,国家对矿产资源使用人的态度并非有偿,只是针对其中一部分重要资源,向开采使用者收取一定的税费,而国家在收取这些税费时,并没有从矿产资源所有者的角度考虑过矿产资源有偿取得的问题。直到工业革命之后,人类进入工业社会,人们开始有意识地大量开发利用矿产资源,对矿产资源的重视不仅体现于市场主体,还体现于国家。

国家对矿产资源的重视程度是与矿产资源的使用量成正比的。古代社会,各个国家的统治者不会对所有的矿产资源给予充分关注,仅会对经济贡献大或稀有的矿产资源加以控制,例如盐、铁、金、银。这种控制有两方面的目的,一方面是对经济发展和人民生活至关重要的矿产资源,要保证其供应充足;另一方面是向经济产值较大的矿业征收税费,保证政府的财政收入。进入现代社会,各国政府对矿产资源依然采取有区别的对待方式，区别的标准依然是经济贡献率和稀有程度，其目的也依然是保证经济社会稳定发展和保证政府税费收入。只是随着人们对矿产资源用途的认识逐步加深，矿产资源利用率的不断提高，各类矿产资源都成了经济发展的有用之物，故而得到国家的广泛重视。

从世界经济的发展趋势来看，工业依然是世界各主要经济体的主要经济增长点，至少人们的生活与矿产品息息相关，因此矿产资源与人们的生活和经济产品息息相关。即使是以农业和第三产业为支柱产业的国家，其农业和第三产业也不可避免地要依赖于矿业才能得以生存和发展，因此矿业在较长一段时间内，依然是各国都需要普遍给予高度重视的产业。在此情况下，国家必须对矿业发展做出长期的战略规划，并将其纳入财政收入的主要来源。为实现这一目标，各国矿业立法都包含了两方面的内容：一是规定矿产资源的国家所有属性，从源头上控制矿业发展；二是规定矿业权人开发国家所有的矿产资源时，实行有偿取得制度，向国家缴纳一定的所有权对价，国外称作权利金。随着世界经济规模的逐渐扩大，以及较长时间内工业产品对一国经济发展重要性的持续增强，矿产资源稀缺的特性会越来越凸显，物以稀为贵，矿业权人从国家获取矿产资源所有权时会付出更多代价，矿产资源取得方式从无偿到有偿的趋势还会继续并更加凸显。

（二）矿产资源所有者、政府与矿业企业之间的利益分配是矿产资源有偿取得制度中的重要内容

国家实行矿产资源有偿取得制度的目的之一是，实现国家矿产资源所有者权益，国家的矿产资源所有权与私人所有权的区别之一是，

私人所有权是人类进入奴隶社会以来就已确立下来的普遍共识，即私人所有权的确立是先于法律规定而产生的，而矿产资源国家所有权并不是国家产生之后就随之确立的，而是随着不同种类矿产资源对国民经济建设的重要性程度不同逐渐被确立的，即矿产资源国家所有权不是随着国家的成立自然形成的，而是在法律规定中产生的。同时，矿产资源有偿取得制度也不是随着矿产资源国家所有制度的建立就自然建立的，有些国家虽然规定矿产资源归国家所有，但是市场主体取得矿产资源并不需要向国家缴纳相应的收益，只需要向政府缴纳一定的税费。在市场经济条件下，国家作为所有者与私人作为所有者有一个重要的区别是，私人所有权的终极目标是赚取尽可能多的利润，国家所有权不是为了赚取利润，而是为了尽可能多地发挥物的效用，通过科学行使所有权更好地促进国民经济发展。

矿产资源开发利用的不同实践方式证明，矿业开发利益完全由矿产资源所有者享有，不利于矿产资源的高效利用，完全由矿业企业享有，是对矿产资源所有者权益的侵犯，因此矿产资源的有偿取得必须兼顾矿产资源所有者权益和矿产资源开发者权益，最为关键的是在二者之间形成一个很好的比例。在矿产资源有偿取得制度中不得不考虑的一个因素是政府的矿业税费征收，因为在矿产资源开发利用收益中，有相当一部分是以税费的方式上缴政府的，税费的多少直接关系到矿产资源所有者和开发者的利益获取。矿产资源有偿取得制度的重要内容，就是通过法律确定矿业利益在矿产资源所有者、政府和矿业企业之间的分配，以此达到矿产资源的高效利用和最大限度地为国民经济做出贡献。当然，矿业利益分配会随着不同历史时期国家经济发展使命的变化而有所变化，有时矿产资源所有者的利益会多一些，有时则会通过给予矿业企业更多的利益，鼓励其开发积极性，支持企业发展。

（三）经济发展需要决定了矿产资源有偿取得制度中政府与市场的比重

工业革命以来，矿产资源对经济发展的重要性越来越大，其战略地位决定了国家干预的必要性，因此现代社会多数国家都在宪法、物权法和矿业法中的突出位置规定矿产资源归国家所有。同时市场经济又决定了矿业开发不可能是由国家大包大揽，否则就是计划经济时期的矿业发展方式，为此大多数国家形成了矿产资源国家所有的市场开发格局，矿产资源有偿取得制度就是在这样的格局中产生的。

有偿取得制度的基本运行规则是，矿业企业有偿取得国家所有的矿产资源进行开采，国家通过出让矿业权获取一定收益，矿业企业通过开发矿产资源获取一定收益。国外主要矿业国家出让矿产资源获取收益的方式是向矿业权人收取权利金，以及通过拍卖矿业权程序向中标者收取一定数量的红利，权利金和红利在矿业企业的经营成本中占巨大份额，因此权利金和红利收取标准对矿业企业的获利数额、资本积累和经营积极性肯定有重要影响，权利金和红利收取标准高意味着矿业企业的获利较小、资本积累低、经营积极性弱，反之则意味着获利较大、资本积累高、经营积极性强。从另一个角度来看，矿产资源有偿取得制度中的权利金和红利收取标准代表了国家的力量（政府代为行使）与市场中矿业企业的比重。

从三次矿业立法革命中可以看出，矿产资源有偿取得制度是国家根据经济发展需要，调节矿业市场的有效手段，当国家需要大力发展矿业，提高矿产品供给量时，往往会降低权利金和红利的收取标准，甚至干脆不收权利金和红利，目的是鼓励个人开发矿产资源，为矿业企业迅速积累资本、壮大实力创造条件；当矿业企业资本积累到一定程度，矿业成本与利润之间严重不成比例，甚至影响到经济发展秩序和社会秩序时，会提高权利金和红利收取标准，减少矿业企业获利。矿产资源有偿取得制度中政府的重量和市场的重量总是在不断的调整之中，有时政府重量大，有时市场重量大，重量对比的直接体现就是有偿取得标准的变化，还有政府作为矿业市场管理者收取的各种税费。

第二节　美国的矿产资源有偿取得制度

美国国土蕴藏着丰富的矿产资源，是世界主要的矿产资源生产国和消费国之一，可观的矿产资源蕴藏量、生产量和消费量使美国对本国矿业发展尤为重视，经过100多年的矿业发展，形成了较为完整的矿业法律制度，矿产资源有偿取得制度在其中占据重要的地位。与其他国家相比，美国虽然国家历史较短，但现代矿业法律制度已经有长达100多年的历史，这些法律制度不仅有力地支撑了美国矿业经济的发展，还对其他国家的矿业法律制度建设产生了深远影响。与其他国家相似，美国矿产资源有偿取得制度也是矿业法律制度的核心，但不同的是，美国的矿产资源有偿取得制度并不体现在一部矿业法中，而是散见于诸多矿业法律文件中，并具有明显的时代性特征，新的时代背景会催生新的有偿取得制度，但已经颁布的法律并不当然废止，新旧法律制度同时适用，但针对的矿种有所不同。

第五章
国外矿产资源有偿取得制度及其对我国的启示

一、美国矿产资源有偿取得制度的沿革

美国的矿产资源有偿取得法律制度体现在多部法律之中，主要包括1872年的《通用矿业法》、1920年的《矿产租赁法》、1947年的《建材矿业法》、1964年的《荒原法》、1977年的《露天采矿控制和复垦法》等。其中最早的也是在美国矿产资源立法中起到举足轻重作用的法律是1872年美国国会制定的《通用矿业法》，该法的重要性源自于其全面性，它涵盖了美国所有矿产资源开发利用的管理规则，100多年之前制定的法律依然沿用至今。但是，并不是1872年《通用矿业法》中所有的条款都适用于今天的美国矿业，其中有相当一部分规则已经被之后陆续颁布的矿业法律法规所代替，可以说美国矿业法律制度的发展史，就是1872年《通用矿业法》被逐渐替代的历史。

1872年《通用矿业法》颁布时，正值美国推行西部开发，这一时期美国政府的指导思想是大力发展西部，解决经济发展对资源需求的问题。当时国家鼓励私人开发西部，法律规定土地所有权的获取采取先占原则，而支付的对价却非常少，1785年联邦政府颁布了关于西部土地测量和出售的法令，该法令规定640英亩的土地，个人只需要向联邦政府缴纳1美元就可以得到，而且采取分期支付的方式，1/3现金支付，其余的在3个月内付清。1787年《土地法》的颁布再一次确定了国家鼓励个人购买西部土地的政策。"随着1785年和1787年土地法令的实施，西部国有土地私有化的进程开始全面启动。"[①]随后，这一政策有了一定调整，调整之后，不但没有增加土地购买人的支付

---

① 王旭：《美国西部开发与联邦政府的土地政策》，《史学集刊》2003年第1期，第65页。

对价,而且将本就不多的对价彻底减免了。具体做法是将土地拍卖方式转变为土地赠予,但条件是所得土地必须得到实际开发。需要说明的是,美国是典型的土地所有制国家,土地所有者也当然是土地所辖范围内的地下矿产资源的所有者,因此土地购买人支付极少的对价甚至不支付对价,就在拥有土地的同时也拥有了地下矿产资源。土地及于地下资源的原则也存在一定的例外,即土地虽然归个人所有,但土地范围内的地下矿产资源归国家所有,这部分矿产资源的形成是源自一项美国历史中的矿业政策:美国鼓励个人开发西部不局限于矿产资源,还及于土地资源,1870年美国政府鼓励个人去开发西部的农业,当时的优惠政策是在西部居住5年以上者就可以以每英亩2美元的价格得到土地资源,但土地资源之下的矿产资源依然归国家所有,如果将来矿产资源开发者要开采其土地之下的矿产资源,则土地所有者必须为其提供开采的方便。[①]这一优惠政策吸引了大量的私人购买西部土地资源,同时也形成了大量的与土地所有者相分离的国家所有的矿产资源。

当时美国实行土地先占政策,一方面与西部大开发战略有关,另一方面也与美国殖民者崇尚私有制有关。从历史的角度来看,美国土地先占政策与1872年《通用矿业法》的颁布的确起到了开发美国西部和促进经济发展的作用,但是随着时间的推移,这部法令的弊端也逐渐显现,主要表现在矿产资源有偿取得制度上。工业革命起源于18世纪60年代,发源于英国,但是传到美国已经是19世纪,美国颁布

---

① 国土资源部地质勘查司编:《各国矿业法选编》,第1165页。

第五章
国外矿产资源有偿取得制度及其对我国的启示

1872年《通用矿业法》时，工业程度还不是很高，工业革命也没有完成，美国1872年《通用矿业法》意味着私人可以在付出极小代价的情况下，就能获得储量相当可观的矿产资源，在当时国家还没有意识到矿产资源对整个国家经济发展的极度重要性，也没有意识到矿产资源无偿取得制度会给国家矿业发展带来怎样的负面影响。然而，工业革命的完成以及第二次工业革命的接踵而至，矿产资源，尤其是以煤炭、石油、天然气为代表的工业发展主力能源的大量使用，使私人拥有过多的矿产资源，主要损害的是国家的经济利益，但也不仅仅是国家经济利益这么简单。矿产资源所有者在不断的资源所有权兼并中形成了垄断，而采矿者在低成本经营的过程中破坏了市场价值规律，此外低价资源和低成本经营导致开采者对资源不够珍惜，浪费矿产资源和土地的现象比比皆是，美国会计总署在20世纪中期撰写的报告中就明确指出1872年《通用矿业法》导致采矿者没有为所采掘的矿产支付合理的费用，而且还导致了没有有效保护土地及其地下矿产资源。[①]

为了解决以上矿产资源有偿取得方面出现的严重问题，美国国会和政府一方面减缓国有土地随意向私人转让的步伐；另一方面对重要矿产资源的取得，通过立法的方式使其从1872年《通用矿业法》中分离出来，也就是煤炭、石油、天然气、砂石、石材等重要能源和建材的取得方式不再适用1872年《通用矿业法》的有关规定。1920年美国颁布了《矿产租赁法》，将对经济发展具有重要物理价值和经济价值的石油、天然气、煤炭、油页岩等矿产资源的有偿取得制度，从1872

---

① 魏铁军：《美国矿业法的演进》，《中国矿业》2005年第4期，第14页。

年《通用矿业法》中分离出来，结束了这些矿产资源国家低价或无价出让的历史，采矿权人不仅要向国家缴纳一定的矿产租金，而且要向国家缴纳象征矿产资源所有者有偿出让的权利金。1947年美国又制定了《建材矿业法》，进一步将矿产资源中有关建材的砂石、石材等资源的有偿取得制度从1872年《通用矿业法》中分离出来，规定对这些矿产采取标价出售的方法出让采矿权。①1964年美国《荒原法》和1977年《露天采矿控制和复垦法》的颁布，意味着国家不仅注意到国家出让矿产资源的经济利益，同时也注意到无节制和无规划地出让矿产资源给生态环境造成的压力，前者要求国家划定的区域内禁止从事矿产资源的勘探和开发活动，后者则要求煤炭开采权人对所有露天开采的矿区进行复垦。

　　从以上美国矿产资源有偿取得制度的变革可以看出：第一，1872年《通用矿业法》所规定的国家无偿或以极低的价格出让矿产资源，被后来陆续出台的法律所否定，该法规定的矿产资源出让方式适用范围被逐渐缩小。第二，1872年《通用矿业法》规定的矿产资源无偿取得方式和低价出让方式所带来的弊端，已经不仅仅表现在国家所有者收益权方面，还表现在经济的健康发展和生态环境的保护方面。第三，美国也没有摆脱资源对国家经济的重要性与国家对该资源控制程度之间的正相关关系，越是重要的资源，国家就越会插手控制，工业革命初期矿产资源对国家经济发展的贡献率还不是很大，不足以引起国家的重视，私人所掌握的矿产资源对国家公权力掌控经济和实现经济利益未构成威胁，但

---

① 李晓妹：《细解美国矿业权》，《中国国土资源报》，2005年3月31日，第3版。

是随着第一次工业革命的完成和第二次工业革命的开始,国家发现出让矿产资源所带来的巨大经济利益被少数私人享有,进而经济发展方向也受到这部分人的牵制,这当然是矿产资源原始所有者的国家所无法容忍的,于是矿产资源等的私有化进程被及时遏制了。

二、美国矿产资源有偿取得及主要税费法律制度

在对以1872年《通用矿业法》为基础的矿产资源取得制度进行改进的过程中,美国也逐步形成了现有矿产资源有偿取得制度。美国的矿产资源有偿取得及主要税费法律制度主要由三部分组成,即权利金、矿业权租金和红利。

(一)权利金

权利金是矿产资源有偿取得制度的核心,是采矿权人在获取采矿权时向矿产资源所有者缴纳的费用,是矿产资源所有者的收益,它体现了矿产资源所有者发生了转移,因此美国矿产资源所有者出让的是矿产资源的所有权而非使用权。

权利金是美国联邦获取矿产资源所有权收益的主要方式,占到权利金、矿地租金、红利等联邦矿产资源收入的80%以上。权利金的收取范围包括石油、天然气、煤炭、金属矿产资源等,其中陆地石油收取标准为12.5%,海上石油为16.67%,煤炭分为露天煤矿和井工煤矿,露天煤矿为12.5%,井工煤矿为8%。权利金的计算方式是以矿山实际生产量为基数,按照销售额进行计算。从权利金的收取方式可以看出,其性质是矿业权人因开采矿产资源而向矿产资源所有人支付的一种具有赔偿性质的财产性权益,是所有者经济权益的体现。从权利金的计

算方式反映出，虽然不论矿种如何矿业权人都需要向矿产资源所有者缴纳一定的权利金，表现出绝对地租的性质，但是美国权利金制度还是区分了不同禀赋矿产资源的权利金收取标准，开采成本较小的矿产资源权利金收取标准较高，同时按照销售额进行收取也是矿产资源市场价值的体现，说明权利金在作为绝对地租的同时也适当地反映了不同矿种所体现的级差地租。

由于权利金是对矿产资源所有者的经济补偿，因此权利金的归属自然就属于矿产资源所有者，美国矿产资源所有者包括联邦、州、个人和印第安人，相应的，权利金就归属于联邦政府财政、州政府财政、个人和印第安人。美国权利金既包括海上矿产资源权利金，也包括陆上矿产资源权利金，以1996年为例，美国矿政管理局共收取权利金50亿美元，其中海上权利金40亿美元，陆上权利金10亿美元，而海上权利金的收取对象又以石油开采为主，可见海上石油是联邦政府收取权利金的主要来源。

权利金的使用也是权利金制度中的重要组成部分，美国矿业法律规定，州政府、个人和印第安人收取的权利金无需上缴联邦政府；相反，联邦政府会将收取的权利金总额的50%返还矿产所在地的州政府，如果是通过外海油气资源收取的权利金也要返还给附近的州政府。权利金收归财政之后将用于社会公共设施建设、教育、医疗、民众福利等社会事业。

（二）矿地租金

矿地租金是美国土地所有权制度在矿产资源有偿出让制度中的集中体现，美国的土地所有者也是地下矿产资源的所有者，但是采矿权人获

第五章
国外矿产资源有偿取得制度及其对我国的启示

得地下矿产资源的时候并没有获得该片资源之上的土地的所有权,当采矿权人开采地下资源的时候,被认为是同时在租用该片资源所涉及的土地,因此矿产资源所有权人也即土地所有权人有权向采矿权人收取一定的矿地租金。从该项收费的方式上也可以看出是针对土地而非资源征收,其征收方式是采矿权人按照所占用的矿产地的面积,每年向土地及资源所有者缴纳一定的费用,具体标准为每英亩1.5—2美元。

从征收比例看,矿地租金仅占联邦矿产资源收入的4%,远远低于权利金的80%,甚至仅占红利征收比例8%的一半。矿地租金是矿业权人为了开发矿产资源而不得不占用相应土地资源,故而向土地所有权人缴纳的一种占用费,从性质上看是对土地使用价值的一种补偿,因为如果没有开采矿产资源,其地表的土地资源完全可以发挥农业、建筑业等其他效用而赚取利润。有时土地作他用所取得的收益还远远大于开采矿产资源的收益,因此美国矿业法律规定的联邦矿地租金标准明显过低,给美国国家财政收入造成了巨大损失。据美国内务部发布的一份报告显示,美国政府对煤矿开采征收低费额的矿地租金,土地租赁程序存在的缺陷使政府拿不到与租约全部价值相匹配的收益,政府的财政损失巨大。2012年6月美国能源经济与财务分析研究所发布的一份报告称,过去30年,低于市场价值的煤矿矿地租金让美国纳税人损失了近290亿美元。①

---

① 《廉价煤矿土地租金令美国政府赔钱》,载国元证券:http://www.gyzq.com.cn/gyzq/public/detailPage.jsp?curId=00010002001400050002&infoId=5188881,登录时间:2014年5月10日。

(三) 红利

红利是美国联邦和州政府在招标和拍卖的过程中，按照矿产资源的禀赋向采矿权人收取的费用，一般出让的矿产资源如果具有较好的品质和发展前景，并且具有较大的营利潜力，采矿权人就需要付出较大的代价才可以获得。这一制度的推行是为了反映矿产资源的级差收益，防止竞争者在竞争初期就处于不公平地位。红利制度能够实现的理论前提是同种资源在不同地方具有不同禀赋特征，并且无论是矿产资源所有者还是开采申请者都对目标资源的禀赋有较为准确的了解，因此石油、天然气、煤炭等一般呈现层级分布的资源和易于确定禀赋的砂石土等资源，适用红利制度；空白地或高风险矿产地的勘探和开采则不适用红利制度。

美国矿业制度中的红利制度与美国矿产资源出让方式、矿产地种类和矿种息息相关。首先，美国的矿产地种类分为两种，一种是已经做过地勘工作并发现具有可供开采矿产资源的已知矿产地，另一类是还没有进行地勘工作的未知矿产地，即空白地。对于这两种矿产地中的矿产资源，《矿产租让法》规定了两种出让方式：对已知矿产地的矿产资源，需要用竞标的方式出让，出价高者获得该片区域矿产资源的开采权，矿业权人需要向有关部门缴纳权利金和标金，这里的标金就是红利；对于未知矿产地的矿产资源，因为申请者不知道目标区域中是否存在矿产资源或对赋存矿产资源的经济性知之甚少，因此国家对此采取申请在先的出让方式，即申请在先者获得该片区域的采矿权，矿业权人只需向有关部门缴纳权利金，无需缴纳标金红利。其次，红利制度还与矿种息息相关。矿产资源与其他资源相比，其突出特性之一是资源的隐蔽性，在未

第五章
国外矿产资源有偿取得制度及其对我国的启示

进行地质勘探工作之前，人们很难知道地下资源的储量及其经济性等各项指标，有些金属类矿产资源即使进行了详细的地质勘探，所得到的地勘资料与实际情况有时也差距甚大，矿业企业往往会采取边采边探的方式发现新的资源储量，并随时调整开采方式和进度。与上述金属类矿产资源相比，有些能源类矿产资源的隐蔽性就不是很强，例如煤炭、石油等，虽然某一区域的煤炭资源没有进行详细的地质勘探，但是根据之前所做的预查、普查工作，以及相邻区域的煤炭资源地质资料，就可以分析出该片区域的地质走势，进而大体上核算出其煤炭资源的储量和经济性。鉴于此，为加强对煤炭资源的开发和管理，美国国会于1976年通过了对《矿产租让法》中煤炭资源出让方式的修正案，规定政府要对煤炭资源开采的可行性严格把关，不论其是已知矿产地的资源还是未知矿产地的资源，一律以竞标的方式出让矿业权，也就是说煤炭资源都要以竞标的方式出让，矿业权人都要缴纳红利。紧接着1987年美国国会又通过了针对油气资源出让方式的修正案，规定陆上石油和天然气均要以拍卖的方式出让，出价高者获得油气资源的矿业权。其颁布修正案的背景是，石油危机之后，世界石油、天然气开采进入了新一轮的快速增长期，美国也不例外，其国内油气资源矿区的出让速度加快，以致政府还没有来得及对矿区进行标界和评估，就被矿业权人以未知矿产地得到，实质上矿业权人已经根据其他方式分析出所得矿区范围内蕴藏有大量可供开采的油气储量，这样政府就损失了大量本应通过评估之后确定为已知矿产地而收取的红利收益。修正案的颁布使美国政府省去了对油气资源进行评估的烦琐工作，同时也使红利的收取对象范围扩大，保障了油气资源红利的收益。

第三节 澳大利亚的矿产资源有偿取得制度

澳大利亚是世界主要的矿产资源生产国和出口国,是澳大利亚经济发展的支柱产业,早在20世纪90年代,澳大利亚采矿业效益就占其出口所得的半数,占国内生产总值的1/10,占私人的新的基本建设支出的17%。[①]21世纪以来,澳大利亚的矿业继续其本国支柱产业地位的同时,对世界各国经济发展的重要性也逐渐显现。特别是重工业和高耗能产业规模较大的国家,多数都依赖澳大利亚的铁矿石资源和煤炭资源。[②]发达的矿业给澳大利亚带来经济效益的同时,也促使澳大利亚矿业立法蓬勃发展,再加上西方国家历来重视法制的传统,使澳大利亚形成了适合其本国实际发展情况的矿业法律制度,其中最为重要的就包括澳大利亚矿产资源有偿取得制度。

一、澳大利亚的矿业权管理制度

矿业权管理制度是矿产资源有偿取得制度的基础,世界主要矿产资源生产国的矿政管理制度都要设置矿业权,国家通过向申请者发放矿业权许可证实现对矿业的管理。同时国家规定矿产资源归国家所有,

---

[①] 《联邦政府关于澳大利亚采矿工业的政策——在澳大利亚90年代矿产品开发与采矿会议上资源部长的讲话》,载《各国矿业法选编》,中国大地出版社2005年版,第706页。
[②] 我们最为熟知的体现澳大利亚矿产资源出口国地位的事件,就是我国与澳大利亚常年关于铁矿石贸易的依赖关系和价格谈判,澳大利亚是世界主要的铁矿石生产国和出口国,其储量位居世界第二,出口量世界第一,我国于2004年一跃成为世界最大的铁矿石进口国,也是最大的澳大利亚铁矿石进口国,至今依然是澳大利亚铁矿石出口的最大市场。

第五章
国外矿产资源有偿取得制度及其对我国的启示

但矿产资源的生产不是由国家大包大揽，而是让与市场主体，国家允许市场主体进行矿产资源生产，并允许其获得所开采矿产品的所有权，实质上就是出让了矿产资源的所有权。国家向市场主体出让矿产资源所有权的同时，还要向其出让矿业权，在市场经济国家中，有些国家出让的矿产资源所有权和矿业权是分离的，有些国家则是通过出让矿业权实现出让矿产资源所有权。我国的矿业权包括探矿权和采矿权，但澳大利亚对矿业权的区分更为细致，除探矿权和采矿权之外，还包括找矿普查权、采矿租赁保留权和杂项工程施工权。

（一）找矿普查权

矿产资源地质勘探分为预查、普查、详查和精查，精查就是采矿之前的地质勘探，但是在地质勘探之前还需要分步骤从宏观到微观不断缩小勘探靶区。从经济效益和风险角度分析，普查工作不能直接产生经济效益，其工作成果往往是为下一阶段的地质工作奠定基础，而且风险性极高，成功率只有1%—2%。然而地质普查工作又是之后能够产生直接经济效益的探矿和采矿不可缺少和不可逾越的必经阶段，是各国政府都非常重视的矿业发展基础性工作。

各国对地质普查的做法不尽相同，有的将其列为矿业权的一部分，有的则不是；有的对其采取市场化运作的方式，有的则完全由政府作为公益探矿的一部分。例如，我国的矿业权仅包括探矿权和采矿权，并不包括地质普查权，另一方面由于我国矿业是从计划经济体制中发展而来的，迄今为止，矿业法律制度和现实运作方式依然带有浓重的计划经济色彩，因此我国的地质普查资料基本是在计划经济时期，由国家财政投资完成的，可以说目前我国开采的矿产资源绝大多数，都是得益于计划经济时期政府行为的地质普查工作，这也是我国不同于其他国家，存在独有的探矿权价款和采矿权价款的原因，这些价款就是对计划经济时期国家投资地质勘探的补偿。澳大利亚对地质普查的做法则明显区别于我国，澳大利亚将地质普查作为矿业权中的一种，申请人要向国家申请才可以得到该矿业权，这被称作找矿普查权，该地质工作是完全的市场行为，国家很少对此进行投资，完全由市场主体申请完成。

找矿普查权，又称采矿人权利（Miner's Right），是指国家赋予公司或个人等矿业权人一般的找矿普查权利，如踏勘找矿、取样化验、大面积填图、缩小勘探靶区等等。①由于找矿普查的风险性极高，又对矿业发展极其重要，因此澳大利亚政府为鼓励市场主体多进行找矿，对该项权利实行非排他性原则，即一个工作区域内可以允许多个矿业公司或个人同时进入开展工作，唯一对区域范围有所限制的是不可跨州进行。这与澳大利亚矿业管理中央与地方的权限划分有关，澳大利亚联邦政府负责国家层面的矿业战略政策，"包括财政、金融和税收政策；外国投资导向、国家贸易和关税政策；实施与《公司法》和《原住民土地权法》有关的财产资源事务管理；负责有关国际协议的签署和执行；海岸线3海里外矿产资源的勘探和开发许可证的审批；行使由宪法赋予的出口权（如北领地铀矿）管理；开展国际贸易合作和对外事务管理以及负责采矿对环境的影响评价审批等"②，"州政府负责

---

① 侯振才：《澳大利亚矿业权管理制度》，《矿产保护与利用》1995年第3期，第5页。
② 国务院发展研究中心澳大利亚矿业管理考察团：《澳大利亚的矿产管理及其启示》，《国土资源导刊》2009年第4期，第40页。

对属地内（包括距海岸线3海里以内海域）矿产资源的勘探、开发和环境保护的日常管理，以及与勘探、开发有关的基础设施建设、环境影响评价等的审批和监管"[1]。因此，找矿普查权的许可审批工作一般由州政府矿业主管部门负责，找矿普查权的权限范围也被限制在州范围内。找矿普查权与其他地质勘查的另一区别是无需缴纳矿地租金，工作时间为1—3年，缴纳手续费为20澳元，如果需要延长，则过3年再缴手续费20澳元即可。

（二）探矿权

探矿权（Exploration License），是指政府赋予矿业权人在指定区域内进行地质勘探工作的权利。与找矿普查权相比，探矿权有以下几方面的特征：一是勘探更加细致，与接下来的采矿有直接关系，为其提供可操作性数据；二是有限定的边界、面积和矿种，探矿权人只能在指定的范围内对特定矿种进行勘探；三是具有排他性，一定区域范围内只允许一个探矿权人进行探矿，即使在同一区域申请勘探的矿种与已经设立的探矿权的矿种不同，只要勘探区域有重复，也不可同时进行，后申请者只能等待原探矿权人工作结束并放弃租地之后，才能申请进入该片区域进行勘探工作。为方便申请探矿权人随时知晓不同区域的勘探情况，澳大利亚每个州的矿产能源部门都设有计算机终端，记录不同区域的地质勘探情况，申请探矿权人可以在这里确定申请勘探区块的个数、确切的边界和矿产种类。

---

[1] 国务院发展研究中心澳大利亚矿业管理考察团：《澳大利亚的矿产管理及其启示》，第40页。

矿业公司或个人向矿产能源部门提出探矿申请时，需要提交勘探计划，其内容包括勘探的矿种、依据、技术方法、设备、投资和土地进入可能性等。同时还要附上与勘探有关的工程和复垦方案等材料。申报材料报各州矿产能源部审批，经过部门的初审之后，最后报部长审批。

关于探矿权，澳大利亚的矿业法律规定了探矿权的区块面积、有效期、矿地租金和最低投入等内容。探矿权的区块面积各州的规定有所不同，但最大一般不会超过 2 500 平方千米。探矿权的有效期规定于探矿权证上，探矿权证由矿产能源部长审批，同一市场主体可以申请并持有多个探矿权，每个探矿权的有效期为 5 年，从证照颁发之日算起。探矿权到期之后可以申请延期，需在到期之日前一年内提出，以便其他探矿权申请人可以及时通过查询知晓有关情况，提出申请，第一次延期期限依然为 5 年，第二次延期期限为 2 年。为了保障探矿权人的利益，澳大利亚矿业法律规定从延期申请提出到审批决定做出期间，不论原有效期是否存续，该探矿权均视为有效。探矿权与采矿权相同，都需要占用一定面积的土地资源，而且探矿与找矿普查相比所占土地面积会更大，因此探矿权人需要向土地所有者缴纳矿地租金。矿地租金各州的规定有所不同，一般每个区块（1.20—3.20 平方千米）的年矿地租金为 10—20 澳元。探矿权具有排他性，因此为了减少探矿权人"跑马圈地"，无成本占有广大区域，不进行探矿的同时阻止其他市场主体进入的情况发生，澳大利亚矿业法律规定了最低投入制度，例如 1981 年《矿业条例》规定：单个探矿权下，前 5 年每公顷最低投入为 300 澳元/年或整个探矿权区域最低投入为 20 000 澳元/年，第

6年和第7年的探矿权最低投入上涨至50 000澳元/年，从第8年开始最低投入上涨至100 000澳元/年，直至权利终止。探矿权人在得到探矿权之后，要向矿产能源部交一定数量的押金，如果其每年的最低投入没有达到规定标准，审批单位收回探矿权证的同时押金不退回，如果按照规定完成了最低投入，待勘探工作全部完成之后将押金退回。当然随着经济的发展，相同数量的货币所代表的价值量会有所不同，上述制定的最低投入标准，可能在某些年份看来，对探矿权人的经济承受能力来说微不足道，也可能在某些年份就不尽合理，因此每年澳大利亚州政府都会通过公报的形式对最低投入进行调整，其调整的依据之一就是探矿权人每年向矿产能源部门提交的支出完成情况。

除最低勘查投入制度和定期勘查报告制度之外，澳大利亚矿业法律还规定了勘查租地逐年缩小制度，用以对探矿行为进行限制。其法律规定探矿权人应当逐年缩小勘探靶区，要求勘查面积以每年不低于50%的速度递减。制约方法是减少的勘探面积与矿地租金挂钩，减掉的面积不再征收矿地租金，同时保留的面积从第三年开始矿地租金增加一倍。例如，澳大利亚北方领土矿业公司获得探矿权后，前两年为10澳元，第三年为20澳元，第四年就上涨到40澳元，以此类推。[①]采用这种办法的目的是促进矿业公司加快勘查速度，减少勘查周期，为澳大利亚矿业发展储备更多的矿产资源。

探矿权人的勘探行为可以形成对下一步采矿极其重要的基础资料，这些基础材料具有一定的经济价值，因此探矿权也就具有了财产

---

① 侯振才：《澳大利亚矿业权管理制度》，《矿产保护与利用》1995年第3期，第6页。

权属性。澳大利亚矿业法律规定探矿权可以有限制地进行转让,作为矿业公司的资产进入矿业市场流通领域。其限制主要表现在,探矿权人获得探矿权的第一年原则上是不得转让的,除非发生权利人死亡、公司进入清算程序或被破产管理人接管、权利人丧失行为能力等情况,才有可能由矿产能源部长签署书面批准令,允许其转让探矿权,否则探矿权在第一年是不得转让的。因此,如需在获得探矿权的第一年内将权利转让,转让协议中一定要列明包括上述条件在内的协议生效先决条件。原探矿权人申请延期后又转让探矿权的,受让人自动成为延期后探矿权的权利享有者。

(三)租赁保留权

租赁保留权(Retention License),是指矿产能源部门为探矿行为已经完成的探矿权人,保留一段时间的考虑进一步办理该片区域采矿权证或其他相关事宜的权利。该权利是对探矿权人经济利益回报的特殊照顾,目的是鼓励其将探矿成果转化为矿产品经济效益,也是变相鼓励其探矿时尽量做出与实际地质情况相符的地质资料,从而对其探矿结果负责。在市场对资源配置起决定性作用的市场经济中,由于探矿行为是采矿行为的上游工作,因此地质勘探资料的市场价值不及矿产品的市场价值,正如在完全市场主导的能源市场,煤炭作为初级产品,其经济价值低于火力发电产生的电力能源的经济价值。因此,在许多既有能力进行地质勘探又有资格进行矿产资源生产的矿业企业看来,最理想的生产模式应当是探矿和采矿都有其掌握的一体化生产模式,而且这种模式对国家矿业发展是有利的。租赁保留权就是国家为探矿权人争取进一步开展矿产资源开采,进行相关准备工作设置的时间权利，利用这段时间，有意投入开采的原探矿权人可以进行开采可行性论证，如果经过论证认为有开采的经济合理性，还可以利用这段时间筹集开采资源所需的资金、开展前期环保评价、编制环境影响说明书等。

租赁保留权的申请和批准涉及保留期限、保留区面积、保留区矿地租金、申请批准程序等问题。租赁保留权的期限一般为2—5年，个别大矿的保留权可以延长至7年，如果超过规定期限不申请采矿权，租赁保留权将自动失效，保留区的矿产资源将投放市场供其他矿业公司申请采矿权。租赁保留权所涉面积最大为250公顷，其矿地租金为每年每公顷11澳元。租赁保留权对应的批准主体是矿产能源部部长，租赁保留权申请人首先应当向矿产能源部提出申请，矿产能源部部长要根据矿业登记局（Mining Registrar）和其他行政主管官员（Warden）的推荐，对是否授予申请人租赁保留权做出决定。获取租赁保留权证时，权利人可能需要提供相应担保，是否需要提供担保由矿产能源部部长根据个案的实际情况做出决定。租赁保留权证权利之下的土地权益没有得到矿产能源部部长或其授权机关的同意不得转让，也不得设定担保。[①]

从国家矿业发展层面来说，租赁保留权是鼓励探矿权人将探矿结果及时转化为矿产品的重要制度，也可以起到促使探矿权人对探矿结果负责的作用。从根本上说，租赁保留权是澳大利亚政府基于地勘单位高风险低回报现状，想出的解决地勘单位融资难问题的变相方法。地勘单位融资难是世界各国矿业发展中都普遍遇到的问题，为解决这一问题各国普遍采用的方法是畅通融资渠道、降低融资门槛，而澳大

---

① 徐阳：《浅析澳大利亚矿业法律制度》，《理论界》2010年第11期，第91页。

利亚政府设立的租赁保留权制度是除传统融资渠道之外又一个解决地勘单位资金问题的好方法,利用这一权利,地勘单位可以较容易地进入采矿领域,通过采矿和矿产品销售赚取资金来弥补地勘所需。从地勘单位的层面来说,租赁保留权还有一个作用是为地勘单位进入采矿市场预留了选择时机,地勘单位可以利用这段时间自由选择进入采矿市场的合适时机,保障矿业开采的经济性。

(四)采矿权

采矿权(Mining Lease),是指矿业行政管理部门允许矿业公司或个人在指定的开采范围内,对特定矿种和矿体进行开采,并拥有所采矿产品所有权的权利。澳大利亚各州对采矿权的规定一般都包括采矿权的申请与批准、有效期、最低投入标准等内容。

采矿权申请和审批程序一般由矿业公司向矿产能源部提出申请,申请书的内容包括申请矿区的地质构造情况、拟采用的采挖掘进方式和采矿方法、资金来源、合作伙伴等,申请书经矿产能源部矿产登记处对其采矿能力进行综合审查之后,提出意见报部长最终决定。矿产能源部部长根据矿业登记局和其他行政管理部门的推荐意见,对是否向采矿申请人授予采矿许可证做出最终的决定,该决定中的矿区面积可以小于申请人拟申请的矿区面积。对于个别较大的矿区,该决定还要经过所在州的州长最终决定方能生效。采矿权人获得采矿权之后,必须进行开采活动,每月生产不得少于 100 小时。采矿权的有效期一般最长为 21 年,开采矿产的同时开采建材等矿产资源的,可以延长至采完为止。采矿权人在采矿权有效期内还需要承担以下义务:缴纳矿地租金和矿区使用费,满足采矿最低投入标准,在未获得矿产能源部部长书面同意的情况下不得转让、抵押矿区内的土地,向矿业行政管理部门提交采矿进度报告。如果采矿权人未能履行上述义务将可能被处以不超过 5 万澳元的罚款,若该罚款未能在规定期限内上缴(一般为 30 日),则采矿权人资格将被取消。澳大利亚矿业法律对采矿最低投入标准的规定较为严格,例如《1981 年采矿条例》第 31 条规定:"采矿租约的持有人在开采或与开采有关的工作中,每公顷的投资不少于 100 美元,或在租借期内,每年在采矿租用地区的投资不少于 1 万美元;但假如采矿租约的持有人是本人专门或附带被他人雇佣进行采矿,他从雇佣者获取的工资数额可以算入在该地区投资的总额。倘若开采租地面积不超过 5 公顷,每年最少的投资应为 5 000 美元。"

（五）杂项工程施工权

杂项工程施工权（General Purpose Lease）,是指与采矿活动相关的项目施工许可的权利。采矿许可证只是许可采矿权人进行采矿行为的权利,但是一个完整的可以进行采矿的矿山还需要附带建设尾矿库、废石厂、污水处理厂、厂房、职工福利设施等附属设施,有些矿山企业为延伸产业链还要建设选矿厂、洗矿厂等工程设施,这些设施的建设同样需要行政主管部门的许可。在澳大利亚这些附属设施和延伸设施同样需要通过矿产能源部办理施工建设许可证。

二、澳大利亚的矿产资源有偿取得制度

澳大利亚是实行矿产资源有偿取得制度的国家之一,其有偿取得制度主要表现在两个方面:首先在矿业法律中规定矿产资源归国家所有,土地资源与矿产资源所有权相分离;其次是根据矿产资源国家所有制度

设计了矿产资源权利金制度,从而保障了国家矿产资源所有者的收益权。

(一)矿产资源国家所有

澳大利亚规定矿产资源属于国家所有,不论土地资源的归属如何,即地上土地权和地下资源权相分离,当然土地权利人在进行与土地有关的除矿业以外的事业时,出于必要,可以使用处于自然状态的地下资源。例如,《1978—1981年矿业法》在第一章序言中除规定了该矿业法在适用时关于时效、与之前法律的冲突、名词解释等的必要说明之外,唯一规定了有关矿业法实质性内容的就是矿产资源属于国家所有。该矿业法第九条规定:"(1)依照本法案——①所有位于地上或地下,处于自然状态的金银和任何其他贵重金属都是国家财产,只要这些土地位于国家范围之内,而不管这些财产是否从土地中分离出去,即使已从国有土地中分离出去,不管其是何时分离出去的仍是国家财产。②所有其他位于地上或地下,处于自然状态的矿物也是国家的财产,但应具备一前提条件,即在1899年1月1日之前,包含这些矿物的土地绝对所有权没有从国有土地中分离出去。(2)根据本法案或任何先前的法令规定的土地所有人、受让人、承租人、许可证持有人或其他权利人,拥有适用于本条或任何相应规定所指的土地,但在这些土地不是采矿租用地时,这些土地的所有人、受让人、承租人、许可证持有人或其他权利人为从事农业、畜牧、家庭、筑路或建筑目的时,有权使用此土地或地下处于自然状态的矿物。"[①]

---

① 国土资源部地质勘查司编:《各国矿业法选编》,第848页。

（二）权利金

权利金是指矿业权人开采和消耗矿产资源所有权人不可再生的矿产资源而应当为所有权支付的补偿性费用。目前世界各国都规定了权利金制度，澳大利亚也不例外。在矿产资源国家所有的国家中，权利金是体现矿产资源国家所有的最重要的制度，是国家矿产资源收益权的保障，也是国家调节矿业发展秩序的重要手段。

1. 权利金的费率

世界大多数国家都有权利金制度，但是在权利金的费率标准上却不尽相同，不同时期不同国家的权利金费率标准不同，有些国家不同地区的费率标准也不同，不同矿种的费率标准也不同。例如1989—1990年，澳大利亚塔斯马尼亚州的混合型权利金费率高达95.2%，而澳大利亚新南威尔士州、维克多瑞雅州和澳大利亚北部的混合型权利金费率为0；还是1989—1990年，澳大利亚塔斯马尼亚州的从价计征权利金费率为0，昆士兰州为87.9%，澳大利亚西部为77.4%，澳大利亚南部为58.2%。

收取权利金的类型主要包括以下六种：从量计收、从价计收、会计收益计收、资源租金计收、竞争性现金投标计收和实际配置计收。从量计收是根据矿山企业的矿产品实际产量，通过制定单位产量的费率标准计收。从价计收也是以矿山企业的矿产品实际产量为基数，只不过要以矿产品的销售价格为基础，制定计收标准进行计收。会计收益计收是以会计收益为基数，通过制定会计收益费率标准计收，"会计收益"数额是参考利用的资本费用得出的，一旦直接减少了经营费用和应计成本，资本费用就会在很多年内被折旧或摊销。资源租金计收是以资源租金为计收基数。竞争性现金投标计收是以矿业权人投标竞拍矿业权时付出的竞拍价为基础计收。实际配置是对应收权利金数额做临时的实际收款计划,这取决于矿业权出让前后市场情势的变化对矿山企业经营成本和政府财政的收支影响。

选择不同的权利金收取类型要根据有关政府管辖区的实际情况做出,这些实际情况包括以下几方面的因素:矿山企业经济效益的可承受程度、由于权利金变化给所管辖区域带来可能的政治风险、政府所管辖区域的社会公共投入计划、拥有不同品质矿产资源的不同矿山企业所应缴权利金的公平性、不同地区之间权利金收取的比较等等。

2. 权利金的收取

澳大利亚的权利金收取机关是矿产能源部,主管秘书具体负责权利金的收取工作。权利金收取数额以评估为准,评估结果可行之后,主管秘书会通过邮寄等方式将权利金收取数额通知权利金缴纳人。根据矿业法律规定,缴费截止日期应当为收到缴费通知之后不少于 30 日,如果截止日期未做特别说明,或者特别说明中的截止日期少于 30 日,则应当将缴费截止日期限定在 30 日。

由于权利金是澳大利亚实现矿产资源国家所有权的主要形式,一般收取数额较大,对矿山企业的营业成本来说是一笔不小的数字,因此大多数州都规定权利金可以分期缴纳。例如,1987 年《澳大利亚北部地方矿产权利金修正案》第 40 条中规定:"(1)纳费人可分期缴纳矿产权利金。①纳费日期应不晚于本权利金年度,每半年期结束之后的 30 日内,缴纳的权利金数额应等于他根据这 6 个月期间生产单位出售的或未销售但已运走的商品矿的净值所估计的应缴纳的费额;②

在按第 12 条之申报表纳费时，应如申报表中所估算的数额缴纳矿产权利金的余额。"

值得强调的是，澳大利亚的权利金与矿产资源税费不同，其收取部门是矿业行政管理部门，而不是财税部门。这是因为权利金反映的是国家矿产资源所有权，不是政府行政管理成本的税费，这一点充分说明了权利金与矿业税费的区别，也进一步证明矿产资源的所有者——国家和管理者——政府其他部门之间的区别。

3. 权利金的使用

权利金是为了实现矿产资源国家所有者的收益权，是国家所有权收益的一部分，与大多数政府所收的费不同。政府征收的费通常情况下会专款专用，不同名目的费代表了费的用途，例如，环境保护费就会最终用于国家的环境保护支出，地勘基金就会用于国家公益性地质勘查工作。但权利金的收入不会用于特定的事业，一般会成为国家的一般性财政收入而用于国家公益事业的一般性支出，例如医疗、教育、道路等公共设施建设。

三、澳大利亚矿业税费制度

权利金是矿产资源国家所有者的收益体现，矿业税费则是支持政府行政管理运转成本的收入体现，在矿产资源税费方面，澳大利亚主要包括矿产资源租赁税和矿业权租金。

（一）矿产资源租赁税

2012 年 3 月 19 日，澳大利亚参议院通过了《矿产资源租赁税 2011》法案，法案于 2012 年 7 月 1 日正式实施。根据该法案的规定，澳大利亚联邦政府将向年利润超过7500万澳元的煤和铁矿石企业征收矿产资源租赁税，税率为应税利润的30%。根据估算，将有约320家澳大利亚本地矿业企业进入纳税范围，并预计将在之后的三年为澳大利亚联邦政府贡献约108亿澳元的税赋，这些税赋将被用来改善澳大利亚的公共事业。①

矿产资源租赁税的前身是"资源超级利润税"，二者的性质都是对矿产资源的超额利润部分进行征税，目的是平衡不同矿种之间的收益差距，以及不同行业之间的收入差距，二者的区别在于租赁税比超级利润税的征税范围更小、税率更低，对矿业企业的压力较小。总体上来说，澳大利亚联邦政府推出矿产资源租赁税是为了平衡矿业与其他产业之间的利益分配。近些年来，国际矿业市场出现了回暖迹象，煤炭价格和铁矿石价格不断攀升，而这两种矿产品正是澳大利亚矿业出口的主要产品，在此背景下澳大利亚矿业空前繁荣，矿业企业的利润连续创下历史最高水平，当然我国作为澳大利亚矿产品的主要进口国，却在这样的态势下付出了高昂的代价。"2010年下半年，必和必拓公司利润猛增72%，达到105.1亿澳元。2011年上半年，力拓集团净利润同比增长30%，创下同期历史新高。据官方统计，2010到2011财政年度，澳大利亚矿产公司总利润高达921亿澳元。"②与矿

---

① 《关注：澳大利亚通过〈矿产资源税法案〉》，载全球金属网：http://www.ometal.com/bin/new/2012/3/20/world/20120320090746218318.htm，登录时间：2014年5月10日。
② 《聚焦澳大利亚矿产资源租赁税》，载钢企网：http://news.gqsoso.com/qita/20123/91704164223879.shtml，登录时间：2014年5月10日。

业企业的高额利润相比,澳大利亚的其他产业却出现了利润下降、失业率攀升等不良迹象。通过分析澳大利亚政府发现,这二者之间的此消彼长存在必然的联系,正是由于矿业繁荣推高了澳币的价格,使澳大利亚出口受到了严重影响,零售、旅游、教育、房地产业都出现了下滑。

因此,矿产资源租赁税是澳大利亚政府为调节产业发展不平衡态势而做出的经济宏观调控手段,主要平衡的是矿业企业,特别是煤和铁矿石等近些年来收益较好的矿业企业和旅游、房地产等收益走低的企业之间的收益。

(二)矿业权租金

矿业权租金一般包括探矿权租金和采矿权租金,澳大利亚矿产能源部门在授予探矿权和开采权申请人探矿权和采矿权时,都要向其征收探矿权租金和采矿权租金,主要体现了国家赋予矿业权人行为权利许可的一种行政管理成本补偿。矿业权人除一次性缴纳申请手续费(昆士兰州为50.8澳元,西澳大利亚州为824澳元)外,每年还要向矿业权人征收探矿权租金(每平方千米3—37澳元不等)和采矿权租金。

探矿权租金和采矿权租金的征收主要是基于两方面的考虑:一方面是体现政府对采矿行为的行政管理权,收取一定的费用也是为了补偿政府的行政管理成本;另一方面是为矿业权人设定一定的租金费用,防止矿业权人在无成本的情况下,采取"跑马圈地"的做法占有大量的探矿权资源和采矿权资源而使其闲置,影响国家宏观层面的矿业发展规划。因此,本质上矿业权租金不是国家矿产资源所有权的体现,是政府矿产资源管理者的体现。

四、澳大利亚矿业权二级市场的特点

澳大利亚是市场机制较为完善的市场经济国家，其完善的市场机制不但体现在矿产资源出让环节，而且主要体现在矿业权的二级市场。与我国还未健全的矿业权二级市场相比，澳大利亚的矿业权二级市场建设较为完善，主要体现在法律允许探矿权和采矿权合法转让，并建立了较为完善的市场化矿业权评估体系上。

（一）矿业权可以合法转让

澳大利亚法律规定，矿业权可以在市场中合法转让。但是不同的州和不同类型的矿体，法律对其转让还设定了不同的条件。例如，在西澳大利亚州，转让矿业权要区分大范围探矿权、小范围探矿权和采矿权。对于大范围探矿权，在权利被授予的一年之内要想转让，必须经过矿产能源部长或行使部长职权的部门官员的书面同意；权利被授予一年之后则不受部长限制，可以自由进入矿业市场转让。对于小范围探矿权，政府给了其权利人较为宽松的转让环境，不再受一年的限制要求，可以随时自由转让。对于转让采矿权，西澳大利亚政府的矿业法规定，无论是权利被授予的一年之内还是一年之后，未经矿产能源部部长的事先同意，不得对权利进行任何形式的转让和抵押。[①]

没有一个国家会采取放任的态度，允许矿业权不加以限制地进入

---

① 王清华：《澳大利亚矿业权授予和转让制度及对我国相关立法的借鉴意义》，《河北法学》2011 年第 6 期，第 159 页。

二级市场，矿业权转让时，政府的监管是必不可少的，澳大利亚各州都对矿业权转让规定了明确的条件，要求转让人必须履行规定的义务之后才能够转让矿业权，例如必须完成最低勘查投资承诺，按期缴纳矿业权租金和保证金，按期报告开支状况、勘查开采进度和结果。总之，政府要确保矿业权人在申请之前一定是本着完成勘探和采矿目标进行申请，而不是为了申请之后在很短时间内将矿业权投放二级市场赚取投机利益。因此，矿产能源部门要求矿业权申请人在申请时就必须提交实施勘查和开采计划的全部财务和技术细节，防止单纯为了出售矿业权或与他人合谋赚取利润的投机行为。而且矿业权转让时，当事人必须到矿产能源部门办理转让登记手续，如果登记部门发现矿业权人有违反法律规定的行为，部长将中止、吊销，直至终止许可权。

（二）市场化矿业权评估体系

矿业权评估是矿业权进入二级市场的先决条件，只有对矿业权进行了较为专业的市场化评估，才能较为容易地使交易各方达成交易共识，否则矿业权的市场价值在交易双方之间会形成较大差异，从而影响交易的成功率。

澳大利亚多年来已经形成了较为完备的矿业权评估体系，这一评估体系之所以完备主要体现在两个方面：一是市场化程度高，二是专业化程度高。首先，澳大利亚的矿业权评估是完全市场化的行为，政府并不参与评估活动，只是作为矿业管理者对评估活动的合法性进行监督，只要评估行为完全是按照法律规定的程序和要求进行，政府无权进行行政干预。其次，澳大利亚的矿业权评估是行业内的专业行为，这种专业性主要表现在由全国矿业顾问（咨询）协会的会员进行评估工作，具有评估资格的评估机构都要受到严格的入行资格评审，让评估工作在行业内完成，容易受到行业内矿业企业的普遍认同。

矿业权评估主要包括矿业权评估和矿业企业的成本评估。矿业权评估一般考虑的因素是矿产资源的储量、禀赋和地质构造，由此可以通过分析矿产资源的可开采数量、可能达到的市场价值，以及开采矿产资源的成本，大致计算出采矿经营后的经济效益。企业的成本评估则一般适用会计准则，测算建矿成本和开发费用，其中包括采矿成本、运输成本、税费支出等。①

第四节 国外矿产资源有偿取得制度对我国的启示

我国的矿业制度是从计划经济时期发展而来的，计划经济时期由于矿业的主体是国营单位，矿产资源开发利用的全部过程都由国家组织和安排，国家的矿产资源交由国营单位勘探开采，生产出来的矿产品又交由国营单位使用，矿产资源完全是以无偿的形式开发利用，或者说根本就不存在有偿和无偿的问题。改革开放以来，我国先后实行政企分开、国有企业的所有权与经营权分离，并建立现代企业制度，特别是1986年《矿产资源法》颁布之后，明确提出我国实行矿产资源有偿取得制度，至此，我国的矿产资源有偿取得制度才终于以法律的方式提出来了，但真正开始建立还要到1996年。从以上过程可以看出，我国的矿产资源有偿取得制度真正开始实施到现在也就是二十几年的

---

① 国土资源部地质勘查司编：《各国矿业法选编》，第1120页。

第五章
国外矿产资源有偿取得制度及其对我国的启示

时间,而且二十几年的发展并不能说我国的矿产资源有偿取得制度已经完全建立了。在实践中,国家矿产资源所有者与管理者不加区分,国家所有者收益无法实现,所有者收益与税费制度混用等等现象,说明我国的矿产资源有偿取得制度正在社会主义市场经济大背景下艰难探索和构建。相比之下,较早建立市场经济的国外发达国家,其矿产资源有偿取得制度也较早就建立了起来,而且经过多年的总结和完善已经形成了一整套行之有效,既能够维护矿产资源所有者收益权又能够适应市场经济大环境,有助于扶持本国矿业企业和本国矿业市场发展的有偿取得制度,其中有关权利金制度、构成较为合理的税费制度和矿业权评估制度的内容,是我国应当学习和借鉴的,但同时国外的国家性质、基本经济制度等国情又与我国存在根本性的差别,我国的借鉴还需要建立在具体分析我国实际国情的基础之上。

一、我国应当借鉴的制度

(一)权利金

权利金制度是矿产资源有偿取得在收益权方面的集中体现,从权利金的收取主体和方式上可以看出,矿产资源所有者(通常为国家)是权利金的收取主体,是矿业权人勘探和开采矿产资源所有者拥有的不可再生的矿产资源,给予矿产资源所有者的一种补偿。世界上的市场经济国家一般都有权利金制度,而且是国家出让矿产资源的主要收益,收取数额也非常高。如前所述,美国陆地石油权利金收取标准为12.5%,海上石油为16.67%,露天煤矿为12.5%,井工煤矿为8%。

我国目前的矿业法中体现国家所有者收益的是矿产资源补偿费,

293

但是理论和现实中用矿产资源补偿费来体现国家矿产资源所有者收益存在以下几方面的问题:

第一,矿产资源补偿费的性质不能体现国家矿产资源所有权。从性质上来看,矿产资源补偿费是税费性质,而税费的征收主体是政府,并非国家。虽然政府在国家经济生活中可以代为行使国家的权利,但那毕竟是代为行使,意味着其权利本身并不属于政府,只是因为国家作为一个抽象概念,其行使权利时缺乏合适的行为主体,才将该权利授权政府代为行使。在矿业体系中,国家是矿产资源的所有者,政府是矿产资源的管理者,税费是管理者为实现其管理职能保证其管理成本开销而向管理相对人征收的,本质上说不是一种收益,只是一种补偿,因此国家矿产资源所有权收益以费的形式实现,显然不符合国家财税体系逻辑。

相比之下,美国、澳大利亚等发达国家在矿产资源所有者收益权方面的权利金制度则较为合理,很好地体现了矿业领域中国家和政府的本质区别,较好地实现了国家的矿产资源所有者收益权。

第二,矿产资源补偿费的费率较低,不能体现矿产资源的稀缺性和市场价值,是国家(全民)矿产资源收益权的损失。按照我国《矿产资源补偿费征收管理规定》,征收矿产资源补偿费的金额=矿产品销售收入×补偿费费率×开采回采率系数,开采回采率系数=核定开采回采率÷实际开采回采率。其中补偿费费率根据不同的矿种有所不同,从1%到4%不等,煤炭、石油、天然气的补偿费费率都为1%。此矿产资源补偿费征收办法又能实现多少国家的矿产资源所有权收益呢?以山西省的煤炭资源为例,2012年山西省煤炭销售收入已经突破万亿,达到11 870亿元,但是煤炭资源补偿费收入仅有30.9亿元,仅

第五章
国外矿产资源有偿取得制度及其对我国的启示

占销售收入的 1.17%,也就是说煤炭资源的市场价值收益中只有 1.17% 归国家所有。

相比之下,美国和澳大利亚体现国家矿产资源所有者收益的权利金收取数额就要高得多,美国的露天煤矿权利金比例达到了 12.5%,井工煤矿的比例也达到了 8%;权利金收入约占澳大利亚总税赋的 30%,占矿业总产值的 3% 左右。[①]这种权利金的收取比例基本能够反映矿产资源的稀缺性和对经济发展的价值贡献,也基本能够体现矿产资源所有者的合理收益。

第三,矿产资源补偿费的用途与矿产资源国家所有者收益的性质不符。我国《矿产资源补偿费征收管理规定》第十一条规定:"矿产资源补偿费纳入国家预算,实行专项管理,主要用于矿产资源勘查。"这种专款专用的方式更像是政府利用其行政管理职权所收费的使用,而不是国家收益的正确用途。从世界范围来看,实行矿产资源有偿取得的国家一般都有权利金制度,而且收取的权利金都会纳入国家一般性财政,用于教育、医疗、道路等公共设施建设,不会将该笔收入专款专用投入地质勘探或资源开采。如果国家将矿产资源所有权的全部收益都返还到矿产资源的勘查和开采工作中,那么这种做法有悖于矿业市场化发展模式,尤其是地勘资金中过多地充斥着国有资金,反而会阻碍市场资本进入该领域,总体上减少地勘资本投入。

因此,体现我国矿产资源国家所有者收益的权利金,其用途应当

---

① 《矿业企业发展问题研究报告》,载中国中小企业山西网:http://www.sxsme.com.cn/article-3d4d60fe-989c-4b3a-bcf7-1e7860e08e51.html,登录时间:2014 年 5 月 10 日。

扩展到矿业之外的其他领域，不必只局限于矿业领域，否则就会与行政管理所征收的费相混淆。从另一个角度来说，既然是国家以其所有权所得的收益，也就是说该收益体现的是国家的民事权利而非公权力。如果是依据公权力征收，那么该项收费一定是基于某项权力或某一特定需要，也就意味着该项收费将来的用途必须与该特定需要一致；如果是依据民事权利收取，那么就不必有此限制，该项收益可以用于所有者认为必要的任何地方。

目前我国正在探索延长退休年龄的可行性问题[①]，该问题的出现无论是因为老龄化社会的到来，还是因为养老金双轨制有失公允，其中重要的一环是国家的财政收支问题。国家的一般性财政收入，尤其是税、利、债、费中"利"的收入应当拿出一部分用于养老金的发放。而目前我国的财政收入中的"利"却少了一大块本应用于养老金的矿产资源收益，致使不应存在养老金缺口的养老问题，需要采取延长退休年龄的方法来解决。延长退休年龄可能是决策者的权宜之计，但在推出一项权宜之计时，应当事前至少做两方面的事：首先是倾听利害关系人的意见，其次是穷尽一切可能的办法。首先从倾听利害关系人的意见来看，目前各大媒体的调查结果显示，处于收入较高职位的人，其中有一部分是赞成或漠视延长退休年龄方案的，但绝大多数工薪阶层是极力反对延长退休年龄的。其次从穷尽一切可能来看，国家财政收入中很多该收的没有收回来，至少本来每年可以提供的多达万亿元

---

① 敖晓波：《坦承养老金确有缺口，将来可能要交35年63岁退休》，载凤凰网：http://finance.ifeng.com/news/special/tuixiu2012/20120926/7086038.shtml，登录时间：2014年5月10日。

的矿产资源国家所有者收益被忽视了,这部分收益能够很好地解决养老金短缺的问题。

(二)合理设置税费

各国的矿业税费设置各不相同,没有统一的分类标准,但是国外矿业制度较为发达的国家,其矿业税费制度都有一套较为完整的理论基础。例如美国矿业税专家詹姆斯·奥托(James Otto)将矿业税分为直接税和间接税,直接税是矿山企业直接缴纳给有管辖权的政府机构的税费,间接税是矿业企业为发展当地教育、医疗、公路等公共服务事业而支付的税费。[1]再比如鲍勃·帕森斯(Bob Parsons)将矿业税费分为三类:资源租金性质的税费(Economic Rent)、"使用者支付"的税费("User-payer"Tax)和一般纳税人性质的税费(Corporate Citezenship Taxes)。资源租金性质的税费,是指与矿产资源本身有关的各种税费,如权利金、红利、超额利润税等。"使用者支付"的税费,是指虽然与矿产资源本身关系不大,但矿业企业勘探开发矿产资源必须使用的政府提供的服务或信息等而需要支付的税费,如土地使用费、登记费、水资源税等。一般纳税人性质的税费,是指不仅矿业企业,一般企业都需要缴纳的各种税费,如营业税、增值税、所得税、关税等。

相比之下,我国的税费制度设置不够体系化,更多地表现为政府作为理性经济人追逐市场利益,尤其是各种费更是成为各行政部门争

---

[1] 〔美〕詹姆斯·奥托等:《矿业特许税费:关于其对投资者、政府和市民社会影响的国际研究》,胡德胜、魏铁军、王涛、许胜晴等译,北京大学出版社2013年版,第265页。

相从矿业企业利润中分一杯羹的变通做法，而且有关矿业的各种税费设置并不合理，每一种税费都很难反映其理论基础，重复征税现象严重。目前我国主要的矿业税费包括探矿权（采矿权）使用费、探矿权（采矿权）价款、资源税和矿产资源补偿费，其中探矿权（采矿权）价款、资源税和矿产资源补偿费表现出的合理性最为明显。

  探矿权（采矿权）价款最早由国务院出台的关于探矿权和采矿权管理办法规定。《矿产资源勘查区块登记管理办法》第十三条规定："申请国家出资勘查并已经探明矿产地的区块的探矿权的，探矿权申请人除依照本办法第十二条的规定缴纳探矿权使用费外，还应当缴纳经评估确认的国家出资勘查形成的探矿权价款；探矿权价款按照国家有关规定，可以一次缴纳，也可以分期缴纳。"《矿产资源开采登记管理办法》第十条规定："申请国家出资勘查并已经探明矿产地的采矿权的，采矿权申请人除依照本办法第九条的规定缴纳采矿权使用费外，还应当缴纳经评估确认的国家出资勘查形成的采矿权价款；采矿权价款按照国家有关规定，可以一次缴纳，也可以分期缴纳。"这两条规定确定了探矿权（采矿权）价款的收取依据和性质，说明价款的收取主要是为了补偿国家在计划经济时期对地质勘查的巨大投入，因为在计划经济时期，矿业发展从地质勘查到矿产资源开采再到矿产品使用，生产单位和使用单位都是国营企业，国家无偿地通过财政支出负担数额庞大的地勘投入也合情合理，但是进入市场经济之后，国家勘探发现的地质资料被包括民营企业在内的不同所有制性质的矿山企业无偿使用显然就不尽合理了，国家之前的地勘投入需要收益者予以补偿。由此可以说明，探矿权（采矿权）价款是国家公益性地勘投入的补偿，不是国家矿产资源所有者收益的体现,但是在一些省份有关探矿权(采矿权)价款收取规则的法律文件中却将二者联系了起来,并将探矿权(采矿权)价款作为矿产资源有偿取得制度的实现方式予以法律确认。例如,2006年山西省政府出台的《山西省煤炭资源整合和有偿使用办法》,将探矿权(采矿权)价款与矿产资源有偿取得制度相联系,还违反国家设立探矿权(采矿权)价款是为收回计划经济时期国家地勘投入资金的初衷,不加区分地对包括国家投资勘查形成的和民营资本勘查形成的所有地质储量的矿产资源都征收价款,这显然是对矿产资源有偿取得制度和探矿权(采矿权)价款的曲解。

按照国际通行的做法,资源税是为了调节矿山企业因矿产资源禀赋和开发条件的差异而形成的级差收益,同时鼓励矿山企业开采低品位、难开采的资源,防止出现采富弃贫等浪费资源的现象。但是我国从1994年实施《资源税暂行条例》开始征收资源税,到2011年对该条例进行修订,始终没有明确征收资源税的理论基础和征收目的。而且2011年之前的资源税的征收办法是从量计征,显然从量计征不能反映资源的级差收益和价值规律,2011年修改之后也仅是将石油、天然气的征收办法由从量计征改为从价计征,我国最主要的能源煤炭还是维持了原来的从量计征。我国煤炭资源的特点之一是品种齐全,我们将无烟煤、烟煤、褐煤又细分为无烟煤、贫煤、贫瘦煤、瘦煤、焦煤、肥煤、1/3焦煤、气肥煤、气煤、1/2中黏煤、弱黏煤、不黏煤、长焰煤、褐煤等14个小类,某一种类的煤炭在不同地区还会存在含硫量、发热量、灰分等不同指标,这些都会影响煤炭的市场价格,从几十元到上千元不等。因此,我国现行资源税征收办法并不能体现开采不同资源的矿山企业的级差收益。而且国外很少有国家像我国这样，将反映级差收益税种单独计征，因为国外在权利金收取设置中已经将相应的级差收益反映其中，如澳大利亚新南威尔士州根据采煤方式不同收取不同费率的权利金。

资源补偿费存在的问题就更大了，根本问题是将国家的矿产资源所有权收益与政府的矿产资源管理税费相混淆，完全是以政府税费替代了所有者收益，该问题在之前的论述中已经阐明，这里不再赘述。

我国的矿产资源税费制度还存在种类繁多、重复征收等问题，给矿山企业造成极大的成本压力，阻碍了企业的发展壮大。山西省某煤炭集团公司2012年的部分税费缴纳数额（除采矿权价款和采矿权使用费）达到了惊人的288 969万元，其中税共缴纳215 743万元（包括增值税121 550万元、营业税2 330万元、城市维护建设税9 361万元、资源税7 287万元、房产税971万元、土地使用税232万元、车船使用税51万元、企业所得税72 404万元、印花税1 557万元），费共缴纳73 226万元（包括教育费附加4 012万元、地方教育费附加2 675万元、矿产资源补偿费8 832万元、河道管理费690万元、价格调控基金2 006万元、残疾人就业基金373万元、水资源补偿费707万元、煤炭可持续发展基金46 775万元、民兵训练统筹费192万元、林业基金83万元、采矿排水水资源费6 881万元），而且有些地方政府征收的税费还没有列入其中，因为这些税费并不符合国家有关规定，如煤炭出县费，即只要煤炭运出县级区域之外，县政府就要向煤炭企业征收20元/吨的出县费。目前的矿业大环境决定了矿山企业多数都要受制于当地政府的管制，即使是矿山企业的行政级别比当地政府高出许多，为了能够争取当地政府的行政方便，多数也会按照当地政府的意志行事，给予税费方面的"好处"。

总之，我国的矿业税费制度还缺乏统一的体系规划，缺乏理论基础支持，缺乏法律规定支撑，在这方面应当多向国外发达矿业国家的法律制度学习借鉴，以经济、法学和矿业理论为基础构建矿业税费制度，同时要避免各部门之间在矿业利润方面的利益争夺，减少不合理收费。首先应当做到将国家的矿产资源所有者收益与政府的矿产资源管理税费相区分，政府的税费制度中不应当包括权利金制度；其次在税费方面区分一般性企业税费与矿业专有税费，其中矿业专有税费可以包括以下几方面：一是反映矿业权出让的探矿权、采矿权使用费，二是反映土地使用的矿地租金，三是调节级差收益的资源税，四是反映环境恢复治理的环境保护费等。

（三）完善矿业权价值评估制度

矿业权评估机制，是指根据法律法规，有相关矿业权评估机构对矿业权所含的价值进行分析、计算，得出一个合理价格的制度。矿业权价值评估是市场经济条件下矿业权出让和转让程序中不可缺少的一环，世界上矿业法律制度较为完善的国家都已形成同样完善行之有效的矿业权价值评估法律制度体系。以美国和澳大利亚为例，这些国家在长期的矿业市场化运作过程中总结实施了被矿山企业、矿产资源所有者和矿业管理者都普遍接受的矿业权评估法律制度，其主要特点是：第一，有较为完善的法律制度作为支撑；第二，法律制度的可操作性较强，对不同种类的矿产资源和不同阶段的矿业权价值评估都有较为细致的评估方法；第三，有一批高素质的评估师队伍和运行规范的专业化程度较高的评估机构，保证了矿业权评估价值能够合理体现矿业权的真实市场价值，得到了委托人的广泛接受。

我国在1998年颁布的《探矿权采矿权转让管理办法》中规定"转让国家出资勘查所形成的探矿权、采矿权的，必须进行评估"，其后在1999年出版了《探矿权采矿权评估方法指南》，其修订本《矿业权评估指南》于2001年出版。之后于2006年再次进行修订，2000年建立了矿业权评估师职业资格制度，2008年国土资源部又连续出台了《矿业权评估管理办法（试行）》《关于规范矿业权出让评估委托有关事项的通知》和《关于规范矿业权评估报告备案有关事项的通知》。虽然国家加紧制定与矿业权评估有关的法规和规章，但从法律法规的制定和执行的总体情况来看，还是与国外发达国家有着较大的差距。

目前我国颁布了一系列矿业权评估的法规和规章及其他法律规范性文件，但是较为完善的矿业权价值评估体系还未建立，依然存在许多亟待解决的问题。

首先，矿业权评估法律法规不健全。主要表现在两方面：一是矿业权评估法律规范性文件的级别较低。目前我国适用较为普遍的矿业权评估法律规范性文件是《矿业权评估指南》，但该指南并没有上升到法律层面，这样对该指南的适用造成了许多不便，因此至少应当将该指南中的内容在法规层面予以确认。二是法律法规规定的内容基本属于原则性规定，缺乏可操作性，造成在适用过程中随意性较大，我们经常可以看到对一块区域的矿业权进行评估，出现了探矿权与采矿权中相同内容的评估结果大相径庭的现象，矿业权的市场价值在评估结果中得不到真实反映。

其次，评估方法缺乏科学设计。矿业权评估结果是否能够体现其真实市场价值与评估方法关系密切，评估方法的科学性是以评估对象的科学分类为基础的，不同属性的矿产资源和不同阶段的开发行为所应适用的评估方法不同。例如，按照所处的发展阶段不同，矿业权应当分为三个基本阶段和五个细分阶段，三个基本阶段分别为勘查、开发和经营，五个细分阶段分别为草根勘查地、高级勘查远景区、预开发项目、开发矿山、经营矿山。评估方法包括贴现先进流量法、可比销售法、联合风险勘查协议法、勘查费用倍数法、地学排序法和粗估法。[1]目前我国的矿业权评估方法从存在着大量设计不科学的问题，例如，成本途径评估中没有考虑不同勘查风险的矿产，造成评估结果与实际价值可能相反；市场途径评估方法的评估结果与市场实际最接近，但由于评估方法不完善和评估参数收集困难，造成这种评估方法使用较少。[2]国外矿业发达国家的矿业权评估制度已经运行了上百年的时间，我国的矿业权评估制度才处于起步阶段，甚至可以说行之有效的矿业权评估制度还未建立，而且我国的社会主义市场经济体制才刚刚建立，各项与市场经济体制相匹配的制度还在摸索之中，其中《矿产资源法》的市场化改革道路又明显落后于其他产业，计划经济思维在现行《矿产资源法》中还有明显体现，因此种种障碍表明矿业权评估制度的建立依然艰辛，在这个过程中我们应当借鉴发达矿业国家健全的法律法规体系和务实可行的矿业权评估制度。

---

[1] 詹朝阳、崔彬、欧阳瑜华：《国外矿业权评估方法综述》，《中国矿业》2003年第12期，第17—19页。
[2] 焦彦斌、张彬、吕新彪：《浅谈矿业权评估存在的问题及对策》，《煤炭经济研究》2009年第4期，第17页。

（四）建立健全的矿产资源二级市场

矿产资源二级市场是矿产资源市场化的重要组成部分，也是矿产资源一级市场的正常延续，甚至从市场主体的角度来看，矿产资源二级市场才能真正体现市场化。因为矿产资源一级市场的参与主体包括公权主体和私权主体，二者之间在法律上是不平等主体，市场经济所体现的主体平等性在一级市场中更多地表现为矿产资源受让方的平等性，出让方与受让方之间本身是不平等的；而矿产资源二级市场的参与主体在市场经济中应当是平等主体，无论是出让方与受让方，还是受让方之间都是平等的。

国外发达资本主义国家已经形成了较为完善的矿产资源二级市场，其中的一些特点值得我国在进行矿业市场化改革中借鉴。

1. 矿业权转让方式多样化

矿业权在市场中自由转让要求矿业权转让在市场主体之间自愿完成，这就意味着矿业权的转让能够满足不同市场主体的需求。不同市场主体对矿业权所包含的各种权能需求不同，有些市场主体需要转让方将矿业权中的全部权能全部转让，有些市场主体由于资金、经营目标等方面的差异只需要矿业权中的部分权能，因此矿业权转让方式多样化就成为市场主体的现实需求。国外主要矿业国家都提供了多种矿业权转让方式，例如矿业权可以全部转让，也可以部分转让（这里的部分转让是指一个矿业权允许其他市场主体成为共同所有人，即矿业权还是一个；但如果将一个矿业权分割为两个矿业权则需要矿业权出让机关的审核批准）。再如矿业权可以抵押，以解决矿业权人融资难的问题，还允许矿业权继承等等。

2. 严格的矿业权转让受让主体准入制度

矿业权自由转让并不意味着任何市场主体都可以成为潜在的矿业权人，因为这关系到矿业市场的安定有序。发达矿业国家一般都会对矿业权的转让受让主体设定严格的准入门槛，其中主要包括以下几个方面：第一，转让人和受让人的基本条件，如转让人必须达到最低投入，或达到一定的生产年限，受让人必须具有法定勘探和开采资质；第二，转让方式由法律明确规定，如股权转让方式或资产转让方式；第三，从业人员资格必须达到法定要求，如矿长资格、安全资格、工程师资格等；第四，对国外受让人还设定了一定的特殊要求，或必须经过本国政府部门的审批，防止国外公司进入威胁到本国矿业市场安全。

二、借鉴时需要注意的问题

国外发达资本主义国家经过长期的摸索已经形成了一整套行之有效的矿产资源有偿取得制度，这些制度在实践中被证明是基本适应市场经济体制的，而我国正处于矿业市场化改革开始攻坚的阶段，因此应当借鉴有关制度提升我国矿产资源有偿取得制度的科学性。但是在借鉴的过程中，我们也应当清醒地看到国外的矿业制度所处的环境与我国目前矿业发展所处环境的差异，切不可全盘照抄，需要对制度加以全面分析之后，有所取舍地制定出适合中国特色社会主义市场经济的矿产资源有偿取得制度。

（一）国外存在矿产资源私有制

我国《宪法》和《矿产资源法》明确规定矿产资源归国家所有，即全民所有，这是制定一切矿业制度的基础，任何矿业法律法规都必须保护国家的矿产资源所有者地位，保障矿产资源的国家所有者收益。但是国外有些国家的矿业制度却并非以矿产资源国家所有为基础，例如，美国多数地方实行地上土地资源和地下矿产资源所有权统一的规定，地上土地资源的所有者同时也是地下矿产资源的所有者，而美国存在大量的私有土地，这意味着也存在大量的私人所有的矿产资源。这就构成了我国和美国在矿业制度上存在的最大的也是最根本的差异，该差异决定了对于美国许多具体矿业制度，我们应当谨慎地加以借鉴。例如，美国的红利制度是其国家在矿产资源领域创收的主要方式，但这种制度的出台与美国存在大量私有矿产资源有着直接的关系，因此我们对美国的矿产资源有偿取得制度中红利制度的借鉴就要格外注意。一般各国实现矿产资源国家所有者收益权的主要方式是权利金，美国矿产资源所有者类型中包括联邦所有、州所有、私人所有和印第安人所有，在这四种所有类型中，联邦所有的矿产资源面积只占总面积的1/8，大量的矿产资源被私人占有，这就决定了美国联邦政府通过权利金制度实现国家在矿产资源方面的收益非常困难。工业革命以来，世界工业发展进程日新月异，同时带来了各国矿业的大发展，矿产资源需求量增大和矿产品价格增高给矿山企业带来了丰厚的利润，但国家在其中并没有得到相应的利益。国家为争取更多的矿产资源利益，想出了通过竞价的方式出让矿产资源，从而收取标金即红利的方法增加国家收入。

与此形成鲜明对比的是我国实行矿产资源国家所有即全民所有制度，每一片出让的矿产资源，国家都可以通过收取权利金的方式来实现国家的矿产资源所有者收益，如果在此基础上再引入红利制度,是对矿山企业追加的额外负担,不利于建立合理的矿产资源有偿取得制度。

(二)防止税费过高

国外发达国家一般都对矿山企业征收较高的税费,以平衡矿业与其他产业之间的利润差距,例如澳大利亚政府向煤炭、铁矿石等矿种征收的矿产资源租赁税。从我国的经济发展实际出发,这种高税费的政策并不是我国矿业发展需要借鉴的。

国外发达国家可以对矿山企业执行高税费政策有其特有的制度背景和产业背景。首先,一些国家的高税费与矿产资源私有制存在一定的联系。如前所述,美国存在大量的私有矿产资源,私人企业以较低的申请成本就可以得到高额的市场回报,国家对这部分资源无法实现其想要的收益,因此美国政府只能通过公权力强行将这部分本应通过国家民事权利收取的收益划入国家收益中,运用公权力分享市场主体经济利益最好的方式就是增加税费,因此一些国家执行的矿业高税费是以矿产资源私有制为基础的。其次,国外矿山企业与我国的矿山企业相比,经济实力要雄厚得多,它们完全可以承受高税费所带来的成本压力。国外许多矿业公司都是具有跨国公司性质的矿业巨头,他们所采取的运作方式是与金融巨头联合,因此可以说国外的矿业资本与金融资本已经形成了利益共同体,与金融资本的联合保证了矿业公司有充足的资金用于缴纳高额税费。相比之下,我国的矿山企业对高额税费就很难承受,目前我国执行的各种税费已经使某些矿山企业无法承受,如果再增加高额税费,会使本就属于资金密集型产业的矿业反而面临资金短缺的问题。

而且从产业链的角度来看,矿产品属于初级产品,它们或者是基础产业的生产资料,或为各行各业提供原材料、电力等生产必需品。如果我国向矿山企业征收较高的税费,这部分成本必然会加到矿产品的市场销售价格中,最终还是会转嫁到各行各业中。以目前我国遏制通货膨胀的经济目标和以销售价格低赢得国际市场的竞争现状来看,采取高税费显然不利于我国整体经济发展目标的实现。

(三)循序渐进的发展道路

目前我国矿业改革的总体思路是摆脱计划思维惯性,建立适合社会主义市场经济的矿业制度,也就是说我国矿业的改革思路要突出"市场化"。市场化的具体内容主要表现在"简政放权",减少矿业管理机构不必要的行政干预,尊重矿山企业的市场主体地位。相比之下,国外矿业的市场化程度较高,政府只是作为市场监管者按照法律的规定对违法行为予以纠正和处罚,至于企业的运营模式、经济手段等微观层面的事情,政府不得插手干预。

但是我国的经济大环境和矿业发展阶段毕竟与外国存在较大差异,社会主义市场经济体制虽然已经建立,但仍然存在大量需要完善的地方,有些领域的市场化制度还未建立,在此情形下政府对矿山企业和矿业市场采取过多的宽松政策也不符合实际。因为许多市场化法律制度的空白之处仍然需要政府作为中立一方予以处理,而很多情况下矿山企业也希望有政府的存在。矿业市场化体制还未建立意味着各种行为无章可循,违法行为也会相应增多,此时政府的监管责任就显得格外重要,它不仅对违法行为及时处理,也对合理市场规则的制度构建起到了一定的促进作用。因此,我国的矿业市场化改革道路还是要以循序渐进的方式为主，切不可操之过急。

另外，目前我国在全球产业布局中所处的位置依然较为初级，主要以消耗本国资源或是将矿业权出让给发达国家矿业企业来赚取共同发展的机会，当然这种局面也是改革开放 30 多年来我国积极参与经济全球化的必然结果，也是我国谋求自身发展所必须付出的代价。但是经过这 30 多年的发展，我国经济总量已经跃升至世界第二位，接下来需要提升的是整个矿业的创新能力和矿山企业的规模。从世界矿业发展史来看，国外发达矿业国家的矿山企业之所以在短时间内发展壮大，成为能够控制世界矿产资源的跨国公司，国家力量的支持是必不可少的，尤其是矿产资源最为丰富的俄罗斯和矿产资源最为匮乏的日本，其矿业发展和矿业集团的壮大都是依靠强大的国家力量。因此，从这个层面来讲，我国的矿山企业要发展壮大，成为参与全球资源分配的矿业巨头，政府不可采取放任的态度，而是要在遵循市场经济规律的情况下，努力扶持本国矿业企业迅速发展成长。因此，矿业市场化改革并不意味着矿山企业脱离政府而完全市场化，这是一个循序渐进的过程，处于发展中国家位置的我国应当在矿山企业有能力参与全球化资源配置之前给予一定国家力量的支持。

第六章

改革我国矿产资源有偿取得法律制度的理论设想

解决我国矿产资源有偿取得法律制度中的问题，笔者认为应当从两方面进行改革：一方面是在矿产资源一级市场，实现资源向资产的转变；另一方面是在矿产资源二级市场，实现资源优化配置。

第一节 改革现行矿产资源法律制度，实现资源管理向资产管理的转变

一、资源变资产是市场经济的客观要求

在计划经济时期，不仅作为生产原料的矿产资源属于国家所有，生产工具、运营资本都属于国家，从矿产资源的生产到运输、销售、分配的各个环节都由国家控制，矿产资源不存在出让的问题，只存在配给的问题。既然都是国家的财产，也就不存在将资源当作资产看待的必要。随着经济体制改革的深入和市场经济体制的建立，公有制为主体、多种所有制形式并存的基本经济制度已经确立，统配统销的经

济模式逐渐消失，国家所有的矿产资源以采矿权的形式出让之后，已经不能保证其所有权依然属于国家，也不能保证其收益属于国家。市场经济主体在获取矿产资源时享受计划经济时期和改革开放初期的国营经济待遇显然有悖于市场经济规律，可是将国有经济和民营经济区别对待，在出让采矿权价格上执行不同标准，又不符合宪法规定的基本经济制度。更重要的是，计划经济时期左右经济走向的是物的使用价值，国家只关心物的利用，即是否做到了物尽其用，对物的交换价值并不在意，当然计划经济时期物的流通更多地体现为分配，而非交换；市场经济则不然，经济运行的核心力量是价值规律，产品的价格在其中扮演着极其重要的角色，国家对其所有的物不能仅以实现使用价值为目的，还必须关注其价值和价格是否充分体现了国家的所有者身份。

市场经济的核心作用之一在于通过市场配置资源，矿产资源是参与市场经济运行的重要生产原料，如果仅把其当作资源看待，是单纯的自然科学观点，不是从经济角度和社会、法律角度分析矿产资源对国民经济发展的重要贡献所体现的价值和价格。

资产是能够创造剩余价值的财产，人们在经济发展的过程中已经证明矿产资源是人类生产生活不可或缺的重要原料，在价值产生的过程中扮演着不可替代的重要角色。社会主义国家也是国民经济的重要主体，不仅是管理者也是实际参与者，不仅是生产资料提供者也是产品消费者，国家在作为消费者购买市场产品时，和其他消费者没有区别，需要支付相应的对价，但是在提供生产这些产品的生产原料时以零对价的方式出让，这显然是不公平的，国家的收益权无从体现，具体到矿产资源取得方式上，国家作为矿产资源的所有者将其以零对价出让给采矿权人，采矿权人将矿产资源从地下挖到地上就变为有价，而且价格很高，其中赚取的利润和矿产资源的所有者毫无关系，这显然是不公平的。

二、资源变资产与马克思的劳动价值论

将国家所有的矿产资源变为资产管理和出让，会遇到以马克思劳动价值论为理论依据的观点的质疑，这些观点认为按照马克思劳动价值理论，价值体现于生产商品的必要劳动时间，没有经过劳动的物没有价值，矿产资源是自然形成的物体，没有凝结人类的物化劳动，因此没有价值，也不具有价格，国家有偿出让矿产资源违背马克思劳动价值理论。以上观点是对马克思劳动价值论的狭隘理解。任何商品都包含价值和价格两方面的因素，二者既存在联系，也有区别，价格以价值为基础，但二者在内涵、适用对象等方面存在巨大差异。马克思认为："价格形式不仅可能引起价值量和价格之间即价值量和它的货币表现之间的量的不一致，而且能够包藏一个质的矛盾，以致货币虽然只是商品的价值形式，但价格可能完全不是价值的表现。因此，没有价值的东西在形式上可以具有价格。在这里，价格表现是虚幻的，就像数学中的某些数量一样。另一方面，虚幻的价格形式——如未开垦的土地的价格，这种土地没有价值，因为没有人类劳动物化在里面——又能掩盖实在的价值关系或由此派生的关系。"①

---

① 〔德〕马克思：《资本论》（第1卷），第120—121页。

从以上马克思关于价值和价格关系的论述中我们至少可以看出以下两点：

第一，商品的价格可以与其价值量不一致。马克思指出："消耗在商品上的人类劳动，只有消耗在对别人有用的形式上，才能算数。但是，这种劳动对别人是否有用，它的产品是否满足别人的需要，只有在商品交换中才能得到证明。"① 这就是说，有些商品虽然生产中消耗的平均必要劳动量并不高，但由于商品的性能好，使用它的用户可以获得较高的效益，又由于商品专利权的法律保护，使得商品的价格可以远高于其生产中消耗的平均必要劳动量。反之，有些东西本身并不是商品，但可以通过它们的价格取得商品形式。如未开垦的土地、瀑布等，没有人类劳动物化在里面，因而没有价值，但具有虚幻的价格形式。

第二，决定自然物价值的是社会因素。马克思在讨论地租时指出："瀑布和土地一样，和一切自然力一样，没有价值，因为它本身中没有任何物化劳动，因而也没有价格，价格通常不外是用货币来表现的价值。在没有价值的地方，也就没有什么东西可以用货币来表现。"这就是说，土地、瀑布和埋藏在地下的矿产资源，不是人类劳动的产物，没有物化在其中的无差异的人类劳动，按劳动价值论的观点看，没有价值，但可以具有价格。因此，矿产资源的价格，不是由其所有者决定的，而是由矿产资源的使用者获得的超额利润或效用决定的，这个超额利润或效用的高低取决于矿产资源的稀缺程度、可替代性以及人

---

① 〔德〕马克思：《资本论》（第1卷），第104页。

类科技水平所决定的对其的开发利用程度。

这样一来我们就不难得出这样的结论,即矿产资源非人类劳动所创造,因而不具有价值,但具有价格,其价格高低取决于矿产资源自身的效用大小和供需状况。矿产资源是具有价格的物,具有商品属性,因此矿产资源存在所有权、使用权和流通性。马克思的劳动价值论为矿产资源变资产、使用权变所有权奠定了坚实的理论基础。

讨论矿产资源是否具有价格的前提是市场经济这样的大背景,计划经济时期矿产资源不是作为商品出售,而是从国家所有到分配给国营企业继续使用,当然可以是零价格或者低价格,但是市场经济是商品经济的高级阶段,在此条件下有必要合理评估矿产资源的使用价值,以此为基础形成合理的出让价格。长期以来,国家以零价格或极低的价格出让矿产资源,就是忽视了矿产资源的商品性,忽视了市场经济条件下的经济运行规律,其根源就在于没有将矿产资源看作资产,造成矿产资源的出让价格和矿产品的销售价格之间形成了巨大的不合理差价。矿老板现象的产生,纵然与偷税漏税以及能源市场供不应求有关,但是矿老板的暴利恰恰就是国家收益权的损失,二者之间存在绝对相关性。

三、完善并有效执行矿产资源有偿取得法律制度

矿产资源由资源管理转变为资产管理是理论层面的表述,具体到制度建设就是要完善矿产资源有偿取得法律制度,合理实现国家收益权。我国的矿产资源有偿取得法律制度主要存在设计偏差和执行不力两方面的问题,这些问题是导致国家收益权受损的现实原因,相应的,

在这两方面应当加以改进。

  我国的矿产资源有偿取得法律制度主要由《物权法》和《矿产资源法》做出原则性规定，辅之以《矿产资源勘查区块登记管理办法》《矿产资源开采登记管理办法》《探矿权采矿权转让管理办法》和《矿业权出让转让暂行规定》等行政法规和部门规章，这些法律文件都明确规定了国家矿产资源有偿取得法律制度，但是问题在于这一制度只停留在原则层面，没有对国家作为矿产资源的所有者收益权做出规定，没有对市场主体如何实现矿产资源有偿取得做出具体规定。首先是对采矿权权利划分的偏差导致的收益权损失，如前所述，采矿权包括采矿行为权和矿产品所有权，现行矿产资源有偿取得只是体现在对采矿行为权收取的管理费用，对出让矿产资源本身没有体现有偿，因此国家在制定有偿取得法律制度中要对采矿权中包含的两种权利分别做出规定，对开采行为权利要收取一定的管理费用，在出让矿产资源本身上也要收取足额的对价，即矿产资源价款，而后者才应该是市场主体有偿取得和国家矿产资源所有者民事主体身份的主要标志。

  从现有矿产资源各种税费制度来看，没有一种与国家出让矿产资源相匹配的费用名目。其实国家实现矿产资源收益权完全不必拘泥于采矿权的范畴，不必以出让某种行为权利作为征收费用的对象，国家可以旗帜鲜明地提出出让矿产资源所有权，以矿产资源权利金作为收取对象，当然具体收费可将矿产品的销售价格作为收费基数，不必依矿产资源储量按固定价格收取。此举的目的是让矿产资源权利金能够体现矿产资源的市场供需关系，有浮动地、按比例地进行收取，一方面国家可以根据市场行情增加收入或减少收入，体现收益与市场的关

第六章
改革我国矿产资源有偿取得法律制度的理论设想

联性;另一方面也是国家有效调节矿产资源市场的措施之一。

矿产资源有偿取得制度中除了制度设计方面的缺陷之外,还有相关制度执行不力的问题。早在1986年的《矿产资源法》中就规定了矿产资源的有偿取得制度,虽然当时的表述是"有偿开采"而非"有偿取得",但"有偿"的意思已经十分明显,意味着国家已经意识到必须在出让采矿权时,让国家要有所收益。可是10年之后新的《矿产资源法》再次强调矿产资源有偿取得并没有改变国家收益权受损的局面,直到再过了10年之后的2006年,国家又以国务院国函的方式再次强调了有偿取得的重要性。这20年间,国家始终在强调矿产资源有偿取得,却鲜见有偿取得真正付诸实施,国家从有偿取得中增加的收益也寥寥无几。这恐怕主要需归咎于2000年之前以煤炭为代表的矿产资源市场冷淡、业绩不佳。那段时间矿产资源行业普遍出现企业亏损的局面,国家也有推行有偿取得的意愿,但迫于承担主体的生存压力,使有偿取得的执行力度大打折扣。可是2000年之后,随着我国市场经济对各类矿产资源需求量的增加,矿产资源行业的生存局面急转直上,以煤炭行业为例,吨煤价格从几十元上涨到几百元甚至上千元,日利润百万元的企业比比皆是。行业冷淡时国家以牺牲收益的代价保证企业生存,行业景气时国家的利益却没有从中得到应有的增长,受损的是国家的收益,全民的收益。由此可见,矿产资源有偿取得的法律制度构建与执行,不能过多地受到市场供需关系的影响,该制度毕竟是法律层面的生产关系,不是政策层面的调整措施,不能过于灵活。

第二节　改革矿产资源一级市场法律制度，实现国家所有权收益

矿产资源属于国家所有，即全民所有，国家通过出让矿产资源实现对矿产资源的开发利用和国家收益，因此矿产资源的出让主体只能是国家（授权政府），受让方包括国有企业、集体企业和民营企业。在出让矿产资源的过程中，国家必须要实现的两权是收益权和控制权。

一、国家可以有偿出让矿（藏）产资源所有权

国家是矿（藏）产资源的所有者，那么采矿权人通过矿产资源一级市场是否可以取得矿产资源的所有权呢？从现行法律和学界对此问题的讨论来看，人们普遍认为国家是矿（藏）产资源的唯一所有者，采矿权人只能获得矿产品的使用权，不能取得矿产资源的所有权。但是笔者认为，国家是矿（藏）产资源所有者，这是宪法和法律确立的原则性和基础性条件，必须始终坚持并严格遵守。但是该项原则只意味着国家是矿产资源的初始所有者，并不能当然地认为在任何条件下国家都是矿产资源的唯一所有者。哪怕是国家有偿出让了矿产资源，其所有权依然归属国家，这样的观点不仅有悖于实际情况，也对矿产资源保护不利。因为国家拥有矿产资源所有权就只能出让矿产资源使用权的观点是不符合逻辑的，以一个杯子为例，某人拥有杯子的所有权，就只能出让该杯子的使用权让别人使用，而不能出售杯子让别人拥有杯子的所有权吗？而且从现实角度来看，由于矿产资源的不可再生性，事实上国家已经出让了矿产资源的所有权，而不仅仅是出让了

第六章
改革我国矿产资源有偿取得法律制度的理论设想

使用权。国家完全可以通过有偿出让矿产资源的所有权实现收益权和控制权，此举不会造成人们担心的国家对矿产资源及整个产业的失控，反而可以充分体现国家所有权，理由如下。

第一，无恒产者无恒心，国家出让矿产资源所有权可以有效避免资源浪费。浪费的矿产资源也是国有资产，避免资源浪费也是保护国家收益权的重要组成部分。衡量资源开采程度和浪费程度的标准是资源回采率，回采率的高低与政府许可的开采年限有着直接的关系。从世界各国的煤炭资源回采率来看，我国现有水平明显落后于其他发达国家[①]，造成这种情况有多方面的原因，例如开采规模、地质条件等，但从根本上说还是产权制度不明晰使然。以前人们认为造成我国矿产资源回采率过低的原因是各种税费制度没有体现回采率，因此在现行矿产资源补偿费计算方式中包含了开采回采率系数，在其他税费的征收办法中也将征收对象从产量改为了储量。这些方法在一定程度上对提高回采率起到了积极的作用，但是在开采年限一定的情况下，采矿权人注意到无论开采出来的矿产品品质如何、价格多少，采矿权价款都是一样的，便会在有限的开采年限里挑选煤质最好、最容易开采的部分，因为在开采年限有限的情况下，他们关心的始终是如何在有限的时间内获取更多的经济利益，挑肥拣瘦、减少采矿投入就成为合乎常理的必然选择。和土地承包制的原理相似，政府许可采矿权人的采矿期越长，采矿权人就越舍得投入，二者之间呈现正比例关系。正如

---

① 美国、澳大利亚等发达国家的煤炭资源回采率可以达到80%，我国的平均水平只有30%左右，其中技术装备较好的国有大中型煤矿可以达到40%，乡镇煤矿却只有10%—20%。这意味着平均采掘1吨煤就要以废弃3吨煤作为代价。

老鼠搬到自己窝里的粮食它会倍加爱护,但到人类的粮库,它会肆意地糟蹋。如果国家将某块区域的矿产资源所有权有偿出让给采矿权人,那么他们在支付了对价的情况下,一定会以最大的投入,想方设法把该片区域允许开采的所有矿产资源都挖出来,避免自己的经济损失,这无形中就提高了资源回采率,减少了矿难发生率,也增加了国家的收益。

第二,有偿出让矿产资源所有权是对国家矿产资源所有者身份的最好诠释。按照物权理论,国家的矿产资源所有权包括对矿产资源的占有、使用、收益和处分四项权利,在这四项权利中最能体现所有者身份的就是处分权,只要处分权没有丧失就表明该物的所有权没有转移,所有权人可以行使自己的追击效力;相反,处分权已经发生转移,即使该权利人依然占有、使用该物,并且通过使用该物获取收益,我们依然可以认定该权利人已经丧失了对该物的所有权。现实中在许多情况下,物的使用人并不是其所有人,而最能体现所有权人身份的权利就是对该物的处分权能,即转让该物的所有权。更何况物的使用权和所有权可以分离是建立在对该物可以重复使用的基础上的,例如土地是可以重复利用的物,土地的使用权人可以和所有权人不一致,但是即时消耗性物品的使用权和所有权是不能分离的,使用权的转让就意味着所有权必须转让,例如某人拿出自己的一支香烟供他人使用,其实其转让的已经不仅仅是香烟的使用权,而是所有权,香烟被使用的过程就意味着该人不可能再拥有香烟的所有权了。同样道理,矿产资源多数情况下也属于即时消耗性物品,如煤炭燃烧之后就不再有所有权的问题了。国家规定矿产资源有偿出让的是其使用权,却同时规定矿产品的所有权归采矿权人所有,这显然有悖于常理。"采矿过程中对矿体进行了变形、改造和消耗,实质上已经构成对作为标的物的事实处分。"①因此,国家虽然在法律上的表述是出让了矿产资源的使用权,但实际上矿产资源的所有权已经发生了转移。

第三,国家出让矿产资源所有权并不会失去对矿产资源及其所有权人相应权利的控制。国家出让了矿产资源所有权给市场主体,使其成为某区域内某类矿产资源的所有权人,但这并不意味着所有权人可以对该区域内矿产资源掌握完全的控制权,该区域内的矿产资源如何开发利用还是会受到政府的监督管理,政府会通过采矿许可制度,发挥监管作用。正像是汽车,车主拥有汽车的所有权,并不意味着车主可以随心所欲地驾驶汽车,在他可以合法驾驶汽车之前,还需要取得行车证、驾照,办理强制保险、到有关机关办理登记手续并缴纳税费等等;在手续齐全可以驾车上路时,还需要遵守一系列交通规则,否则就会受到有关政府部门的处罚;车辆定期还要进行车检、尾气监测,驾照经过一定年限还要按规定进行延续等等;最后车辆到达一定的使用年限还要报废。也就是说从拥有该车的所有权到车辆最终报废,时时处处都要受到相关部门的管理。矿产资源也是同样的道理,当国家出让矿产资源所有权给所有权人之后,所有权人要想开采该区域内的资源,还需要办理相应的采矿权手续、安全生产许可手续、从业人员的资格手续、工商登记手续等等;矿井的设计施工还要符合国家规定

---

① 刘欣:《矿产资源的基本属性和采矿权的法律特征探析》,《法学杂志》2008年第3期,第159页。

的包括矿井规模、环境保护等一系列宏观和微观标准；矿山开采时还会时刻接受有关部门的监控和管理；最后资源开采完毕之后还要进行土地复垦等完善工作。所以说国家出让矿产资源所有权并不会削弱政府的行政管理职能，只是将矿产资源切实转变为资产，承认所有权人对其享有的财产性，这更有利于调动其积极性和推动二级市场转让，其核心是符合市场经济规律的。

二、国家通过一级市场出让矿产资源是实现收益权的主要方式

目前，国家在矿产资源有偿出让上实现收益权的主要方式是资源税、采矿权使用费等各种税费，仅收取这些税费不仅在所有权理论上是错误的，而且也不能满足当前的政府公共支出和有效调整分配不公的问题，因此人们比较国外政府各种税费制度后认为，我国在矿产资源领域征收的税费过低，应当增加这些税费收入。最明显的例证就是2011年颁布并实施的新的《中华人民共和国资源税暂行条例》，其中将石油、天然气的资源税标准由从量计征改为从价计征。改革的理由主要有：第一，从量计征只能从矿产资源产量上反映这些年来我国矿产资源的发展势头，价格方面的显著增长并没有得以体现，不能全方位调节收益分配；第二，资源税是国家矿产资源所有者身份的重要体现，也是实现国家收益权的途径之一，但是市场经济制度建立以来，资源价格显著上涨的现状并没有转化为国家的财政收入；第三，我国石油和天然气生产企业基本被央企垄断，企业所得税在资源价格上涨的大背景下也大幅增加，而这些利益大都被中央占有，地方政府得不到任何分成，而属于地方税种之一的资源税又是从量计征，因此地方政府

第六章
改革我国矿产资源有偿取得法律制度的理论设想

无法在资源价格上涨的浪潮中获益,这也是资源税改革首先在石油、天然气领域推行的原因之一。资源税从价计征改革在一定意义上增加了国家税收,但是如前分析,国家征收上述税费的身份依据为国家是矿产资源的管理者,征收的这些税费,相应的,可以称为管理税费,如果国家以管理者的身份收取过多的费用,来实现收益权,存在与民争利的嫌疑,因为这些费用从用途上来说是为了筹集政府管理资金,是国家以管理者的身份参加的国民经济的二次分配,从本质上来说只能满足管理成本要求,不能体现增加全民收益的目的。

国家在矿产资源收益上,应当通过民事主体身份实现,行使的是国民经济的初次分配权,而不是通过政府的行政管理者身份实现的二次分配权,具体而言,就是有偿出让矿产资源开采权时,以有偿出让矿产资源所有权的方式进行,出让所有权是主要内容,开采权是作为矿产资源所有权的附属权利实现的。具体操作方式是国家通过科学统筹安排,在一定时间内,由相关权力机关通过批准申请、招标、拍卖、挂牌等方式向申请矿产资源所有权及开采权的市场主体出让相应权利。在出让的过程中,要充分体现国家矿产资源所有者的主导作用,还要兼顾市场配置资源的机制。

之所以采用招、拍、挂等市场经济交易模式,一方面是因为矿产资源领域长期以来都以高投入、高利润、高风险著称,权力寻租现象在该领域较为普遍,从宏观角度看,有偿出让矿产资源的主体是国家,但是具体到个案,这些权利还是要分解到个别单位或某个人来进行,如果仅凭公权力进行分配很难做到相对公平;另一方面是通过招、拍、挂等竞价方式,可以体现国家民事主体的权利,增加国家收益,竞价的过程就是资源价格上涨和调控的过程,这样就可以避免以过低的价格出让资源。

需要强调的是,国家不仅是矿产资源的所有者,同时是矿藏资源的所有者,国家虽然有偿出让了矿产资源的所有权,但并不意味着国家对已经出让的矿产资源和受让人无法进行任何干预,或者说国家出让矿产资源所有权是一种附条件的出让,国家应当对受让人的开采行为进行限定范围的干预和控制,规定开采起始期限制和产能产量最低标准,避免所有权人采取囤积居奇的方式,缓开或者慢开,给国家收益权和控制权带来损失。

矿产资源所有权出让权利金的收取方式存在从量计收还是从价计收的问题,从国家以民事身份参与市场经济的角度来看,从价计收的方式更为合理,这样可以体现资源的市场价格、国家收益与市场主体三者之间的关联性,权利金收取标准与市场行情挂钩对国家和缴纳企业来说都是相对合理的。矿产资源权利金的计收对象可以是资源储量也可以是产量,确定为储量的目的是提高资源回采率,但是在有偿出让矿产资源所有权的条件下,提高回采率的问题已经迎刃而解,所有权人会以现实中最高的回采率争取采掘更多的资源,而且适用从价计收方式之后显然比以资源产量作为计收对象更为合理。至于价格,要充分体现矿产资源对采矿企业的重要性和在企业经营中的成本比重。矿产资源对于一个采矿企业来说是生存的根本,企业的一切都是围绕资源进行的,如果没有矿产资源,企业也就失去了存在的必要和可能,所以矿产资源出让费应当在企业运营成本中占到很大比例。以目前各行业的企业经营利润占到产品价格的 20% 计算,矿产资源出让费的价格应当至少占到产品销售价格的40%,生产销售成本占到20%,税费占20%,只有这样才能与资源的稀缺性和对经济发展的巨大贡献,以及国家、企业的利益相匹配。

三、国家要区分公益性和商业性矿产资源

矿产资源是国民经济建设的重要物质基础,其中有些还是关系国民经济命脉的战略性资源,还有一些直接关系到国家的国防安全和军事安全,当然还有一部分资源也是经济建设的重要组成部分,但其战略意义和安全意义相对较弱,因此国家在对矿产资源实施控制权时应当区分公益性和商业性的矿产资源,并采取不同的措施。

市场经济是自由经济,是民主与法制相统一的经济,我国的市场经济体制建立以后,矿产资源的开发利用普遍已经纳入市场化运营模式,但是市场经济并不代表国家将无所作为,相反,在错综复杂的市场竞争条件下,我国的市场参与主体不仅包括国内民营企业,还有国外的大型跨国公司,如果这些市场主体在市场经济中的比重过大,或是占有了大量的矿产资源,将会对我国的经济安全乃至国防安全造成严峻挑战。所以在某些矿产资源领域,国家应当积极介入,充分发挥宏观调控职能,保障经济安全并消除政治、国防、民生等一切安全隐患。

对于稀土、核工业矿产资源、黄金矿资源等关系国民经济和国家安全的敏感资源,国家必须加强控制,要让这部分资源的公益性增强,商业性减少,甚至可以无偿划拨给国有国营企业开采,防止市场化程度过高使资源的用途不受国家控制,由于这些资源的商业性质较弱,所以国家收益权也可以体现得弱一些,更多地保障其公益性和安全性。

煤炭和石油等关系国计民生的重要能源，其主要特点是消费量大，与经济发展和百姓生活息息相关，虽然价格波动和供应量对国民经济会产生影响，但是从总体上来看，较长时间内保持一个平稳的供需关系是可以保证的，对于该类资源国家可以采取市场运作与国家控制相结合的方式，既能发挥市场配置资源的作用，又能避免市场经济自身的盲目性和滞后性对经济造成的不利影响，特别是资源类项目在市场滞后性方面体现得更为严重，因为此类项目从项目设立到投产建成往往需要较长的时间，在这段时间内市场形势可能会发生翻天覆地的变化，所以国家需要在这些行业的发展中加入一些计划的成分，发挥一些宏观调控职能。剩下的一类资源，消费量不大，重要程度也不及前两类资源，对于这类资源，国家可以减少干预，充分发挥供需关系对市场的调节作用，即使出现竞争过度或竞争不足的问题，也不会对国民经济造成重大影响，公权力不必第一时间介入。

第三节　改革矿产资源二级市场法律制度，实现资源优化配置

一、我国矿产资源二级市场形同虚设

矿产资源出让一级市场建立之后，随之而来的就是是否需要建立矿产资源流转的二级市场，以及怎样建立的问题。

从历史发展角度看，我国的采矿权流转问题先后经历了"绝对禁止""原则禁止"两个阶段。"绝对禁止"体现在1986年的《矿产资源法》中，该法第三条规定"采矿权不得买卖、出租，不得用作抵押"，

第六章
改革我国矿产资源有偿取得法律制度的理论设想

第四十二条规定"买卖、出租或者以其他形式转让矿产资源的，没收违法所得，处以罚款。买卖、出租采矿权或者将采矿权用作抵押的，没收违法所得，处以罚款，吊销采矿许可证"。之后，国家对采矿权流转方面的态度有所缓和，改为"原则禁止"，在一定条件下可以转让，这体现在1996年的《矿产资源法》中，该法第六条规定"除按下列规定可以转让外，探矿权、采矿权不得转让……因企业合并、分立，与他人合资、合作经营，或者因企业资产出售以及有其他变更企业资产产权的情形而需要变更采矿权主体的，经依法批准可以将采矿权转让他人采矿"。但是该条还同时规定"禁止将探矿权、采矿权倒卖牟利"。这说明1996年的《矿产资源法》虽然允许一定条件下的采矿权转让，但是原则上是偏向于禁止的。又过了几年，这样的立法思路有了较大改变，2000年国土资源部出台了《矿业权出让转让管理暂行规定》，其中明确规定了"矿业权人可以依照本规定，采取出售、作价出资、合作勘查或开采、上市等方式依法转让矿业权"，"矿业权人可以依照本规定出租、抵押矿业权"。这些法条已经非常明确地表达了国家开放采矿权流转二级市场的意图。

但是问题在于，《矿产资源法》的立法位阶是法律，而《矿业权出让转让管理暂行规定》只属于部门规章，从各种规范性法律文件的位阶和效力层次来看，部门规章中的相关规定不能与上位法的法律相冲突，如果发生冲突，自然无效。而且《矿业权出让转让管理暂行规定》在第一条就明确说明了"根据《中华人民共和国矿产资源法》……，制定本规定"。《矿产资源法》中确立了采矿权只有符合一定条件才能转让的原则，《矿业权出让转让管理暂行规定》可以说是对该原则的明显突破，应当视为无效。在司法实践过程中，部门规章不能作为定案依据，审判机关在对采矿权转让的案件进行判决时只能依据《矿产资源法》和国务院以及地方法规，不能适用部门规章。因此，从我国的法律制度和司法实践中可以看出，采矿权转让二级市场依然没有建立，属于"原则禁止"，只是"原则允许"的趋势愈显强烈。

虽然国家原则上禁止采矿权转让，但现实中私下转让和违法转让的现象并不少见。以山西省煤炭资源为例，在煤炭资源整合和煤矿企业兼并重组之前，存在大量乡镇煤矿和村集体煤矿，这些煤矿的初始经营者村镇集体，由于没有能力投资建设和缴纳资源价款等费用，又不愿意面对守着本区域地下的煤炭资源而无法受益的尴尬局面，就采取了将煤矿转包租赁给个人的违法方式，定期收取一定的承包费和租赁费，这些煤矿产权人并不只是转包煤矿的经营权，矿产品的所有权也相应地归于承包人，构成了实际的采矿权转让，形成了法律禁止个人进入的规定成为一纸空文的尴尬局面。

二、通过资产变资本构建矿产资源二级市场

确定物的归属是实现物流通的前提条件，而物的流通也是确定物归属的必然要求，如果没有物的流通就不会产生商品经济，更不会产生市场经济。马克思说："'价值'的概念的确是以产品的'交换'为前提的。"①这表明物的价值的实现不能只是停留在辨明物的归属上，而应当将物推入流通领域，进而实现物的合理开发和利用。矿产资源

---

① 《马克思恩格斯全集》（第26卷）Ⅲ，人民出版社1979年版，第139页。

作为国家所有的物，其价值同样不可能只是通过辨明其国家所有的性质就得以实现了，国家只有在矿产资源的合理开发利用中以所有者的身份参与市场经济收益分配，才能实现应得利益。

市场经济是法制经济，随着市场行情的不断变化，产权自由交易是现实需求，市场竞争使资源能够在市场主体之间实现合理配置，各种资源和权利的流转就成为必然。采矿权的流转也是如此，它已经成为市场竞争规则在矿产资源领域的重要体现，在这个过程中矿产资源的价值得以彰显，国家的收益权得以实现，其已经成为市场经济参与各方的共同需求，唯独法律在这方面设置了各种障碍。从现实情况来看，国家采取各种方式围堵采矿权转让行为，其结果却是屡禁不止，所以堵是堵不住的，国家唯有因势利导，才能成就矿产资源合理开发利用的良好秩序。

矿产资源及其相关权利流转的过程就是资产变资本的过程。矿产资源作为资产只是矿产资源财产性的静态反映，只能说明矿产资源一级市场的建立，并不能反映流转的过程；而将矿产资源看成是企业资本才是矿产资源财产性的动态反映，才能实现矿产资源二级市场的建立。因此，矿产资源及其相关权利由资产向资本的转变，就要求矿产资源二级市场的建立，即矿产资源及其相关权利可以在平等主体之间相互转让。

第四节　政府对矿产资源市场的责任及监管

我国目前的矿产资源有偿取得制度及其相关配套法律法规，还是存在计划经济思维和公权压制私权的问题,笔者构想的国家有偿出让矿产资源所有权和开放矿产资源转让二级市场也是基于上述问题而提出的。但是市场经济发展到现在,传统民商法领域中的意思自治和私权绝对原则已经很难适应日益庞大的市场规模,各种垄断经营和不正当竞争行为时常发生,面对此种问题,多数国家都不会放任这些破坏市场价值规律的经营行为随意扩张发展,而会采取相应的宏观调控和市场监管的方式予以解决。矿产资源领域也同样面临这样的问题,矿产资源的开发主体往往具有较大的规模,资金、技术都较为雄厚的企业才有能力涉足矿产资源开发利用领域,这也是我国矿产资源开发的发展趋势,在这个过程中具有较强实力的公司有可能利用手中的资金优势和市场优势控制市场,破坏市场正常的竞争秩序,这种行为既可能发生在矿产资源出让一级市场,也有可能发生在转让二级市场,因此国家需要在这两个阶段都对市场主体的不正当行为加以监管和控制。

一、政府对矿产资源一级市场的责任和监管

矿产资源有偿取得阶段,即矿产资源出让的一级市场,容易出现两方面的问题:一是采矿权申请人的资质达不到国家规定的标准,或是很难满足标的矿区的开采要求;二是采矿权申请人的实力过于强大,造成相关市场的垄断经营。

对于采矿权申请人资格不达标的问题,政府作为矿产资源国家所有权的行使者,应当担负起审查采矿权申请人资质的责任,这也是我国1996年《矿产资源法》对1986年《矿产资源法》做出修改的重要内容。1996年《矿产资源法》第三条增加了第四款,规定"从事矿产资源勘查

第六章
改革我国矿产资源有偿取得法律制度的理论设想

和开采的，必须符合规定的资质条件"。这一条主要是针对我国矿产资源开发领域中大量存在的矿山企业规模较小、产能过低、开采工艺落后、资源浪费严重等问题，国家和省级政府多部有关矿产资源有偿使用制度的法律文件都包含有相当多的篇章，用于强调矿产资源整合和企业兼并重组，就是这个原因。例如，国务院发布的《国务院关于同意深化煤炭资源有偿使用制度改革试点实施方案的批复》（国函[2006]102号）中就强调"发展改革委会同国土资源部等部门研究制定煤炭资源开发准入标准，促进煤矿企业改组、改制，鼓励大煤矿兼并、收购中小煤矿，走规模化、集约化经营道路，推进资源开发方式的转变，提高煤炭资源利用效率"。《山西省煤炭资源整合和有偿使用办法》（山西省人民政府第187号令）更是将矿产资源的有偿使用和资源整合结合在一起。

对于采矿权申请可能因为申请人的实力过于强大而导致的垄断经营现象，政府有关部门应当分不同情况适用探矿权、采矿权出让的五种方式，这五种方式分别是招拍挂方式、申请优先方式、协议方式、探矿权转采矿权方式和采矿权转让方式。在适用这五种方式时，应当优先适用招拍挂方式，这种方式在一般情况下最能体现公平、公开、公正的出让原则，但是在特殊情况下，也要根据不同情况适用另外几种出让方式。必要的情况下，工商和商务部门可以启动反垄断机制，用以防止规模经营下的不公平竞争。

二、政府对矿产资源二级市场的责任和监管

这里所说的矿产资源流转二级市场不是指采矿权的转让，而是矿产资源所有权出让基础上的矿产资源所有权及开采权的转让。所有权

人可以将所有权和开采权各自分别转让，也可以将二者一并转让，但在转让时需要注意，国家对矿产资源出让、受让人的约束条件依然对其后的任何一位受让人有效。如开采起始期限制对转让、受让人依然有效，期限不可重新计算，否则矿产资源受让人就可能会通过转让行为逃避国家的监管。建立二级市场转让的目的是，淘汰受让后无力开采的企业和增加开采集中度。因此，政府在监管中要加强转让价格的控制，防止借二级市场转让之机牟取暴利。

矿产资源所有权有偿出让和有偿转让的不同之处在于交易主体之间的地位不同，后者表现为平等市场主体之间的交易行为，交易应当在各方真实意思表示的基础上进行，突出意思自治。在这个交易过程中，国家已经由出让阶段的直接参与市场交易的民事主体转变为产权流转的管理者，其职责是监管和调控，主要任务是为矿产资源转让提供合理方便的基础服务平台，以及收取一定的管理费用。至于转让各方的交易结果对双方是否公平，公权力应尽量减少介入。

矿产资源所有权和开采权允许自由转让可能会造成的结果是，这些权利经过转让而集中于少数大型企业手中，形成垄断。矿产资源产业需要一定的市场集中度，早已被实践所证实，只有增加市场集中度才能提高生产率和资源利用率，但是这一特点也决定了这类产业进入市场的门槛较高，属于资金密集型产业，没有一定的资金和技术力量很难进入该领域。也正是因为这些资金和技术，使矿产资源的所有权和开采权具有向这些企业集中的趋势，最终形成了垄断经营。当垄断出现时，国家应当及时采取反垄断或反垄断豁免措施打破这种局面，否则国家的矿产资源所有者利益和资源控制权就会受到损害和挑战。

第六章
改革我国矿产资源有偿取得法律制度的理论设想

三、政府对矿产资源采矿权流转的监管

政府对矿产资源一级市场和二级市场的监管，从本质上说只是对市场主体的资质监管，表明市场主体可以进行资源勘查开采或进行市场交易，但是在矿产资源开发利用的过程中，政府的相关监管责任也是必不可少的。这些监管包括矿山地质储量的实时监控（掌握矿山企业的开采量和剩余储量）、矿山环境监管（定期对矿山的环境状况进行评估，以此为依据进行一定的赏罚）、矿山安全监管（主要是对矿山安全设备进行定期检查、对安全措施进行审核、对安全人员进行资格认证）、矿工劳动保护监管（对矿工的各项待遇进行法定审查）等。

从以往的矿产资源开发利用历史考察，许多问题并不是因为矿山企业及其管理人员从事矿产资源开发利用的申请条件不符合法律规定，而是因为在成为合法的开发主体之后采取私挖滥采、偷工减料、破坏环境等方式赚取非法利润，因此从这个意义上说政府对矿产资源开发利用的过程监管比其在矿产资源一级市场和二级市场中的资质监管更为重要。

第七章
围绕矿产资源有偿取得制度的《矿产资源法》修改建议

现行《矿产资源法》的实施距今已有17年,在此期间我国矿业在改革开放的推动下,在社会主义市场经济浪潮中取得了突飞猛进的发展,同时也在努力探索市场化条件下矿业的发展路径。相比之下,现行《矿产资源法》已经严重落后于矿业发展实际,再加之《矿产资源法》制定时就承袭了过多计划经济时期的做法,因此可以说现行《矿产资源法》非但没有起到引领矿业市场现代化发展步伐的作用,反而成为矿业发展现代化制度建立的障碍。因此,作为我国矿业制度建设和发展的根本性法律依据,《矿产资源法》修改已成为法治中国建设的一项重要立法任务。

第一节 《矿产资源法》修改的核心问题

《矿产资源法》修改的核心问题是《矿产资源法》修改的出发点和归宿点。通过分析我国矿业发展现状,我们发现由于现行《矿产资源法》包含了浓重的计划经济色彩,使我国矿业的市场化改革进程被套上了沉重的枷锁,无法像其他行业一样享受市场经济所带来的发展机遇。归纳起来,现行《矿产资源法》给我国矿业发展带来的制度性障碍,即《矿产资源法》修改的核心问题主要包括以下五个方面的内容:矿产资源的市场化改革问题、矿产资源的物权属性问题、矿产资源收益分配制度问题、矿业市场主体地位平等问题和矿业行政主管部门的职能转变问题。

一、矿业发展的市场化改革问题

从1986年《矿产资源法》到1996年《矿产资源法》,再到目前进行的新一轮《矿产资源法》修改,始终围绕的核心都是矿业制度市场化改革以及如何适应社会主义市场经济体制。矿业制度市场化改革是在我国经济体制由计划经济向市场经济转变的大背景下进行的,由于矿产资源在国民经济发展中处于战略性重要地位,国家需要给予矿业发展更多的关注和控制,防止市场化改革给矿业发展带来不可预见的冲击,以及对国民经济发展产生的严重负面影响,因此相比其他产业,矿业市场化改革的步伐明显更艰难。

计划经济向市场经济的转变,使人们简单地认为市场化改革的目标就是从注重产品使用价值向追求商品交换价值的转变,就是要减少计划对资源自由配置的束缚作用,就是要尽量避免政府干预经济。事实上,更准确地说,以上目标并不是市场经济改革的目标,而仅仅是商品经济改革的目标。这种目标的设定看似是解放生产力、发展生产力的重要举措,但事实上由于目标定位错误反而耽误了经济改革的市场化进程。

马克思主义认为市场经济是商品经济的高级阶段，这说明市场经济和商品经济是存在差别的，二者的差别就在于：商品经济只存在商品交换市场，而市场经济不仅存在商品交换市场，还存在生产要素市场。[①]这些生产要素市场包括资本市场、土地市场、矿业权市场、劳动力市场等，市场主体营利活动不再限于围绕商品进行，而是将注意力集中到生产商品之前的生产要素配置市场。这一变化正是我国矿业市场化改革的目标，也是《矿产资源法》修改的目标之一，即承认矿产资源和矿业权的财产性，将其作为矿山企业资本进入二级市场。

我国市场经济的发展经历了传统市场经济阶段和现代市场经济阶段，二者的区别在于前者更加注重资产的运作，后者更加注重资本市场和资本运作。目前，我国矿业市场化改革仅仅是完成了由计划经济向商品经济的转变，接下来的目标应当是完善以资产运作为核心的传统市场经济体制和完善以资本运作为核心的现代市场经济体制。具体来说，传统市场经济体制的完善，就是要在矿藏资源一级市场实现资源向资产的转变，实现矿藏资源有偿出让，一方面合理实现国家矿藏资源所有者收益，另一方面真正使矿藏资源成为矿业企业的资产，进而使其无障碍地进入市场流通，实现资源优化配置。现代市场经济体制的完善，就是要在矿产资源二级市场实现资产向资本的转变，使矿产资源以及与之相关的探矿权、采矿权成为社会和各市场主体广泛承认的具有相当经济价值的资本，以矿产资源、探矿权、采矿权为企业

---

① 钱津：《论市场经济与商品经济的区别》，《社会科学研究》2011年第3期，第46页。

核心资本,吸引更多资本进入企业,从而实现矿业企业的发展壮大,并盘活整个矿业市场。

因此,矿产资源的市场化改革并不是简单地围绕矿产资源商品供需关系调节矿产资源生产经营方式,而是要将市场竞争的核心提前到生产要素领域,把矿产资源、探矿权、采矿权看作生产要素,使其资产化和资本化,并通过立法使其法制化。

二、矿产资源的物权属性问题

在众多法律关系中,权属关系始终是最核心的法律关系,它决定了权利的归属、功能和行使方式,我国改革开放30多年所进行的政企分开、所有权与经营权分离和建立现代企业制度等市场化改革,其核心都是理清权属关系。权属定位准确与否,直接决定了经济发展能否朝着正确的方向和目标前进。矿产资源以及与矿产资源相关的探矿权和采矿权的物权属性问题,始终是《矿产资源法》修改绕不开的核心问题,探矿权和采矿权与传统物权相比的特殊性,使得矿产资源的权属问题始终处于争论之中,但是我国矿业发展中出现的资源浪费、矿难频发、环境恶化等问题恰恰是现行《矿产资源法》以及《物权法》对矿产资源和探矿权、采矿权的物权属性定位错误所导致的,这些错误主要表现在以下几个方面。

(一)《矿产资源法》将矿主有偿取得的矿藏资源定位于采矿权是错误的

采矿权从本质上看是一种行政许可权,是政府为了对矿产资源实现管理采取的一种行政手段,它的权能内容应该是准与不准,而不是物权所具有的占有、使用、收益、处分权能。出现将矿主有偿取得的矿藏资源定位于采矿权问题的原因是没有将采矿权中的行政和民事两权区分对待，《矿产资源法实施细则》中关于采矿权的定义是"在依法取得的采矿许可证规定的范围内，开采矿产资源和获得所开采的矿产品的权利"。这个定义非常明确地阐明了采矿权所包含的两个权利，一个是采矿权人从行政机关获取的开采矿产资源的资格，即被许可的行为权，另一个是获取矿产品的所有权。前者表现为一种纯粹的行政许可行为，后者则表现为纯粹的民事行为。长期以来，我国将本应独立存在的行政权和物权合并为一权，是无法对采矿权的法律属性进行准确界定的症结所在。而这种做法所造成的弊端不仅表现在使采矿权的法律属性长期处于悬而未决的状态，更重要的是《矿产资源法》的矿产资源有偿开采制度中，国家的矿产资源所有权被国家行政许可行为掩盖，进而国家以零对价的方式出让矿藏资源，这样，国家的矿产资源收益权就被政府的税费替代，同时"有偿"取得矿产资源的矿主取得的是他物权，没有取得自物权，使市场在配置资源中的决定性作用无法发挥。

（二）《物权法》将采矿权定位于用益物权是错误的

现行《矿产资源法》将有偿取得的矿产资源定位于采矿权是错误的，2007年制定《物权法》时，又将错就错地把探矿权、采矿权列入了"用益物权"。这一错误带来的不良影响十分严重。

首先，这一规定与《物权法》用益物权的规定自相矛盾。用益物权是一种建立在他人权利之上的权利，属于他物权；而所有权是一种自物权。矿主有偿取得国家的矿藏资源后，实质上是取得了特定范围内矿藏资源的所有权,即自物权。但按《物权法》的规定,矿主有偿取得的特定范围内的国家矿藏资源是用益物权,即他物权,显然不符合实际。

其次,矿藏资源不同于土地资源,土地资源可以重复利用,将土地有偿出让后,取得人取得的土地仍然属于国家所有,取得人取得的只是用益物权,50—70年后仍然归于国家,符合权属实际;而矿藏资源不具有再生性,矿主开采后其原有物质形态已灭失,法律关系的客体已不存在,确定为用益物权是空设。因此,将有偿取得的不可再生的矿藏资源确定为他物权,不仅在理论上是错误的,而且不利于对有偿取得矿藏资源的矿主合法权益的保护。

再次,所有权属自物权,具有独占性、排他性,是一种终极权利,是权利主体间利益连接的关键。正如马克思在《哥达纲领批判》中指出的那样:"只有一个人事先就以所有者的身份来对待自然这个一切劳动资料和劳动对象的第一源泉,把自然界当作隶属于他的东西来处置,他的劳动才成为使用价值的源泉,因而也成为财富的源泉。"用益物权,属他物权,这种权利建立在他人所有的物权的基础之上,权利主体在利益关系上对物的关心程度要次于所有权人。

总之,《物权法》将采矿权定位于用益物权,就犹如国家粮库的粮食归国家所有,国家将粮食卖给粮商后还归国家所有,粮商没有所有权只有使用权,粮商不能自由买卖和处置;应然性的状态是,粮商购得国家所有的粮食后,就应具有了粮食的所有权,在不违反政府禁止性规定的前提下,可以自由进行买卖和处置。因此,法律规定与现实情理不能错位。

（三）《物权法》将探矿权作为物权完全市场化是错误的

物权中的物与生产生活中的物，并不是同一概念，能够成为物权法调整对象的物必须具备三个条件：一是特定性，二是支配性，三是排他性。支配性表明，物权是可以直接支配标的物的权利，排他性是指物权具有排除他人干涉的效力，这两个特性并不是讨论探矿权的重点，因此不再赘述。分析探矿权能否成为物权的关键是如何理解特定性。

特定物是与种类物相对的，是民法总则中对物的一种分类，特定物意味着该物具有独立性特征，并且是被人们所了解确定的。但是探矿权中的探矿与物权中物的这一特征并不相符，众所周知，探矿具有相当的风险性，其风险性就表现在探矿结果的不确定性中，探矿行为不能保证必然找到矿藏。有关数据显示，探矿成功率仅有1%—2%，如此低的成功率表明探矿权的对象并不是特定物，每一次探矿行为也不是都能产生具有市场价值，可以进一步开发利用的探矿结果，因此探矿行为的探索性、风险性和不确定性决定了探矿权不能成为物权，进而不能成为物权法调整对象。

探矿权既然不能成为物权法调整对象，也意味着其不能完全市场化运作。经济学认为市场主体都是以营利为目的的理性人，从市场角度来看，市场主体很少愿意为一个成功率只有1%—2%的对象进行交易，从国家宏观调控的角度来看，国家也应当尽量避免把很可能无法产生市场价值的东西投入市场自由流通。但是探矿权的非物权性并不意味着在任何阶段都不能进行市场化运作，上面提到探矿权之所以不能进行市场化运作，是因为探矿结果的不确定性，如果探矿人在探矿之前就已经大致对探矿结果有了初步了解，可以确定该范围内存在可供开发利用的矿藏资源，该阶段的探矿行为是为了进一步查明矿床的地质条件、矿藏的质量和数量等矿山开采的技术条件，目的是为矿山建设和资源开采提供技术资料，那么该阶段的探矿权就可以进行市场化运作。矿产地质勘查一般分为预查、普查、详查、精查四个阶段，其中前三个阶段都是为了初步了解矿藏资源的开发远景，或者说为了查明某一范围是否存在矿产资源开发利用的市场价值，详查结束，确定了市场价值之后，才进行第四阶段的精查，因此探矿权在矿产地质勘查的前三个阶段不宜进行市场化运作，第四阶段的精查可以进行市场化运作。

三、矿产资源收益收取制度问题

矿产资源收益如何在国家与政府之间分别收取，成为矿业市场化发展的潜在问题，也是《矿产资源法》修改的核心问题，这一问题的关键是如何保障国家作为矿藏资源所有者的收益权。

目前我国矿业制度中保障国家矿藏资源所有者收益权的方式是向矿业企业收取各种税费，其中具有代表性的四项税费是探矿权（采矿权）使用费、探矿权（采矿权）价款、资源税和资源补偿费。这种实现方式，无论从性质上看还是从数量上看，都无法实现国家的矿藏资源所有者收益权。从性质上来看，国家与政府不同，国家是矿藏资源的所有者，是以民事主体的身份参与矿产资源收益的初次分配，获得的是所有者的收益；政府是矿业管理者，政府向矿业企业收取的各种税费只是政府以管理者的身份收取的管理成本，是以行政主体身份强行参与的矿产资源收益的二次分配。现行的分配方式没有体现国家的矿藏资源所有者身份,这种做法的实质就是用税费制度替代国家矿藏资源所有者收益。从数量上来看,2010年全国矿产资源四项税费总收入为682.94亿元,矿产资源销售收入为21 351亿元,国家通过四项税费实现的收益仅占矿产资源销售收入的3.2%。2010年全国财政收入为83 101.51亿元,四项税费实现的收益仅占全国财政收入的1%;相比之下,2010年全国土地出让金高达27 464.48亿元,占财政收入的33%。因此,国家矿藏资源所有者收益权实现的关键是区分国家所有者和政府管理者身份,加强国家出让矿产资源收益,实现所有者的初次分配权,适当调整矿产资源税费,保障政府的管理成本。

四、矿业市场主体地位平等问题

市场经济是平等经济,这种平等表现在市场主体应当具有平等参与市场竞争的机会,法律制度平等保护市场主体的合法权益。市场主体的平等性是我国《宪法》和《物权法》明确规定作为我国基本经济制度和物权制度基本原则的。《宪法》规定社会主义初级阶段的基本经济制度是公有制为主体,多种所有制经济共同发展;个体经济、私营经济等非公有制经济,是社会主义市场经济的重要组成部分,国家鼓励、支持和引导非公有制经济的发展。《物权法》则明确提出"国家实行社会主义市场经济,保障一切市场主体的平等法律地位和发展权利"。但是从现行《矿产资源法》的具体规定来看,非公有制经济仍然被排斥在矿业开发主体之外,个体只允许开采"零星分散资源和只能用作普通建筑材料的砂、石、黏土以及为生活自用采挖少量矿产"。这种规定与《宪法》《物权法》给予非公有制经济平等市场主体地位的原则严重冲突。

现行《矿产资源法》有关矿业主体的规定与《宪法》《物权法》相悖问题的存在,不仅因为《宪法》修改和《物权法》制定晚于现行《矿产资源法》,还因为存在非公有制经济组织在矿业开发中有暴利可图的看法,但是我们不能仅看到非公有制经济牟取暴利的一面,还应当看到非公有制经济改革开放后,进入矿业市场以来,确实为我国矿业发展做出了不可磨灭的历史性贡献,弥补了国有和集体矿山企业开发能力有限、无法满足经济发展对矿产品需求的不足,同时相对独立地承担了矿业市场的巨大风险。

现行《矿产资源法》规定国有矿山企业是开采矿产资源的主体,其原因一方面是有利于国家控制矿产资源开发秩序,另一重要原因是当时国有矿山企业从技术水平、资源利用率、经济效益等各方面都优于私营矿山企业,这在《矿产资源法》第三十五条第三款"国家指导、帮助集体矿山企业和个体采矿不断提高技术水平、资源利用率和经济效益"的规定中有所反映。但是现实情况已与《矿产资源法》制定时的情况大不相同,民营企业完全可以在市场中获得最先进的技术装备和人才,在国家和法律能够切实保障其合法权益的条件下,完全可以产生比国有矿山企业更高的资源利用率和经济效益。如果民营矿山企业能够有偿获得矿产资源所有权,以此为基础提高技术水平,对原属于全民的矿藏资源合理开发利用,提高资源利用率,创造更多经济效益,以税收方式上缴政府造福全社会,国家又何必限制其市场主体地位呢?因此,无论是国有矿山企业还是民营矿山企业,《矿产资源法》都应当给予其平等参与市场竞争的机会,平等保护其合法权益,这样更有利于我国矿业发展壮大和对矿产资源的合理开发利用。

五、矿业行政主管部门职能由"组织管理"向"监督管理"的转变问题

现行《矿产资源法》在市场经济体制建立初期制定,计划经济时期遗留的行政化色彩十分浓厚,直接影响了矿业的市场化进程,因此去行政化应是《矿产资源法》修改的核心问题之一。

计划经济时期,矿业行政主管部门扮演着一种矿业发展组织者的身份,矿业发展的一切事务都在主管部门的精心安排下进行,矿产品供需关系不是由经济成员自主决定,而是由国家计划部门规定,市场供需关系在实际经济运行中是不存在的,市场价值规律当然也无法发挥作用。市场经济体制建立以后,矿业行政主管部门应当扮演一种矿业运行监督者的角色,将重点放在经济运行的宏观把握与微观经济运行的监督纠错上。

矿业行政主管部门的职能完成从组织管理向监督管理的转变,应当把握有所为有所不为的尺度。

首先,在有所为的方面,矿业行政主管部门应当具备以下四个方面的职能。第一,根据国家一段时期内经济发展总体态势和国际矿产资源供需关系制定国家矿业发展战略。第二,在矿藏资源出让一级市场做好两方面的工作:一是代表国家收取资源出让权利金,保证国家矿藏资源所有者(全体人民)收益权的实现;二是规定矿业权出让方式,制定矿业主体准入门槛。第三,在矿产资源二级市场,矿业行政主管部门要保障国家矿业法律制度和政策的持续性和连贯性。第四,在矿产资源生产、运输、销售等各个环节保证国家和地方各种税费的足额、及时征收。

其次,在有所不为的方面,政府矿业监管部门应当做到以下两方面的有所不为。第一,在矿藏资源一级市场和二级市场,禁止以行政权力妨碍矿业权出让、转让的正常市场竞争行为,保证最符合矿业科学发展的市场主体通过市场竞争方式取得矿产资源的勘查权和开采权。第二,在矿业市场主体的微观领域,禁止政府监管机构以任何形式对矿业企业自身发展进行不必要的公权干预,保证矿藏资源在符合国家矿产资源产业政策的前提下通过市场运行规律在市场主体之间实现合理配置。

第二节 围绕矿产资源有偿取得制度修改《矿产资源法》的具体建议

以上述分析《矿产资源法》修改的五大核心问题为出发点,我们建议现行《矿产资源法》应在以下几方面进行修改。

一、关于《矿产资源法》名称和宗旨的修改建议

(一)关于《矿产资源法》的法律名称

《矿产资源法》的上位法是《宪法》,与《矿产资源法》息息相关的基本法律还有《物权法》,《宪法》和《物权法》关于资源的表述是"矿藏",而非"矿产";矿产的含义中更多强调的是资源已经由一级市场出让之后转变为资产的状态,但是我国多年来《矿产资源法》改革的核心始终是围绕资源有偿取得进行的,也就是说矿藏属于国家

所有的原则是一切矿产资源有关制度的基础,因此将该法的名称修改为《矿藏资源法》更能体现资源国家所有和资源有偿取得的核心理念。

(二)关于《矿产资源法》的立法宗旨

《矿产资源法》第一条立法宗旨是"为了发展矿业,加强矿产资源的勘查、开发利用和保护工作,保障社会主义现代化建设的当前和长远的需要,根据中华人民共和国宪法,特制定本法"。建议立法宗旨修改为"为了保护矿藏资源,发展矿业,发挥社会主义市场在配置矿藏资源中的作用,根据中华人民共和国宪法和相关基本法,制定本法"。

首先,原《矿产资源法》中对矿产资源利用的表述是先开发后保护,从我国矿藏资源开发现状和利用效率来看,保护矿藏资源应当受到更多重视,因此应当将保护置于开发之前,只有保证达到保护的标准才可以开发利用。其次,"发展矿业"中已经包含了"勘查、开发利用"的含义,可以将其省略。再次,矿产资源市场化改革是本次修改《矿产资源法》的核心,也是我国矿业发展遇到瓶颈的原因所在,市场配置资源的原则在立法宗旨中应当有所体现。最后,《宪法》中已经明确一切经济建设都是为了保证社会主义现代化建设的当前和长远需要,条文中已经表述了"根据中华人民共和国宪法",就不必再强调社会主义现代化建设的当前和长远需要了。

二、关于矿藏资源物权属性的修改建议

(一)矿藏资源物权属性

矿产资源有偿取得制度是《矿产资源法》一系列制度的前提制度,

也是适应社会主义市场经济的核心制度,在市场经济制度建立以来的两部《矿产资源法》中都作为核心制度有所体现。但是从两部《矿产资源法》的具体规定来看,都没有客观地反映矿藏资源、探矿权和采矿权的合理物权属性,这集中表现在出让矿产资源用益物权的错误表述("矿产资源有偿使用"),以及将探矿权、采矿权这种行政许可权叠加成为民事财产权双重属性造成的复杂法律关系上。因此,新的《矿产资源法》应当对矿藏资源、探矿权和采矿权的法律属性进行重新定位,重新设计矿藏资源出让及转让时所体现的矿藏资源、探矿权、采矿权三者的物权和行政许可权法律关系。

矿产资源所有权与使用权的分离长期以来被业界认为是我国计划经济向市场经济转轨中矿业制度领域的重大理论贡献,因为这一制度解决了矿产资源勘探、开采由国有向民营开放,无偿向有偿转让的问题。但是从这一制度20多年的实践效果来看,虽然使矿产品产量得到了突飞猛进的增长,然而与此同时所带来的资源浪费、矿难频发、环境恶化等问题也成为了我国矿业发展的瓶颈。现在看来,这些问题的出现还是因为思想保守、没有按市场经济规律办事。矿藏资源所有权与使用权的分离是历史的进步,但还是违背了客观规律,受限于矿藏资源国家所有而不能出让所有权观念的左右。之所以说这一制度违背客观规律,是因为法律规定矿藏资源只能出让使用权,但事实上矿藏资源的不可再生性使矿产资源开发者实质上获得的是矿藏资源的所有权。之所以说这一制度是受矿藏资源国家所有只能出让使用权观念的左右,是因为立法者和执法者错误地认为矿藏资源归国家所有,就犹如一个人拥有一杯水,对这杯水只能所有,不能交易。这种错误认识明显违背了基本的物权交易理论,难道一杯水的所有者就只能允许别人喝水杯中的水,而不能将水杯中的水卖掉出让其所有权吗?

因此,建议在《矿产资源法》中规定:"国家实行矿藏资源有偿取得制度,市场主体向国家缴纳权利金后取得相应矿产资源的所有权。"

(二)探矿权的法律属性

探矿权所对应的探矿结果是接下来采矿的前提条件,对采矿权人具有重要的经济价值,因此探矿权具有一定的财产属性,即物权属性。但是探矿权与其他权利相比有其自身的特殊性,这表现在探矿权所对应的探矿结果很可能不具有任何经济价值,也就是说探矿权人的探矿结果很可能表明目标区域并不具有可供利用的矿藏资源或该片区域内的矿藏资源根据现有技术条件还不具备经济利用价值。因此将任何阶段的探矿权都完全市场化不切合实际,不仅有悖于物权对特定物的要求,也不利于探矿权价格在市场中的合理界定。

按照矿产资源分级分类管理的原则,建议新的《矿产资源法》对探矿权的管理也应当分不同阶段给予区分,在可以大致判断矿藏资源储量、地质条件、开采价值等指标之前的预查、普查、详查三个阶段,探矿权由政府代表国家行使;确定矿藏资源相关指标之后,国家才可以向市场主体出让探矿权,由探矿权人做进一步的为接下来采矿服务的探矿作业。探矿权人也可以在二级市场中自由转让探矿权,或出让探矿结果。

(三)采矿权的法律属性

采矿权从法律属性上来看不同于探矿权,其不同之处在于勘探阶段的探矿权具有一定的物权属性,而采矿权则是完全意义上的行政许可权,并不具有物权属性。现行矿业制度将采矿权定义为既具有行政许可属性又具有物权属性的复杂权利,这种定义在国家法律规定只出让矿产资源使用权和《物权法》将采矿权错误定位于用益物权的情况下,造成了违背物权法定原则的不当结果。这种结果导致采矿权的法律属性含糊不清,使国家所有者收益权受损的同时,采矿权人的合法权益也无法得到保障。

建议在国家有偿出让矿藏资源所有权的基础上,将采矿权定义为单纯的行政许可权。由于国家已经出让了矿藏资源所有权,为了能够有效控制矿藏资源的开发利用和开发秩序,国家应当通过政府对受让矿藏资源所有者是否具有开采能力、开采行为对公共秩序和社会是否有危害进行审查并实行行政许可,以保证矿藏资源的开发利用有序和有利于社会以及国民经济的发展。

三、关于国家矿藏资源所有者收益权的修改建议

（一）权利金

国家矿藏资源所有者收益是通过收取一定的出让对价实现的,但是出让对价并不能以政府税费的方式来实现,因为出让对价与税费,在收取（征收）主体和性质上都存在差异,前者是国家以矿藏资源所有者的身份收取的出让收益,后者则是政府以矿业管理者身份征收的管理成本。从国际通行的做法来看,一般矿藏资源所有者是通过收取权利金的方式来实现其收益权,因此新的《矿产资源法》也不妨沿用国际惯例将国家出让矿藏资源所有权的收益称为权利金,规定国家出让矿藏资源的储量应当向买受人收取一定数额和比例的权利金。

权利金的计算方式世界不同国家不尽相同,但基本分为三种方式,

即从量计收、从价计收和收益计收,三种计收方式各有利弊。但这三种方式都存在相同的严重弊端,就是计收基数都是采挖出的矿产品,而不是矿藏资源储量。权利金以储量计收更为妥当。首先,从理论上来说,国家出让的是一定范围的矿藏资源,即该范围内的所有此种矿藏资源储量,以储量收取权利金与国家出让矿藏资源所有权更为吻合;其次,从开采实际来看,以储量收取而非产量收取,更能调动采矿权人想尽一切办法尽量采尽所有储量资源,防止资源浪费的积极性,相反,以产量收取则采矿权人追求的不再是资源全部储量的回采率,而是单位产量中的利润,那么采厚弃薄、采富弃贫、采易弃难、减少设备投入等现象将不可避免。权利金按储量一次性确定,既可以一次性缴纳也可以先缴纳一部分,剩余的分期分批缴纳。

另外,权利金的收取还应当体现不同矿种的级差收益差别,根据矿产资源分类管理的原则,不同矿种的权利金单位计收额应当有所差别。

因此,建议《矿产资源法》修改中引入权利金,用于实现国家出让矿藏资源所有权的收益,并在收取方式上分不同矿种按储量收取。

(二)税费

税费是政府为了维持其运转以及为社会提供公共服务和调节分配关系,对个人和法人强制和无偿征收实物或货币的总称。这里所涉及的税费仅包括矿山企业区别于其他类型企业需要缴纳的税费,所得税、增值税、关税等一般企业都需要上缴的税费则不在论述范围内。从目前政府向矿山企业征收的各种税费来看,主要存在两方面的问题:一方面是国家所有者收益与政府管理税费不分,另一方面是各种税费名目繁多,重复征收现象严重,矿山企业税费压力过重,尤其是煤炭等重要资源,各级地方政府都在设立各种不合理税费瓜分企业利润。因此,我国矿业税费制度应当重新设计,合理保障中央政府、地方政府、矿山企业、矿区群众等多方利益。

建议新的《矿产资源法》在税费方面做如下几方面的修改:第一,明确将国家所有者收益与政府管理税费区分开来;第二,继续保留将探矿权、采矿权作为行政许可权的税费征收制度,但税费征收标准要根据目前的市场实际情况做出调整,继续保留土地使用费、水资源税等其他矿山企业应当缴纳的必要税费种类;第三,加强服务型政府建设;为矿山企业和投资者提供各种公共服务平台和信息平台,相应的,也要在提供各种服务的同时收取一定的税费;第四,建立更加健全合理的生态环境保护和恢复治理机制,并收取相应的足额税费。

四、关于矿业发展市场化改革的修改建议

市场化改革是此次《矿产资源法》修改的核心,现行《矿产资源法》体现出的市场化障碍主要有以下几方面:勘探企业和开采企业融资难的问题,探矿权转采矿权的问题,探矿权和采矿权自由转让问题,以及矿业权抵押、承包和出租的问题等。

(一)探矿企业和采矿企业融资难的问题

融资难是我国矿业企业遇到的主要问题,尤其是地勘单位由于本身工作性质的高风险性,更使得传统融资机构望而却步。造成这一问题的主要原因是法律规定和制度建设不能适应现代矿业的发展趋势。首先,现行《矿产资源法》缺乏对地质勘查的足够重视,相关规定较少,仅有的一些有关地质勘查方面的规定,也主要是从政府管理者的角度

规定地质勘查的管理规则，很少从地勘单位建设的角度规定，而地勘单位市场主体地位的缺失正是其融资难的主要原因之一。其次，国家将各阶段探矿权完全出让给地勘单位，导致地勘单位承受了过多的投资风险，也是融资难问题的原因之一。现行《矿产资源法》规定所有探矿权都向市场出让，这种做法使得探矿成功率较低的预查、普查和详查阶段也由地勘单位来承担，这三个阶段的成果一般不会产生经济效益，当然也就不会吸引更多的市场投资。再次，我国的矿业企业普遍规模较小，抵御市场风险能力较差，融资机构大多希望将资金投入规模较大、资金雄厚的企业，这就无形中也失去了融资机会。最后，我国缺少风险勘查融资平台也是阻碍地勘融资的原因之一。

因此，为解决探矿企业和采矿企业融资难的问题，建议《矿产资源法》做如下修改：第一，要推动探矿企业的公司制改造，将现在大量存在的事业性地勘单位改造成公司制的国有企业或民营企业。第二，国家负责的预查、普查和详查地勘工作，由国家委托国有企业或民营企业来完成，其勘查结果归国家所有。第三，国家鼓励地勘单位之间的兼并重组，形成大型地勘单位。第四，在《矿产资源法》中明确提出国家鼓励建设针对高风险行业的上市融资平台，具体办法由国务院负责实施。

（二）探矿权转采矿权的问题

现行《矿产资源法》规定探矿权人有权优先取得勘查作业区内矿产资源的采矿权，这一规定在实际中并没有得到有效贯彻落实，探矿权人要想获得相应采矿权，还需要按照一般采矿权申请程序重新申请。探矿与采矿本身就是矿业开发难以分割的两个相互联系的过程，探矿权人虽然可以通过出让探矿结果资料获取经济利益，但是从资源利用的角度来说，探矿本身并不产生实际的生产价值，只有通过采矿行为将探矿结果实际转化为矿产品，才能说真正实现了矿藏资源的经济价值。因此，探矿权转采矿权制度的实施，一方面有利于探矿结果尽快转化为采矿行为，减少交易成本；另一方面促使探矿权人更加细致负责地开展勘探活动，为自己的采矿活动奠定良好的基础。

现实中之所以出现探转采制度实施不力的局面，与现行《矿产资源法》中规定"优先"有直接关系。《矿产资源法》设置探转采制度，目的是让探矿权人在符合相关采矿权资质的条件下直接获得采矿权，但恰恰是"优先"二字阻碍了探矿权人直接获得采矿权，执法者从自身利益角度出发，将"优先"理解为探矿权人与其他采矿权申请人相比可以获得某种优势，但并不能直接获得采矿权，还需要和其他申请人一样按一般程序提出申请。因此，建议《矿产资源法》修改时，取消"优先"二字，明确规定探矿权人在探明可供开采的矿藏资源后，具备法定申请条件即可获得采矿权。

（三）探矿权和采矿权自由转让问题

我国现行《矿产资源法》原则上是禁止探矿权和采矿权转让的，现行《矿产资源法》第六条规定了两种情况下的探矿权和采矿权转让：一种是探矿权人完成最低勘查投入之后，经批准可以转让探矿权；另一种是针对采矿权的，只有采矿权主体发生合并分立等企业兼并重组的情形时，采矿权才能发生被动转让。这两种转让行为都不是完全市场行为，都必须经过主管部门批准之后才能进行。同时，第六条还对矿业权转让行为做出兜底性规定："禁止将探矿权、采矿权倒卖牟利。"

现行《矿产资源法》禁止探矿权和采矿权作为标的物单独转让违背了市场经济规律，不利于矿业资源的市场配置，也不利于市场主体根据市场状况和自身经营状况吸引资金、调整投资策略。建议在《矿产资源法》修改中允许探矿权、采矿权摆脱企业载体，单独转让，实现资源资本化。

(四) 矿业权抵押、承包和出租问题

1. 矿业权抵押

矿业权抵押在法律规定中是被允许的。但是矿业权抵押与普通物抵押相比，还存在一定的特殊性，法律应规定矿业权抵押时，应当针对矿业权的特殊性对其抵押制度做出相应的限制性规定：第一，矿业权人必须足额缴纳探矿权（采矿权）使用费和矿藏资源出让权利金；第二，矿业权设置抵押的同时，与矿业权相关的固定生产设备也应当一并抵押；第三，矿业权必须在有效期内，权属无争议。

现实中经常会遇到的问题是抵押期间矿业权是否可以转让。我国矿业法律对矿业权抵押期间是否可以转让并没有做出明确规定，但是在现实中，这一问题是存在的。笔者认为，矿业权在抵押期间能否转让的问题，与其他普通物相比，并没有特别之处，不需要特别规定抵押期间矿业权不得转让。《物权法》规定，抵押期间，抵押人经抵押权人同意转让抵押财产的，应当将转让所得的价款向抵押权人提前清偿债务或者提存。转让的价款超过债权数额的部分归抵押人所有，不足部分由债务人清偿。这说明抵押期间，抵押财产是可以转让的，对于矿业权来说，矿业权的转让并不会影响抵押权人的债权实现，相反，矿业权的转让能够使抵押权人的债权提前实现。需要注意的是，为了防止矿业权人通过恶意低价转让矿业权从而逃避债务,其转让矿业权的行为应当征得抵押权人的同意。

2. 矿业权的承包、出租

从保护和利用矿产资源的角度分析,无论是矿业权的承包行为还是出租行为,都应当被禁止。因为这两种行为都是建立在矿业权的使用权基础上,矿业权的所有权并不属于承包人和承租人,也就是说承包人和承租人的行为都是短期行为,矿业权所指向的矿产资源一般不会在一个承包人或承租人手中完全开采。在这种情况下,承包人和承租人必然会在有限的期限内尽量找开采难度小、禀赋好的资源进行开采,这种做法造成的结果就是大量的资源被浪费。因此,与《矿产资源法》保护矿产资源的立法宗旨相一致,应当禁止矿业权的承包和出租行为,确保矿业权所有者与矿产资源开发者保持一致。

五、关于矿业市场主体地位的修改建议

现行《矿产资源法》在第四条规定"国有矿山企业是开采矿产资源的主体,国家保障国有矿业经济的巩固和发展",并专门设置第五章用于规定集体矿山企业和个体采矿在国家整个矿业领域的地位以及相关权利义务,从第五章的相关内容中可以看出,集体矿山企业和个体在矿业开发中明显受到了歧视性待遇。《矿产资源法》的上述规定已经明显与《宪法》基本经济制度和《物权法》平等保护原则相抵触,不利于矿业制度市场化改革。

对《矿产资源法》中矿产资源开采主体的修改,应当坚持《宪法》确定的基本经济制度和市场经济体制,坚持《物权法》确立的一切市场主体地位平等的原则，取消"国有矿山企业是开采矿产资源的主体"的规定，取消第五章中对集体矿山企业和个体采矿的差别待遇，将所有矿业开发主体，包括国有企业、集体企业和民营企业，都纳入矿业权出让标准规范中，只要符合国家规定的矿业权出让标准，都可以成为矿业开发的合法主体，都将受到法律的平等保护。《宪法》基本经济制度中规定"国有经济，即社会主义全民所有制经济，是国民经济中的主导力量"，但主导并不意味着要以国有企业为主体，因此国有矿山企业的主体地位，这一结果是在市场公平竞争中自然而然形成的结果，如果国有企业的实力更强，那么自然就会成为矿业开发的主体；相反，如果法律非要做出结果性规定，一旦现实条件不允许，反而会阻碍国家整个矿业的健康发展。

六、关于矿业行政主管部门职能转变的修改建议

矿业行政主管部门的职能由组织管理向监督管理的转变应当主要表现在其服务性、专业性和调控性上。

服务性，表现在政府利用其特有的公信力和权威性，向市场主体和矿业投资者提供市场交易平台和市场信息平台。在这方面现行《矿产资源法》由于其组织管理特性而很少体现，但是市场经济是信息经济，也是交易经济，随着我国矿业市场化进程的加快，交易频率和信息化程度会逐步加快、加深，因此政府在这方面的作用应当有所加强，《矿产资源法》修改时也应当提出鼓励市场主体的矿权交易行为通过统一的市场交易平台进行，各级政府要建立和完善各种市场交易平台和信息平台。

专业性，在《矿产资源法》修改中主要体现在两大方面：一是分级分类管理原则，二是引导矿权评估、地质勘查的专业化水平。首先，新的《矿产资源法》要改变过去对不同矿种采取相同管理制度的方式，根据不同的管理领域采取分级分类管理。在有关各级政府的管理权限方面，应当将矿藏资源分为关系国计民生的重要矿藏、普通建材矿藏和其他矿藏；在有关矿藏资源出让方式方面，应当区分高风险资源和低风险资源，以及特殊项目。其次，市场经济中价格随价值上下波动的特性，使市场主体非常注重市场交易标的物的真实价值与市场价格，因此《矿产资源法》修改中应当引入矿权评估师和储量评估师制度，提高矿权评估的专业化程度，为市场化进程奠定基础。另外，《矿产资源法》修改中应当引入注册地质师制度，提高地质勘探的专业化程度。

调控性，是政府参与和干预市场经济的必然要求，现在的政府职能不能同于国外自由经济时期，政府不能仅限于当好一个"守夜人"，而应当主动参与和干预经济，防止出现经济发展中的各种垄断和不正当竞争现象，并有效推动相关产业的良性发展。地勘基金是很好地实现政府宏观调控的手段，《矿产资源法》修改中应当明确写入地勘基金制度。但是地勘基金制度要对现有做法进行修正，其修正核心就是明确地勘基金的非营利性，政府设立地勘基金不是为各级政府尤其是地方政府提供生财工具，恰恰相反，其设立就是让政府不计成本和利润地，为那些当前不营利、无人投资却又非常重要的矿种和项目提供大量投资，待这些项目开始营利之后再将其推向市场卖给市场主体，目的就是通过政府的公益性手段，满足经济发展对各矿种的需求。

参考文献

一、著作类

1. 〔英〕阿蒂亚：《合同法概论》，程正康译，法律出版社，1982年。
2. 〔汉〕班固：《汉书》，中华书局，1962年。
3. 〔德〕鲍尔、施缔尔纳：《德国物权法》（上册），张双根译，法律出版社，2004年。
4. 北京师联教育科学研究所：《中国古典文化达成·诸子百家卷》，学苑音像出版社，2005年。
5. 〔英〕边沁：《道德与立法原理导论》，时殷弘译，商务印书馆，2000年。
6. 〔美〕波斯纳：《法律的经济分析》（上），蒋兆康译，中国大百科全书出版社，1997年。
7. 崔建远：《准物权研究》，法律出版社，2003年。
8. 杜景林、卢谌：《德国民法典》，中国政法大学出版社，1998年。
9. 傅静坤：《二十世纪契约法》，法律出版社，1997年。
10. 傅英：《中国矿业法制史》，中国大地出版社，2001年。
11. 黄秀华：《发展与公平：中国社会发展的历史抉择》，中国社会科学出版社，2010年。
12. 国务院新闻办公室：《中国的矿产资源政策》，2003年12月。
13. 国土资源部地质勘查司：《各国矿业法选编》，中国大地出版社，2005年。
14. 江平：《中国矿业权法律制度研究》，中国政法大学出版社，1991年。
15. 〔美〕考特·尤伦：《法和经济学》，张军等译，上海人民出版社，1997年。

16. 李显冬：《中国矿业法研究》，中国公安大学出版社，2006年。
17. 梁慧星、陈华彬：《物权法》，法律出版社，1997年。
18. 刘锦藻：《清朝续文献通考》（第387卷），商务印书馆，1936年。
19. 罗结珍：《法国民法典》，中国法制出版社，1999年。
20. 〔德〕马克思：《哥达纲领批判》（单行本），人民出版社，1965年。
21. 〔德〕马克思：《资本论》（第1卷），人民出版社，1975年。
22. 《马克思恩格斯选集》（第1卷），人民出版社，1995年。
23. 《马克思恩格斯全集》（第4卷），人民出版社，1958年。
24. 《马克思恩格斯全集》（第19、26卷），人民出版社，1979年。
25. 〔法〕孟德斯鸠：《论法的精神》（上），张燕深译，商务印书馆，1963年。
26. 王利明、崔建远：《合同法新论总则》，中国政法大学出版社，1996年。
27. 温丰文：《现代社会与土地所有权理论之发展》，台湾五南图书出版公司，1984年。
28. 〔美〕詹姆斯·奥托等著：《矿业特许税费：关于其对投资者、政府和市民社会影响的国际研究》，胡德胜、魏铁军、王涛、许胜晴等译，北京大学出版社，2013年。
29. 张可凡：《民法的应用》，人民法院出版社，1992年。
30. 周枏：《罗马法原理》，商务印书馆，1994年。
31. 中国人民大学清史研究所、档案系、中国政治制度教研室：《清代的矿业》（下册），中华书局，1983年。
32. "中央研究院"近代史研究所（台北）：《中国近代史资料汇编·矿务档》（第五册），"中研院"史语所，1960年。

二、论文类

1. 曹端波、梁宏志，"西汉经济政策的大辩论——从《盐铁论》看中国古代两种不同的经济思想"，《学术探索》，2005年2期。
2. 曹海霞，"我国矿产资源产权的制度变迁与发展"，《产经评论》，

2011年3期。

3. 陈丽萍,"国际矿业政策与立法的变迁",《地质通报》,2009年3期。
4. 古丽娜·阿扎提,"东汉盐铁制度与重农抑商政策的变化研究",《安徽农业科学》,2012年7期。
5. 国务院发展研究中心澳大利亚矿业管理考察团,"澳大利亚的矿业管理及其启示",《国土资源导刊》,2009年4期。
6. 侯振才,"澳大利亚矿业权管理制度",《矿产保护与利用》,1995年3期。
7. 蒋朝常,"晚清时期中国近代矿业法规述评(1840—1911)",《中国矿业大学学报》,2009年2期。
8. 姜雅,"大韩矿业振兴公社的运用模式及其对我国的启示",《国土资源情报》,2009年5期。
9. 焦彦斌、张彬、吕新彪,"浅谈矿业权评估存在的问题及对策",《煤炭经济研究》,2009年4期。
10. 李晓妹,"细解美国矿业权",《中国国土资源报》(第3版),2005年3月31日。
11. 李玉,"论晚清矿章关于办矿洋商的规定及其效果",《南京大学学报》,2002年4期。
12. "联邦政府关于澳大利亚采矿工业的政策——在澳大利亚90年代矿产品开发与采矿会议上资源部长的讲话",载《各国矿业法选编》,中国大地出版社,2005年。
13. 刘美希,"论近代所有权绝对原则遭遇的现代挑战",《法学论坛》,2006年1期。
14. 刘欣,"矿产资源的基本属性和采矿权的法律特征探析",《法学杂志》,2008年3期。
15. 罗伟明,"浅析西汉的盐铁官营政策——读《盐铁论·本议》有感",《安徽文学》,2011年6期。
16. 马俊驹、陈本寒,"罗马法上契约自由思想的形成及对后世法律的影响",《罗马法、中国法与民法法典化》,中国政法大学出版社,1995年。

17. 潘伟尔,"论我国煤炭资源采矿权有偿使用制度的改革与重建(中)——我国煤炭资源采矿权有偿使用制度与美国的比较",《中国能源》,2007年10期。
18. 潘伟尔,"2007年煤矿安全状况评析",《煤炭经济研究》,2008年4期。
19. 钱津,"论市场经济与商品经济的区别",《社会科学研究》,2011年3期。
20. 秦文芳,"契约自由与社会公正的冲突与平衡——我国合同法中契约自由原则的勃勃生机",《电子科技大学学报》(社科版),2003年5卷3期。
21. 王继军,"矿产资源有偿取得法律问题研究——以山西煤炭资源有偿使用为例",《政法论坛》,2008年6期。
22. 王清华,"澳大利亚矿业权授予和转让制度及对我国相关立法的借鉴意义",《河北法学》,2011年6期。
23. 王旭,"美国西部开发与联邦政府的土地政策",《史学集刊》,2003年1期。
24. 魏铁军,"美国矿业法的演进",《中国矿业》,2005年4期。
25. 郗伟明,"矿业权法律规制研究",中国人民大学博士学位论文,2011年,93页。
26. 肖国兴,"论中国自然资源产权制度的历史变迁",《郑州大学学报》(哲学社会科学版),1997年6期。
27. 小夏,"美国煤矿何以疏离血泪",《南风窗》,2006年2期。
28. 徐阳,"浅析澳大利亚矿业法律制度",《理论界》,2010年11期。
29. 阎守诚,"从唐代看中国传统经济的发展",《中国经济史研究》,2003年1期。
30. 尹田,"契约自由与社会公正的冲突与平衡——法国合同法中意思自治原则的衰落",载梁慧星《民商法论丛》(第2卷),中国社会科学出版社,1994年。
31. 尹田,"自由与公正的冲突——法国合同法理论中关于'合同损害'问题的纷争",《比较法研究》,1996年3期。

32. 詹朝阳、崔彬、欧阳瑜华, "国外矿业权评估方法综述", 《中国矿业》, 2003年12期。
33. 郑玉波, "所有权社会化", 《民商法问题研究》(二), 三民书局, 1979年。
34. 朱丽丽(译自芬兰地质调查局材料), "全球矿业形势展望(至2030年)", 《地质调查动态》(2011年合订本), 中国地质调查局发展研究中心。

三、网页类

1. 敖晓波: 《坦承养老金确有缺口, 将来可能要交35年63岁退休》, 载凤凰网: http://finance.ifeng.com/news/special/tuixiu2012/20120926/7086038.shtml。
2. 《2007年中国能源蓝皮书: 煤炭开采20年浪费280亿吨》, 载新华网: http://news.xinhuanet.com/fortune/2007-04/20/content_6001502.htm。
3. 《2009年全国各地GDP数据一览 除山西外均实现保八》, 载新浪财经网: http://finance.sina.com.cn/roll/20100226/08163229153.shtml。
4. 《2010年度全国矿补费入库141.8亿元》, 载中国政府网: http://www.mlr.gov.cn/xwdt/jrxw/201104/t20110426_846067.htm。
5. 《挖煤, 山西生态环境之痛: 想恢复生态花费要超千亿》, 载新华网: http://www.xinhuanet.com/chinanews/2005-04/29/content_4154047.htm。
6. 《关注: 澳大利亚通过〈矿产资源税法案〉》, 载全球金属网: http://www.ometal.com/bin/new/2012/3/20/world/20120320090746218318.htm。
7. 郭丽君: 《工业排放对雾霾天气影响几何》, 载光明网: http://www.gmw.cn/ny/2013-01/24/content_6497401.htm。
8. 《聚焦澳大利亚矿产资源租赁税》, 载钢企网: http://news.gqsoso.com/qita/20123/3291704164223879.shtml。
9. 《矿业企业发展问题研究报告》, 载中国中小企业山西网: http://www.sxsme.com.cn/article-3d4d60fe-989c-4b3a-bcf7-1e7860e08e51.html。

10. 《廉价煤矿土地租金令美国政府赔钱》，载国元证券：http://www.gyzq.com.cn/gyzq/public/detailPage.jsp?curId=00010002001400050002&infoId=5188881。

11. 刘晓盼：《全球经济危机的根源是能源危机——兼谈对当前能源问题的三点思考》，载求是理论网：http://www.qstheory.cn/lg/clzt/201110/t20111013_116420.htm。

12. 《美国煤矿安全启示》，载财经网：http://magazine.caijing.com.cn/2004-12-27/110064396.html。

13. 《能源情报署：预计2030年全球能源消耗量增长71%》，载新浪财经：http://finance.sina.com.cn/forex/forexroll/20060621/0114755679.shtml。

14. 《去年空气污染损失近2万亿 雾霾倒逼环保业提速》，载中国网：http://finance.china.com.cn/stock/bkjj/20130116/1239952.shtml。

15. 《山西2012年煤炭销售收入突破一万亿元》，载中国证券报官方网站：http://www.cs.com.cn/ssgs/hyzx/201302/t20130218_3861228.html。

16. 《山西煤矿重组整合方案审定完毕 民营办矿占28%》，载人民网：http://finance.people.com.cn/GB/10251536.html。

17. 《上半年资源税实现较快增长 中国税务报：资源税改革增强地方财力效应显现》，载国家税务总局官网：http://www.chinatax.gov.cn/n8136506/n8136608/n9948163/11998967.html。

18. 《世界能源消耗量》，载：http://baike.baidu.com/link?url=wkdp0yynqFFrZ6itMFYIF5iMkufTosWwh8XiFURuUL5PF9KVk5M0acDYFulyQSY9jnPGUA6xliLXp21ZDzK0Kq。

19. 吴一鸣：《不限嗣继承地产权》，载：http://www.docin.com/p-637232457.html。

20. 《"延迟退休年龄"正在研究中》，载人民网：http://politics.people.com.cn/n/2012/0711/c70731-18488709.html。

21. 《1983年煤炭部公布了〈关于积极支持群众办矿的通知〉》，载：http://ttttzw.com/HomeCenter/Content/1/1/470.html。

22.《1991年:"有水快流"的硬币两面》,载中国煤炭网:http://www.ccoalnews.com/zt/103003/103018/117554.html。

23. 张翼、陈恒:《中国汽车梦五味杂陈 私车过亿"惊喜"还是"惊吓"》,载中国网:http://www.12365auto.com/news/2013-02-20/20130220131054.shtml。

24. 张永胜:《世界经济危机从根本上来说是能源危机 根本出路在于大力发展新能源》,载:http://www.doc88.com/p-605926607879.html。

25.《组图:世界最脏的十大城市黑榜 中国临汾不幸上榜》,载凤凰网:http://house.ifeng.com/renju/chengshi/detail_2010_09/04/2434110_0.shtml。

四、报纸类

1. 刘玉峰:"管仲'官山海'政策简评",《学习时报》,2008年8月11日,第9版。
2. 辛亮:"日本的全球资源战略",《中国冶金报》,2003年11月26日,第T00版。
3. 朱淑丽:"近代民法三大原则的变迁",《人民法院报》,2006年6月23日,第B03版。
4. 李景卫:"澳大利亚煤矿三年零死亡",《环球时报》,2005年8月9日,第19版。

五、法律法规类

1. 矿务铁路公共章程二十二条(清末)
2. 矿务章程十九条(清末)
3. 大清矿务章程(光绪三十三年)
4. 大清矿务章程(宣统二年)
5. 中华民国矿业条例

6. 中华民国矿业条例施行细则
7. 中华民国小矿暂行条例
8. 中华民国矿业法
9. 中华民国矿业法（第一次至第七次修改）
10. 中华民国矿业法施行细则
11. 中华人民共和国矿业暂行条例
12. 矿业保护试行条例
13. 中华人民共和国矿产资源法（1986年）
14. 中华人民共和国矿产资源法（1996年）
15. 矿产资源勘查区块登记管理办法
16. 中华人民共和国矿产资源法实施细则
17. 矿产资源开采登记管理办法
18. 探矿权采矿权转让管理办法
19. 矿产资源补偿费征收管理规定
20. 中华人民共和国资源税暂行条例